Claudia Schreiber • Süß wie Schattenmorellen

Claudia Schreiber
Süß wie Schattenmorellen

Roman

KEIN & ABER
POCKET

*Für meine Mutter
Katharina Elisabeth Klemme,
geb. Zimmermann*

Ebenfalls von Claudia Schreiber:
Goldregenrausch

Alle Rechte vorbehalten
Copyright © 2011/2018 by Kein & Aber AG Zürich – Berlin
Satz: Fotosatz Amann, Memmingen
Druck und Bindung: CPI – Ebner & Spiegel, Ulm
ISBN 978-3-0369-5983-2
Auch als eBook erhältlich

www.keinundaber.ch

Die besten Kirschen fressen die Vögel.

*Kinder beruhigen sich niemals bei etwas Unbestimmtem
oder Schwebendem, sondern aus instinktmäßigem
Selbsterhaltungstrieb fordern sie stets
ein reines Ja oder ein reines Nein,
ein Für oder Wider, damit sie wissen,
welchen Weg sie mit ihrer Liebe
und welchen sie mit ihrem Hass einzuschlagen haben.*

JENS PETER JACOBSEN, NIELS LYHNE, 1880

INHALT

ANNIE

Am liebsten stand Annie am höchsten Punkt der Kirschplantage und kletterte noch in einen Baum, um von dort aus alles zu überblicken. Ringsherum wuchs der Wald, ihr Horizont war eine grüne Linie aus Eichen, Buchen und Tannen. Die Felder lagen da wie braune oder gelbe Teppichfliesen, die Decke war blau und weiß. Hecken und Büsche schienen in Form geschnitten zu sein, als wären sie Schränke und Kommoden, das dichte Gras war weich und gemütlich wie ein Polster. Dies war ihr Wohnzimmer, geräumig genug und auf ihre Bedürfnisse abgestimmt, im Sommer hatte sie sogar immer frische Blumen und Obst parat. Annie fand es hier tausendmal gemütlicher, als im muffigen Haus der Familie zu sein.

Die Mutter hatte ihr schon früh eine Trommel um den Bauch gebunden, zwei kurze Stöcke gereicht und sie losgeschickt, damit sie mit ihrem Krach und Gebrüll die Stare aus der Kirschplantage verjagte – so sollten nicht nur die Vögel, sondern vor allem auch das Mädchen, das angeblich an den Nerven ihrer fahrigen Mutter pickte, zumindest den Hochsommer über keinen größeren Schaden anrichten.

Auch in diesem Jahr lief und lärmte Annie in den Feldern herum, obwohl sie inzwischen kein Kind mehr war, dies aber allem Anschein nach niemanden wissen lassen wollte. Ihre kurze sandfarbene Baumwollhose wurde von einem Gummiband gehalten, an der rechten Seite war eine Tasche eingenäht, die mit einem Reißverschluss zugemacht werden konnte; hier verwahrte sie, was ihr wichtig war – eine Handtasche zu tragen, wäre ihr lächerlich vorgekommen. Ihre dunklen Haare waren störrisch dick und von ihr selbst gestutzt. Der lange Pony hing ihr deshalb vor den Augen, die regelrecht schwarz waren, häufig wischte sie sich die Strähnen aus dem Gesicht. Meist hatte sie einen kritischen, wenn nicht gar aufsässigen Gesichtsausdruck, den Mund dabei leicht geöffnet – ein Fremder musste sich fragen, ob das ein Widerwort werden sollte oder ein erschöpftes Ausatmen.

Die Plantage zog sich sanft den Hügel hinauf, reichte auf der anderen Seite runter bis zum Holzschuppen am Bach und dahinter wieder hoch bis zum Waldrand. Annie stellte sich gern vor, diese kleinen Neigungen des Geländes seien große Wellen und sie selbst ein Schiff mit schwarzen Segeln, das im Sturm ganz allein die Wasserwände anging. Und wenn es so brütend heiß war wie im Moment, wenn die Luft sich kaum bewegte, die Hitze über dem Asphalt flimmerte, wenn der Schweiß den Männern von der Stirn über den Hals ins Hemd floss und den Frauen feucht unter den Brüsten stand, wenn die Kuhherden eng gedrängt unter Bäumen einen letzten schattigen Platz fanden und die Hunde verzweifelt schnell hechelten, malte sich Annie aus, eine Beduinin zu sein, die der Hitze trotzte, die auf ihrem Kamel ritt, statt zu rennen, und die hohen Sandberge einer fernen Wüste bezwang, auch wenn es in Wirklichkeit nur erdige, trocken-harte Buckel waren. Oder ihr schien, als spiele sich in der Welt da draußen ein Kriminalfall ab und sie wäre mittendrin, denn Tausende schwarze Verbrecher schlitzten die Früchte auf wie die prallen Bäuche hilfloser Opfer, roter Saft spritzte auf die Blätter und Äste. Die Gier der hungrigen Tiere war sogar zu hören, sie schmatzten, besudelten einander mit Kirschblut und berauschten sich daran. An einem Ende der Plantage schlich Annie sich an die Räuber an, hob langsam beide Arme, schlug endlich auf die Trommel, so fest sie konnte, und schrie, so laut sie es fertigbrachte. Am frühen Morgen scheuchte ihr Krach die Vögel noch hoch, sie brachen ihren Raubzug ab, flogen auf und zerstreuten sich in der Luft, besannen sich dann, vom Hunger getrieben, fanden sich zum Schwarm und kamen am anderen Ende der Plantage wieder herunter, besetzten dort die Bäume und fraßen weiter.

Annie verfolgte die Horde, bis sie genau unter den Schädlingen war. Sie sah und hörte, wie die Stare mit scharfen Schnäbeln zupickten, das Fruchtfleisch an sich rissen, schlürften, schluckten. Kirschsaft tropfte auf Annie herab, dazu rieselten die Exkremente der Blattläuse auf sie nieder – ausgerechnet Honigtau wurde das genannt. All das sammelte sich den Tag über auf ihrer Haut wie Zuckerguss, klebte ihr im Nacken, im Haar, juckte ihr im Gesicht und unter den Achseln. Sie schlug zu, wenn es den Viechern am besten schmeckte, lärmte mit ihrer Trommel, brüllte wie eine Furie, die Meute schreckte hoch, Annie keuchte hinterher, zum anderen Ende der Plantage. Äste schlugen ihr bei diesen Wettläufen ins Gesicht, kratzten ihr die Wangen auf, mit bloßem Unterarm wischte Annie sich Schweiß, Tränen und Schmutz ab. Runter und rauf, immer den Vögeln nach, die schon vorausgeflogen waren, aussichtslos, wieder und immer wieder, ein andauerndes Hin und Her.

Doch die Stare gewöhnten sich an den Lärm, und Annie musste fester schlagen und schriller schreien, damit die Fresser sich überhaupt noch stören ließen. In der Mittagshitze zogen sie allerdings wie auf Kommando ab, verdauten in den Wipfeln des kühleren Waldes. Annie wusch sich im Bach, ruhte dann erschöpft im Schatten des Holzschuppens und hatte endlich eine Pause. An diesem Tag war sie bereits sechs Stunden unterwegs.

An der Außenwand des Schuppens stand ein altes Metallbett mit Sprungfedern, es war mit einer Schaumstoffmatte und viel frischem Heu gepolstert; dort lag sie nun, aß ihre mitgebrachten Wurststullen, las wenige Minuten in ihrer Zeitung und schlief ein.

Beinahe jeder Mensch kennt den Geruch seiner Kindheit, vielleicht ist es der von frischen Brötchen, die es immer zum Frühstück gab, oder vom rostigen Metall der maroden Schaukeln auf dem Spielplatz, je nachdem. Oder der von frischem Teer auf Straßen, wenn man in Gegenden aufwuchs, in denen die Straßen oft ausgebessert werden mussten; von mit Essigwasser geputzten Treppenhäusern oder muffigen Dachböden, wo sich alte Schätze finden ließen oder man die Tauben des Großvaters füttern durfte. Annies Erinnerung an ihre Heimat, ihr Lieblingsgeruch wird immer dieses würzige Heu sein, eben von der Sonne verbrannt, jene Mischung aus Gras, Klee, Sauerampfer, Kamille und etwas Minze. Hier schien die Sonne beständig, wie es sich Städter in ihren teuren Urlauben wünschen, Annie dagegen bekam das kostenlos. Weiße Wolken zogen über den hellblauen Himmel; dazu konnte sie den kühlen Bach jederzeit genießen, mit den nackten Füßen den glitschig-zarten Grund des Ufers spüren. Wenn die

Schwärme zurückkehrten, arbeitete sie weiter, bis sich die Stare zur Abendruhe sammelten und abzogen.

Die Plantage lag drei Kilometer vom Haus der Familie entfernt, Annie wohnte mit ihrer Mutter und ihrem Großvater an der für Touristen eingerichteten Märchenstraße in einem der renovierten Fachwerkhäuser. Zur Zerstreuung gab es im Ort bloß eine Feuerwehr, die nie einen Brand, sondern maßgeblich den Durst der Herren löschte, und eine stocksteife Damenturntruppe, die jährlich eine Kirmes vorbereitete, den festlich-läppischen Höhepunkt des Jahres. Sowohl hier als auch in den benachbarten Ortschaften standen mittelalterliche Häuser, das Fachwerk in Schwarz-Weiß gehalten, die Straßen mit Basalt gepflastert, hübsche schmale Gefängnistürme wie aus einer Filmkulisse zu *Rapunzel*, oder im nahen Wald ein verwunschenes kleineres Schloss, in dem Dornröschen vor langer Zeit gelebt und geschlafen haben soll.

Das nordhessische Dorf wurde schon im neunten Jahrhundert nach Christi Geburt in Urkunden eines Klosters erwähnt, und Annie fragte sich, weshalb ausgerechnet aus ihrem Nest in all der Zeit nichts geworden war. Berlin war viel später entstanden und hatte es zur Hauptstadt gebracht.

Unter dem Papiercontainer an der Kreuzung zum Feldweg lag geschützt vor Regen regelmäßig die *Süddeutsche Zeitung* vom Vortag, ordentlich gefaltet, die Seiten in der richtigen Reihenfolge. Der Apotheker des Ortes überließ Annie auf diese Art regelmäßig seine Lektüre. Zur Plantage führte ein ungewöhnlich breit geteerter Luxus-Feldweg, der das Gewerbegebiet erschloss, auf dem sich abgesehen von ein paar Füchsen niemand sonst angesiedelt hatte, schon gar kein Gewerbe. Teure solarbetriebene Straßenlaternen standen dort neben nicht genutzten Grundstücken, von denen Annies Großvater bitter behauptete, er habe für sie mit seinen Steuergeldern persönlich aufkommen müssen, für nichts und wieder nichts.

»Weißt du, was ich bin?«, schimpfte er und nahm einen Schluck aus seiner Bierflasche. »Sponsor dieser Bundesrepublik bin ich, so siehts aus, ohne dass mich einer fragt, was ich alles löhnen will.«

»Zahlen wir denn noch Steuern?«, fragte Annie, die genau wusste, wie es um die Einkommensverhältnisse der Familie stand. Er blieb ihr die Antwort schuldig.

Die Dinge standen nicht zum Besten, entweder fiel die Ernte schlecht aus, oder die Obstpreise waren im Keller. Bereits seit Jahren ließen viele Bauern die Früchte an den Bäumen hängen und verderben, weil es sich nicht mehr lohnte, sie für teures Geld pflücken zu lassen. Die Schattenmorellen aus dem Osten waren allesamt billiger, heimische Plantagen wurden abgeholzt, das eigene Land gewöhnte sich den Obstbau ab. Das hatte der Familie zugesetzt, Annies Mutter war inzwischen sichtlich eine verzagte Frau geworden.

Die Aufregung über deren Namen ging los, sobald man ihn nannte: Nette-Marie.

»Die nette Marie?«, zweifelten die neu Hinzugezogenen.

»Nein!«, giftete die keineswegs immer nette Nette, weil sie es satthatte, das beinahe täglich klarstellen zu müssen. Sie machte ihrem Vater Vorwürfe deswegen: »Weshalb hast du mir diesen Namen gegeben?«

Opa seufzte: »Weil es in Norwegen damals so schön war«, und fügte bitter hinzu: »Hat ja keiner ahnen können, dass das Gegenteil von dem herauskommt, wenn's älter wird.«

Die vielen Sticheleien ihrer beiden Erzieher verdarben dem Mädchen die Stimmung nicht, für Annie fing das gute Leben mit der Kirschblüte an und hörte mit den Herbstfeuern auf. In dieser Zeit erwachte sie frühmorgens und dachte nur ein einziges Wort: *Sommer.* Sie zog sich in Windeseile Unterhose, Shorts, Hemd und Sandalen an und war schon draußen. Noch immer lief sie manchmal mit freiem Oberkörper in der Plantage herum, weil es schlicht nichts zu verdecken gab, allenfalls warf sie sich ein verwaschenes T-Shirt über, wenn ein wenig Wind ging.

Fünfzehnhundert Bäume standen in dreizehn langen Reihen, ein hoher Maschendraht zäunte sie ein. Hier schuftete Annie im Sommer, im Winter ruhte sie wie die Bäume – die draußen im Frost, sie drinnen in eine Wolldecke gehüllt flach auf der Couch, genau wie ihr Opa in seinem Liegesessel. Der schimpfte weiter, als gehöre sein Meckern zum Lebensrhythmus wie Zähneputzen: »Ein Scheißleben haben wir auf dem Land.«

Mindestens einmal die Woche sagte er das. Dann schaute Annie ihn an, hob die Hände, wollte ihn besänftigen: »Wir können doch zufrieden sein.«

Er schüttelte den Kopf: »Ein Bauer ist nie zufrieden, auch wenn er's ist. Schreib dir das endlich hinter die Ohren.«

»Ich bin kein Bauer, ich bin Schülerin.«

Er winkte ab, wollte von ihr keine Einwände hören: »Du arbeitest mehr im Feld als in der Schule. Meckern ist bei unsereins eine Umgangsform, die sich geradezu gehört.

Das Ringen um eine gute Ernte ist ein Streit des Menschen mit der Natur«, sagte er gestelzt, »wie die Bäume und die Erde brauchen wir eine lange Winterruhe.«

»Ich streite nicht mit der Natur.«

Er grinste ihr zu: »Wie oft soll ich dir das noch sagen? Leg die Füße hoch, so oft du kannst, Hauptsache, du findest eine komplizierte Begründung dafür.«

Seit einem Jahr schoss Annie die Vögel auch mit einem Luftgewehr ab und hängte die Leichen in die Äste, um die anderen Fresser zu warnen. Doch die machten sich genau so wenig daraus wie aus dem Getrommel und Geschrei. Annies Mutter hatte kürzlich weiter aufgerüstet und eine regelrechte Knarre gegen die Stare angeschafft, eine Browning mit dickem Lauf, die so echt aussah, dass man damit eine Bank hätte ausrauben können.

Nette warnte ihre Tochter: »Du musst sie hochhalten und die Signalraketen in den Himmel schießen, kapiert?«

»Logisch.«

Zu Anfang schoss sie tatsächlich noch vorschriftsmäßig in die Luft, aber die frechen Stare hopsten bloß kurz auf und fraßen gleich danach weiter. Als Annie es daraufhin mal waagerecht versuchte und die Raketen im Zickzack über die Baumspitzen zischten, machten sie grausige, heulende Geräusche und scheuchten wahrhaftig ein paar sensible Vögel auf. Leider ging ausgerechnet während dieser Schießübungen ihr Opa zwischen den Baumreihen spazieren, gemeinsam mit dem uralten Bürgermeister und dem Großvater des Bäckers. Opa blieb erstaunt stehen wie ein Kugelfänger, die beiden Greise jedoch duckten sich unter Annies Beschuss flach ins Unkraut, legten die Arme über die Köpfe und zitterten noch Tage später, weil sie auch Jahrzehnte zuvor oft in Deckung hatten gehen müssen. Verflucht haben sie das Kind, ihm Schläge angedroht, gestorben seien sie fast, und kreuzten doch nie wieder in der Plantage auf, ohne vorher Bescheid zu geben.

Opa erklärte Annie, in den Ohren seiner beiden alten Stammtischbrüder hätten diese Schüsse gepfiffen und gezischt wie die Artilleriegeschosse. Seitdem wusste Annie, wie der Zweite Weltkrieg geklungen haben muss, und versprach, in Zukunft auf ausgediente Soldaten Rücksicht zu nehmen.

Da besann sich Opa plötzlich: »Nein, tu das nicht, wer weiß, was die beiden bei der Wehrmacht angestellt haben. Da schadet ein später Schrecken nicht.« Er hielt kurz inne: »Auch denen vom TÜV, wenn sie hier rumlaufen. Aber nicht treffen, nur verscheuchen«, warnte er. »Und vergiss die vom Finanzamt nicht, falls die überhaupt durch Plantagen gehen, diese asthmatischen Stubenhocker.«

Die Alten hatten Früchte *probiert,* sie durften das, weil es Opas Freunde waren und es sich dabei um wenige Kirschen handelte. Wenn weder er noch Nette das Ernten gestattete, war es natürlich verboten. Im Sommer hatte Annie deshalb in der Plantage nicht nur die Stare zum Feind, sondern zusätzlich die Diebe. Spaziergänger durften ruhig mal die Hand über den Zaun strecken und einzelne Kirschen kosten, dagegen hatte niemand etwas. Doch es gab fremde Leute, die kamen mit Eimern oder großen Körben, stiegen über den Zaun, pflückten die Früchte und wollten sie wegschleppen, ohne zu bezahlen.

Sie schlich sich leise an, duckte sich, atmete so leise wie möglich und ließ die Leute gewähren. In der Zwischenzeit fraßen die Stare wie verrückt, aber was sollte sie machen?

Man konnte ja schließlich nicht laut und leise zugleich sein. Ihr Versteck verließ Annie erst, wenn die Fremden gehen wollten, dann rannte sie los und brüllte mal wieder. Immer brüllen, nie sprechen, das war ihre Methode bei Erwachsenen.

Die Ertappten bekamen einen Riesenschreck, wenn sie so plötzlich auftauchte – ein Mädchen, das offensichtlich am halb nackten Körper mit Blut bespritzt war. Verdattert liefen sie davon und ließen ihre Ernte zurück. Diese lieferte Annie daheim ab und behauptete, die Früchte selbst gepflückt zu haben. Dafür bekam sie von Nette einen Extralohn, das nannte sie Business.

Es gab andere Diebe, die stehen blieben, sich schämten und entschuldigten. Wenn Annie dann kein Wort sagte, sondern nur dastand und die flache Brust rausstreckte, um sich auf diese Art wichtig zu machen, fragten die Fremden verschämt, ob sie die Kirschen bezahlen durften. Das war der Moment, in dem sie einfach nur zu nicken brauchte, sie bekam ihr Geld bar auf die dargebotene Hand und verschwieg die Sache daheim, das nannte sie Stil.

In diesem Sommer nun, kurz vor Annies vierzehntem Geburtstag, kam unerwartet eine Gruppe Jugendlicher nicht vom Dorf, sondern von der anderen Seite her, mit Mopeds durch die Kornfelder; sie hatten keine Gefäße dabei. Es sind Bekloppte, die sich benehmen werden wie Affen, wenn sie erst einmal in die Plantage eindringen, das war Annie klar. Mittendrin erkannte sie Fritzi, ihre im Grunde einzige Freundin, die jeden Unsinn mitmachte und immer von einer Meute umgeben war. Sie stürmten tatsächlich den Zaun, rissen die halb reifen Früchte von den Bäumen und warfen sie auf den Erdboden, grölten dummes Zeug, kletterten schließlich auf die dürren Äste und sprangen heftig darauf herum, bis sie brachen.

Annie brüllte vor Zorn, hätte die Eindringlinge liebend gern von den Bäumen geschossen, sie rannte unüberlegt eine kleine Erhebung hinauf, wo sie sonst nie lief, blindwütig den Feinden entgegen, brüllend natürlich. Da brach eine dünne Kruste, Annies Füße tauchten in einen zähen Brei, sie kippte nach vorn und versank. Seit Jahren war hier am Rand der Plantage zähflüssiger Dünger gelagert, ein riesiger Haufen Hühnerkot, den sie komplett vergessen hatte und der längst mit Unkraut überwachsen war. Annie rappelte sich auf, schimpfte verzweifelt vor sich hin, am ganzen Körper mit Scheiße bekleckert. Ihr war sofort klar: Diese Menschen werden noch dreißig Jahre später grölen, weil sie sonst nichts weiter erleben in ihren armseligen Leben mit ihren billigen Berufen. In ihren popligen Discos werden sie es verbreiten, werden weiterlachen in den Festzelten ihrer faden Viehmärkte. Sogar am Spielfeldrand des erfolglosen FC Wolke Null Sechs werden sie wieder und wieder erzählen, was passiert ist. All das sah Annie auf sich zukommen, ewig würde der Tratsch währen, erbärmlich war ihr bei diesem Gedanken zumute. Sie werden sich nicht mal scheuen, in goldenen Buchstaben *Hühnerkacke* auf ihren Grabstein zu meißeln, fürchtete sie, als sie versuchte, aus dem Schlamassel zu kommen, alles stank höllisch und war klebrig zäh. Sie atmete durch den Mund und hoffte, dass ihr so besser würde, doch der Ekel ließ sie würgen, beinahe zusammenbrechen.

Schließlich sprach Fritzi ein kurzes Machtwort, und schon machten sich alle davon, Motoren heulten, Stille.

Nur ein Typ mit Moped blieb in respektvoller Entfernung stehen, auf dem Rücksitz lag ein zweiter Helm. Fritzi hob ihre Hand zur Beruhigung: »scheis kacke«, stellte sie fest. Sie sagte es nicht höhnisch, es klang eher mitleidig.

»Lachst du mich aus?«

»nee.«

»Du lachst doch?!«

»nee, escht net.«

Annie hasste es, ausgelacht zu werden: »Ich sehe deine Zähne, du lachst!«

»zähne eh, die tu ich trocknen!«

»Deine Zähne sind nass?«

»hab wasser im zahn.«

Ihre verlotterten Kumpel kamen einige Hundert Meter weiter an einer Abzweigung zum Dorf zum Stehen, sie warteten auf ihre Freundin, ließen die Motoren aufheulen und riefen sie damit.

Annie litt nicht nur unter dem Dreck, der an ihr hing, sondern auch daran, dass sie meist nur in Gesellschaft von Bäumen und Staren war und keinen Motor zum Mitheulen besaß.

Fritzi wies auf den triefenden Hühnerdünger: »un sons?«

»Hau bloß ab.«

Da setzte Fritzi ihren Helm auf, sprang zu dem Jungen aufs Moped und machte sich davon.

Annie riss sich auf der Stelle die stinkende Shorts vom Leib, Unterhose und Hemd ebenfalls, ließ alles auf der Erde liegen und lief nackt durch die Plantage, allein die Sandalen hatte sie anbehalten, da der Boden mit Disteln übersät war. Ihre Füße schmatzten bei jedem Schritt im Hühnerkot, es war widerlich. Der Gestank machte aus der

Isolierten eine Aussätzige, mit der nun erst recht keiner zu tun haben wollte. Sie erreichte den Bach und wusch sich, bis sie ganz wund war, fluchte und jammerte weiter vor sich hin. Sie legte ihre gewaschenen Sandalen in die Sonne und fiel zu guter Letzt erschöpft auf das Metallbett, atmete durch, beruhigte sich, wühlte ihren nackten Körper ins Heu, weinte leise und schlief endlich erschöpft ein.

WINDBEFRUCHTER

Das Haus, in dem die drei wohnten, gehörte der Familie schon seit Generationen. Im Erdgeschoss waren die Küche und ein großzügiges Wohnzimmer mit Kachelofen. Im ersten Stock hatte jeder ein Zimmer mit Holzdielen. Vorn an der wenig befahrenen Straße lag der Gemüsegarten, hinter dem Haus ein Hof mit Moos zwischen den Steinen, und neben dem Küchenfenster wuchsen gelbe Rosen.

Jahre zuvor hatte Annie bei Herbstmanövern der Bundeswehr ein Tarnnetz ergattert, das über einen Panzer gespannt war. Das hatte sie über ihr Bett gehängt und sich so eine herrlich schützende Höhle eingerichtet. Auf dieser Tarnung hatte sich inzwischen ungeheuer viel Staub gesammelt. Wenn sie dann und wann von unten dagegenschnippte, regneten die weichen Staubflocken auf sie herab wie in einem Wintermärchen. Nette dagegen hatte für diese Form von Schutz oder Romantik keinerlei Verständnis.

»Bring den dreckigen Mist zum Müll!«

»Das ist kein Mist, ich unterstütze die NATO damit«, provozierte die Heranwachsende, die genau wusste, wie sie ihre Mutter auf die Palme bringen konnte.

»Was weißt du denn von der NATO?«

Annie verkniff sich ein Grinsen: »Die sichert den Frieden.«

»Hast du sie nicht alle? Den Frieden? Eine Waffentruppe!«, fluchte Nette und verließ das Zimmer, nicht ohne zu schimpfen: »Und so was hab ich großgezogen!«

Mitten im Gemüsegarten stand der einzige Süßkirschenbaum, den die Sauerkirschbauern hatten. Wenn ihre Mutter im Sommer darin auf einem Ast saß, zwischen Blättern versteckt, und sich den Bauch mit den Früchten vollschlug, schien sie endlich mal zufrieden, strahlte beinahe wie eine Braut, fand Annie. Bloß ohne Schleier und Blumenstrauß, und ohne Kleid oder Bräutigam, also eigentlich gar nicht wie eine Braut. Sie besaß ein Foto, das sie gern betrachtete: Nette lächelnd in genau diesem Baum. Die Familie hätte sich gänzlich für Süßkirschen entscheiden sollen, dann wäre das Leben von Nette beschwingt und reich verlaufen, die Kilopreise von Herzkirschen waren auf dem Frischmarkt enorm hoch. Nun war es dafür zu spät, Bäume wachsen ja nicht über Nacht, und sie hatten die falsche, die saure Sorte am Hals.

Im Haus wellten sich die matten Tapeten an den Klebekanten, vor den Fenstern hingen trostlose Gardinen aus den Sechzigern mit vergilbten Stores, die aussahen wie Fliegengitter. Die angeschlagenen braunen Küchenschränke hingen schief, die Armaturen im grün gefliesten Bad klemmten, wackelten oder tropften.

Obgleich diese Tristesse sie schon lange umgab, konnte Nette sie verschmerzen, wenn sie sich verliebte. Darum tat sie das oft, ohne auf den Mann zu achten, sondern bloß auf den Zustand.

Einige Zeit zuvor war eine Gruppe gut aussehender Wissenschaftler ausgerechnet hierher gekommen, um die eigentümliche Neigung der Landschaft genauer zu unter suchen. Normalerweise, so erklärten sie den Bewohnern bei einer Versammlung, komme solch eine Schüsselform geologisch nur an der Küste vor oder bei Seen, aber hier habe man eine riesige Delle identifiziert, die in der Geologenfachsprache »Depression« genannt werde.

»Allen Ernstes?«, fragte Opa. »Wir liegen in einer Delle, die leidet?«

»Ich hab schon immer gewusst«, merkte Nette trocken an, »dass was nicht in Ordnung ist mit der Stimmung hier.«

Darüber lachte ein blonder Geologe besonders fröhlich und mietete sich kurz darauf bei ihnen ein. In beinahe jedem Haushalt des Ortes wurde ein Wissenschaftler untergebracht, weil hier kein Gasthaus existierte und das einzig in Frage kommende Hotel in der Stadt lag. Kost und Logis waren für die Einheimischen ein gutes Geschäft, die eigenen Kinder wurden dafür aus ihren Zimmern vertrieben und in die Heuböden gelegt, die Wissenschaftler schliefen in zu kurzen Betten, wurden dafür aber von den Dörflern mit gutem Essen verwöhnt und nahmen im Laufe der Wochen ordentlich zu.

Nette überließ ihrem Geologen ihr eigenes Zimmer. Vorher brachte sie es fertig, innerhalb von nur einem Tag alles sauber zu putzen und aufzuräumen, was vorher für Wochen, ja Monate herumgelegen hatte, vergammelte oder verstaubte. Sie möbelte nicht nur die Einrichtung, sondern auch sich selbst auf, hatte mit einem Mal frisch frisierte Haare, eine gebügelte Bluse und sogar einen Rock mit Blumenmuster – kein Mensch wusste, wo sie den so schnell aufgetrieben hatte.

»War das nicht mal die Küchengardine?«, feixte ihr Vater.

Zaghaft klärte Nette ihren Geologen auf: »Bedingung bei uns ist, dass Sie grüne Bohnen essen. Die gibt es bei uns beinahe täglich.«

»Beinahe?«

»Stangenbohnen ohne Faden.«

»Großartig«, grinste er.

Opa musterte seine Tochter belustigt und führte sie prompt vor: »Du hast ja sogar neue Schuhe.«

Nettes stahlharter Blick verriet, dass sie ihm etwas antun würde, wenn er weiterspräche.

Die Zeit mit dem Fremden ging als »die guten Geologenwochen« in die Familiengeschichte ein. Nette flüsterte vor sich hin und sang, hatte endlich mal das Gegenteil von einer Delle in ihrem Herzen, rasierte sich bald am ganzen Körper, puderte jede Falte und studierte schwer verständliche Berichte über Geomorphologie. Wenn sie wollte, konnte sie sehr nett sein, sie musste nur können wollen.

»Wie kommt es, dass ihr so viele Bohnen habt?«, fragte er beim Abendessen, als ihn das Gemüse nach zehn Tagen dann doch verdutzte. Annie und Opa zogen den Kopf ein und schwiegen.

Nette dagegen goss sich einen Schnaps ein, ihr Bericht würde sie sonst zu heftig treffen. Es hatte so einige Desaster in ihrer Karriere gegeben, aber die Bohnengeschichte beeinträchtigte den Speiseplan der Familie nachhaltig: »Vor zwei Jahren habe ich einem Händler aus Frankfurt die halbe Kirschernte verkauft, er hatte mir einen guten Preis geboten, allein das hätte mich misstrauisch machen müssen. Er holte die Früchte selbst ab und versprach, prompt zu zahlen, das tat er aber nicht. Zwei Wochen später bin ich hin, wollte schauen, was zu machen war, irgendwas zum

Tausch ergattern. Der Kerl hat sogar tatsächlich mit sich reden lassen, er stand selbst kurz vor der Pleite und hat mir das Letzte mitgegeben, was er noch hatte, bevor die Gläubiger kamen.«

Der Geologe ahnte es: »Bohnen.«

»Einen ganzen Lastwagen voll Büchsen, ein Drittel süße weiße Pfirsiche waren auch dabei, schmecken klasse, der Rest ist Gemüse«, klärte Annie ihn auf.

Ihre Mutter atmete tief durch, damit die alte Frustration sie nicht wieder übermannte: »Ich hab gedacht, ich kann die Ware irgendwo verkaufen. Das Problem aber ist, die Dosen haben keine Etiketten. Also kein Haltbarkeitsdatum, und man weiß nie, was wirklich drin ist. Du kannst sie wiegen, schütteln und daran horchen, du kannst sie auspendeln oder beten und bekommst es nicht raus. Obst und Gemüse klingen exakt gleich, es ist zum Verzweifeln. Wer eine Büchse öffnet und Glück hat, erwischt weiße Pfirsiche, ansonsten muss er Bohnen essen. Was offen ist, wird natürlich verzehrt.«

Der Geologe verstand: »Wir hatten bisher kein Glück.«

»Meinst du, man kann sie röntgen oder anders untersuchen?«

Er verneinte: »Zu teuer, und schädlich. Habt ihr sie mal gewogen?«

»Immer gleich schwer. Sie reichen noch für Jahre. Wir verschenken die Dosen inzwischen, jeder Freund und Bekannte bekommt ein paar zum Geburtstag, zur Hochzeit oder zu Weihnachten geschenkt. Uns lädt schon niemand mehr ein. Annie muss sie an Advent zum Wichteln mit in die Schule nehmen – wer sie zieht, hat verloren.«

Schließlich führte Nette den Geologen in den Keller,

dort lagerten die Dosen in Kisten zu je achtundvierzig Stück in zwei von vier Kellerräumen bis unter die Decke.

»Wir können froh sein, dass wir überhaupt was zu essen haben!«

»Genau«, antwortete der Mann, legte Nette den Arm um die Taille und zog sie an sich: »Sie schmecken doch ganz prima.«

Tage später fuhr Nette vor lauter guter Laune mit Annie in die Stadt, dort sollte das Mädchen partout ihren ersten BH bekommen, obwohl es keinen körperbaulichen Grund dafür gab.

»Wozu also?«, fragte Annie misstrauisch, weil sie wusste, wie schnell sich bei ihrer Mutter gute Laune ins Gegenteil verkehren konnte.

»Einfach nur aus Spaß«, meinte die.

»Was für ein Spaß?«

»Na, die Freude, bald eine Frau zu werden. Vielleicht triffst du ja auch mal einen Geologen.«

»Und für so eine Begegnung braucht man Wäsche?«

»Genau!«

»Auch wenn im BH nichts drin ist?«

»Kommt schon, mach dir keine Sorgen.«

»Weshalb macht dich ein fremder Mann so froh? Ich oder Opa aber nicht?«

»Das ist doch was ganz anderes.«

»Was denn genau?« Annie gab nicht auf.

Ihre Mutter schaute sie an, dachte nach: »Der ganze Körper kribbelt, 'ne Stimmung, als hätte man viel Geld gemacht. Diese Nähe zu einem fremden Körper, der Geruch dabei. Man macht Dinge, die man sonst nie macht.«

»Also ist er besser als ich, der Sex?«

»Besser als du? Quatsch, anders halt, wirst schon sehen, wenn's so weit ist.«

Wenige Meter vor dem Wäschegeschäft ließ sich Nette von einer schmierigen Wahrsagerin anquatschen, die an ihrem Ärmel zupfte: »Du haben gute Augen, sehr gute Augen, Traurigkeit ist auch drin. Komm, gehen wir Straße runter, du haben nicht viel Glück gehabt. In Stirn ist eine Sieben, es werden alles gut. Was schon zwanzig Euro für Seele, wenn tröstet.«

Nette fragte ihre Tochter: »Brauchst du wirklich schon einen BH?«

»Ja, wer hatte denn die Idee?«

Annie gab das Geld ohne Zögern her.

»Siebenundachtzig werden du«, machte die Frau Nette ungeniert vor, »nett und freundlich ist der Mann, der meinen gut. Nix von hier, von weit weg. Noch ein Kind kommt in Haus.«

Auf dem Rückweg im Auto schwiegen beide. Annie schaute aus dem Fenster und ersehnte sich alles Mögliche für zwanzig Euro, sie hätte gern mal einen Lenkdrachen ausprobiert, ein richtiger Busen wäre auch nicht verkehrt, selbst den konnte man kaufen, kostete bloß mehr. Wieso hatte sie keinen, fragte sie sich, wann würde das bei ihr losgehen, was so losgeht bei Mädchen in ihrem Alter? Nette dagegen erträumte, dass es anders käme, als sie bisher vermutet hatte, ganz anders! Eine Beziehung, vielleicht eine ehrliche Ehe, ein weiteres Kind sogar? Noch war sie nicht zu alt für einen völligen Neubeginn.

Die Geologen verließen den Ort nach genau sieben Wochen, wie vorausgesagt. Nettes junger Liebhaber stellte anschließend in einem letzten Telefonat aus seinem Institut klar, dass er bereits verheiratet sei, drei eigene Kinder habe, süß wie Pfirsiche, und nie wieder zu Nettes zarten Bohnen zurückkehren werde. Von da an hatte sie noch grauenhaftere Laune als zuvor.

»Die Wahrsagerin hat gelogen«, stellte Annie lakonisch fest.

»Halt die Schnauze!«

Opa wunderte sich: »Für so 'nen Scheiß hast du Geld?«

Nette verbarg ihr Gesicht in den Händen und weinte am Küchentisch; der Alte sah sich veranlasst, seine Tochter zu trösten: »Nicht alle Kirschen kennen die glückliche Liebe«, kommentierte er ihr Malheur. »Liebliche Bienen befruchten die Blüten der Süßkirsche mit ihrem pelzigen Po, drum ist ihr so süßlich zumute. Der Schattenmorelle dagegen reicht, wenn ein anständiger Wind den Samen durch ihre Äste fegt. Kein Wunder, dass dich die zugige Liebe, die du bekommst, so sauer macht.«

Zur Bekräftigung streichelte er ihr sogar über den Kopf. Dass Nette keine Süß-, sondern eine Sauerkirsche war, war bereits zur Legende geworden. Sie selbst versicherte allen, die es wissen wollten oder nicht, seit jeher gehöre die Obstbauernfamilie wie die hauseigenen Bäume zu den Windbefruchtern, diese Art der Fortpflanzung sei auch bei ihnen daheim üblich, ihre Tochter sei darum ohne leiblichen Vater gezeugt.

Annie stellte ihre Mutter zur Rede: »Du willst doch nicht ernsthaft behaupten, mein Vater sei der Wind gewesen?«

Nette schnäuzte sich, augenscheinlich tröstete sie dieser Unsinn, sie blieb dabei: »Es gibt eine Menge solcher Leute, die Jungfrau Maria kennt jeder, über andere wird seltener geredet. Wird Zeit, dass du davon erfährst.«

»Meine Mutter ist eine Jungfrau!«, johlte Annie spöttisch. Sie wollte sicher nicht erfahren, auf welche Weise ein männlicher Same an der Blüte ihrer Mutter hängen geblieben war, zumindest redete sie sich heftig ein, dass sie es nicht wissen wollte. Sie war irgendwann auf natürliche Art entstanden, das war ja mal sicher. Aber ein richtiger Vater war doch ein Mann, der anwesend war. Bei uns daheim ist keine starke Schulter außer Opa, an die ich mich lehnen kann, sagte sie sich. Da schenkt mir auch keiner was, also habe ich keinen Vater. Aber eine normale Besamung wird es doch gegeben haben.

»Wer ist es gewesen? Wo ist es passiert?«

»Schluss mit dem Thema«, wünschte sich Nette.

Annie zeigte ihr den Vogel: »Ja, hör mir auf, Windbefruchter!«

Wegen ihrer Arbeit im Sommer und den faulen Wintern auf der Couch war Annie ständig offline, nur ihr Opa besaß einen Computer, den sie nicht benutzen durfte. Auch ein Handy hatte sie nicht.

»du bis steinzeit«, hatte Fritzi zu ihr gesagt. Vor allem Annies Klamotten waren der Gleichaltrigen ein Gräuel: »style ne haste wie in bukarest aufm fischmarkt die verkäufer ne.«

»Wir haben kein Geld.«

»musste abziehn, idi.«

Was Fritzi »abgezogen«, sprich geklaut hatte, trug sie am Leib, seit der Woche zuvor zum Beispiel eine eng anliegende weiße Hose mit Reißverschluss an der Seite, ein lila Top, das oben spät begann und unter der Brust früh endete, dazu einen silberfarbenen Gürtel mit riesiger

Schnalle, Sonnenbrille mit Strasssteinen, starkes Make-up mit Rouge von den Augen bis zum Hals und unten wieder silberfarbene Pumps. Annies Opa behauptete gemein, Fritzi zeige ihr Äußeres so her, weil innen nicht viel sei. Ihr Intelligenzquotient ließe sich mit einem Fieberthermometer messen. Tatsächlich gab es gewisse Anzeichen dafür, legendär war etwa die Sache mit dem Speiseeis, inzwischen schon Jahre her.

Fritzis Oma trug den Schlüssel zur Gefriertruhe immer an ihrem Hosenbund und hatte dann trotzdem mal vergessen abzuschließen. Die Enkelin nutzte diese Chance unmittelbar, aber sie griff nicht einfach zu und futterte, bis ihr übel wurde, oder teilte ihre Beute sinnvoll mit Annie oder ihrer Bande, die damals noch auf Fahrrädern und Rollern herumstreunte. Nein, sie schnappte sich einen ganzen Karton Eis am Stiel und lief damit in den Garten, grub mit dem Spaten ein Loch und stellte den Karton hinein. Mitten im Sommer.

Annie sah dem dusseligen Mädchen zu: »Fritzi, was machst du denn?«

»eh du, fapiss dich eh.« So in etwa klang schon damals ihre Antwort.

»Fritzi, der Boden ist warm, das Eis wird schmelzen, du wirst es nie wiedersehen.«

»is das weg, schlagisch schädel ein.«

»Du musst es sofort essen, sonst ist es verloren. Ich helfe dir dabei!«

Statt eine Antwort zu geben, hat das Gör nach Steinen gegriffen und Annie damit beworfen, sie wollte nichts von Teilen wissen. Nach einer Woche hatte Fritzi endlich Lust auf Eis, schaufelte den Karton frei, fand jedoch nichts außer dem Papier und der Pappe und machte sich daraufhin natürlich auf die Suche nach der einzigen Augenzeugin. Sie wollte sie töten, »hast mein eis gefressen!«, hat sie geschrien. Wochenlang war Annie nicht mehr vor ihr sicher.

Fritzi war die Chefin im Ort, Annie konnte froh sein, dass sie ansonsten friedlich mit ihr umging. Ein halbes Jahr vorher hatte Fritzi einem Jungen aus der sechsten Klasse einen Finger gebrochen, weil der ihr vier Euro schuldete. Doch an Annie hatte sie einen Narren gefressen: »tu annie was, schlag isch fresse ein, is meine freundin.«

»Wieso ausgerechnet die?«, fragten ihre Mopedkumpels.

»gibs sonst kein mädchen in scheißkaff, drum.«

Was Annie durch den Kopf ging, interessierte Fritzi nicht, und umgekehrt. Annie kannte keine Bands und keine Stars, nicht eine Soap, nicht eine Show, weder die Mode noch das Geld. Sie war ein Relikt aus Zeiten, als gelernte Schauspieler noch auf Brettern spielten und Musik von Hand gemacht wurde.

PAULA

Die letzten Bilder von Paula stammten von der Überwachungskamera vor der Garage. Sie zeigten einen Teenager in dunkler Daunenjacke mit Kapuze, dem für Mai ungewöhnlich nasskalten Wetter dieser Nacht angemessen. Über ihrer Schulter hing eine kleine Reisetasche, die für wenige Tage gepackt schien, doch wurde Paula nun bereits seit Wochen vermisst. Die Eltern hatten schon am Morgen nach ihrem Weggang die Polizei gerufen, die Ermittlerin hatte diese aufgezeichneten Bilder wieder und wieder angeschaut, sie vor- und zurückgespult, angehalten. Ihr schien es, als wenn das Mädchen zum Abschied gar gewinkt hätte, das war allerdings nicht klar zu erkennen. Möglich war auch, dass sie bloß eine Strähne aus ihrem Gesicht wischen wollte.

Ein Porträt von ihr zeigte eine junge Frau mit orangefarbenen Haaren und blauen Augen, etwas blasiertem Blick und dickem Kajalstrich auf dem oberen Lid. Sie musste in letzter Zeit wohl zugenommen haben, oder die Aufzeichnung hatte ihr Gesicht verzerrt und runder wirken lassen.

Die Familie lebte am Körnerweg direkt an der Elbe, das Haus war am Hang gebaut, das Blaue Wunder linker Hand, die prächtige Stadt rechts.

Wer könnte schöner leben, fragte sich die Polizistin,

weshalb läuft so eine fort? Die Eltern wirkten auf sie eher wie ihre Großeltern, er war Professor an der Technischen Universität Dresden, an seiner Seite hatte er eine schmale, gepflegte Frau. Viel Geld steckte im Haus: dreistöckiger Bau, allerhand großflächige Glasfronten. Paulas Zimmer hatte eine eigene Dachterrasse, sie verfügte über einen Flachbildschirm, eine teure Musikanlage, ein Himmelbett.

An jenem Abend waren alle drei zeitig schlafen gegangen. Paula hatte sich nicht anders verhalten als üblich, versicherte der Vater. Sie musste kurz vorher noch in der Küche gewesen sein, man fand ein benutztes Glas mit Orangensaftresten, sie hatte scheinbar in eine kalte Entenkeule gebissen und den Knochen anschließend auf den Marmorboden geworfen. Der Kühlschrank stand offen.

»Wieso tut Ihre Tochter so was?«

Die Mutter schüttelte ratlos den Kopf: »Wie kann sie uns das antun?« Es klang beinahe empört statt besorgt.

»Sollte das eine Provokation werden? Der offene Kühlschrank?«, fragte die Polizistin. »Und das Essen auf dem Boden?«

»Paula hat öfter mal was fallen lassen«, erklärte der verzweifelte Vater.

Die Beamtin runzelte die Stirn: »Erklären Sie mir das genauer, bitte.«

»Nun«, er hob erschöpft seine dünnen Arme, »eine Jacke im Flur, ein Äpfelbutze, ein Radiergummi, so was eben.«

»Ein Äpfel-was?«

»Butze.«

»Meinen Sie ein Äppelgriebs?«

»Ja, Herrschaften!«, rutschte es ihm zu laut heraus. »Sind

die Synonyme vom Kerngehäuse eines Apfels denn im Moment von Belang?«

Die Ermittlerin schüttelte den Kopf: »Verzeihung, ich habe bloß das Wort nicht gekannt. Hat Ihre Tochter was am Arm, eine Verletzung vielleicht? Dass ihr Gegenstände aus der Hand fallen?« Die Mutter starrte vor sich hin, richtete sich nun auf, wischte mit der Handfläche über den Tisch, auf dem kein einziger Krümel war, und schwieg. Der Vater schüttelte den Kopf: »Dann hätten wir Sie das unmittelbar wissen lassen. Es geht nicht um den Kühlschrank oder um Essen auf dem Boden, wir ersehnen einfach unser Mädchen zurück.«

Die Anwesenheit dieser Frau war ihm geradezu körperlich unangenehm. Jünger als seine Gattin, aber viel älter aussehend, fülliger Körperbau, billige Jeans, rotes Sweatshirt und dunkelgraue grob gestrickte Jacke mit hässlichen Wollknubbeln dran, alberne Buttons von irgendwas am Revers, Beatles oder so. Bis auf etwas Wimperntusche unternahm sie scheinbar keinerlei Versuche, sich attraktiver zu machen. Solchen Menschen kam er allenfalls bei Aldi an der Kasse nah. Dabei hatten sie sich von der Polizei so viel erhofft.

»Sind Lebensmittel auf dem Fußboden und ein offener Kühlschrank nicht ein Hinweis, eine Art Protest?«, setzte die Ermittlerin erneut an.

Die Stimme des Vaters klang nun bereits aggressiv: »Unsere Tochter ist verschwunden. Vielleicht ist sie in Lebensgefahr, so tun Sie endlich was, statt hier herumzureden!«

Die Polizistin fuhr sich mit der Hand über die Lippen. »Machen Sie sich bitte keine zu großen Sorgen«, sagte sie schließlich einlenkend. »Viele Jugendliche in Paulas Alter laufen fort und kommen über kurz oder lang zurück.«

Doch die Eltern ließen sich keineswegs beruhigen. Paula sei nicht mit Mädchen ihres Alters zu vergleichen, nicht so frühreif wie diese, sondern im Grunde noch ein frisch geschlüpftes Küken. Sie sei geschützt vor allem Bösen aufgewachsen, wäre niemals freiwillig gegangen. Außerdem wisse sie ja nicht mal, wie man eine Fahrkarte kauft. Sie hätten ihre Tochter nicht dem öffentlichen Straßenverkehr anvertrauen können, sondern sie zuverlässig zu allen Terminen gefahren und wieder abgeholt.

»Ah so.«

»Man hört ja so einiges, welche Schlägereien in Bus und Bahn drohen, welche Kontakte sich dort anbahnen können, dazu die Viren und Bakterien der Leute. Wir wollten sie davor bewahren.«

»Bewahren?«, fragte die Beamtin. »Fremde Bakterien härten ja ab. Nicht wahr?«

Die Eltern hörten das nicht zum ersten Mal, auch andere hatten ihre übervorsichtigen Maßnahmen häufig angesprochen, eine Lehrerin, der Kindergarten bereits.

»Hatten Sie vielleicht kurz vor dem Verschwinden mit ihr Streit?«

Die Mutter schluchzte: »Wir sind doch Freundinnen, ich habe ihr am Abend noch vorgelesen.«

»Einer Sechzehnjährigen?«

»Ich lese auch meinem Mann vor, täglich.«

Der Beamtin gefielen diese Leute nicht, sie bekam schon Atemnot vom Zuhören: »Eine Durchforstung von Paulas Computer wird uns weiterhelfen.«

Da schaltete sich wieder der Vater ein: »Sie darf an meinen Rechner, allerdings nur zu schulischen Zwecken.«

»Kein eigener Computer, in dem Alter? Dann brauche

ich unbedingt die Namen der Freunde und Freundinnen Ihrer Tochter, mit Adressen und Telefonnummern.«

Die Mutter schüttelte den Kopf: »Paulas Terminplan hat solche Freizeitkontakte kaum gestattet.«

Dieser Satz ließ die Kommissarin erschauern.

Paula fehlte es an nichts. Außer an Freiheit, dachte sie. Aus ihrer Sicht hatte das Mädchen gute Gründe fortzulaufen.

»Aber wenn was passiert?«, schluchzte die Mutter. »Das werde ich mir nie verzeihen.«

»Sie können keinen Menschen vollständig schützen«, versuchte die Ermittlerin zu trösten.

»Doch!«, beteuerte der Vater. »Es gibt viele Möglichkeiten.«

Er nutzte zum Schutz der Familie technische Hilfsmittel, die hierzulande unbekannt waren, er hatte ein Faible dafür und war immer der Erste, der sie ausprobierte. Es gab zum Beispiel keine Spinnen in diesem Haus, kein einziger Schädling schlüpfte hinein, nicht mal eine Ameise krabbelte bei diesen Leuten in der Küche herum. Das Geheimnis war ein *invisible fence*, den der Vater aus den Vereinigten Staaten mitgebracht hatte, einen halben Meter unter der Erde ums gesamte Grundstück vertrieben Ultraschall und elektromagnetische Wellen solch ungebetene Gäste. Haustiere hätten sich davon vielleicht irritiert gezeigt, aber man hielt ja keine, den Menschen dagegen schadete die Vorrichtung nicht, versicherte der Hersteller.

Die Eltern achteten zudem peinlich genau auf die Unversehrtheit ihres Kindes, Familienfotos von der kleinen Paula hätte man im Schaukasten einer Bibelschule ausstellen können.

Die Grenzen seien fließend, meinte die Mutter, von hanebüchenen Fällen aus der Zeitung gewarnt.

»Grenzen zwischen was?«, fragte die Beamtin.

»Man kann ja das Kind nicht mal mehr in die Kirche lassen, ohne sich sorgen zu müssen.«

Der Polizistin kam ein Gedanke, vielleicht eine Erklärung: »Ist denn schon mal was passiert mit Paula – was Schlimmes?«

Die Mutter schüttelte den Kopf, doch ihre Gesichtszüge verhärteten sich erschreckend, sie erkaltete regelrecht: »Ihr nicht.«

»Wem denn, Ihnen?«

Die Mutter schüttelte weiter den Kopf, schwieg aber beharrlich.

Zuletzt hatten sie der Heranwachsenden eine Minisonde unter die Haut gesetzt, nicht größer als ein Fingernagel, ein digitaler Aufpasser, zumindest in den Staaten war dieser Chip erfolgreich beim Menschen getestet worden. Zuvor hatte er sich bei teuren Rassehunden oder Rennpferden bewährt, deren Entführungen man befürchten musste.

Die Dresdner Polizistin konnte nicht glauben, was sie da erfuhr: »Unter die Haut?«

»Ein kleiner Piks zu ihrem eigenen Wohl, mehr nicht. Mithilfe des Senders kann man Paula orten.«

»Ja, und weshalb suchen wir sie dann überhaupt?«

Das Implantat lag blutverschmiert auf dem Nachttisch. Um diesen standen nun die drei herum und betrachteten den Chip.

»Nie und nimmer hat Paula den selbst entfernt«, war sich die Mutter sicher, »sie ist viel zu empfindlich, ja wehleidig geradezu.«

»Vielleicht hat Ihre Überwachung noch mehr ge-schmerzt?«, gab die Polizistin zu bedenken.

Das war der Moment, in dem die Eltern ihren Umzug nach Dresden bedauerten. Sie hatten bereits vermutet, dass die Ostdeutschen kein ungezwungenes Verhältnis zu Über-wachungsmaßnahmen hatten. Es wird ein Stasi-Komplex sein, der diese Frau so feindlich macht, legten sie sich später zurecht, alt genug ist sie ja, hat die DDR augenscheinlich noch durchgemacht zu Kinder- und Jugendzeiten.

»Wer wusste außer Ihnen von dem Ding?«, fragte die Beamtin nach einer längeren Pause.

»Lediglich der Chip-Anbieter.«

»Sonst niemand? Ein Freund der Familie?«

Der Vater schüttelte den Kopf: »Das ist ja der Sinn dieser Sache, dass niemand davon weiß.«

»Sie haben sich keinem Menschen anvertraut?«

»Nein.«

Da hielt ihr die Mutter den Unterarm hin, schob den Ärmel ihrer Bluse hoch: »Man sieht es nicht, ich spüre nichts.«

»Sie haben so was auch?«

»Bitte sehr.«

Die Kommissarin tastete den Arm ab, berührte mit der Handfläche die Haut der Frau.

»Glauben Sie uns, Paula hat hier alles, was sich ein Kind nur wünschen kann«, versicherte die Mutter erneut.

Oder nichts, zu viel des Guten, dachte die Polizistin. Sie konnte in diesem Fall nicht von einem Verbrechen aus-gehen, die junge Frau war schlicht der Kontrolle durch die klammernden Eltern müde, sie war ausgerissen. Es war in-folge ihres Verschwindens weder ein Erpresserbrief eingegangen noch eine Geldforderung, es war auch kein Anruf gekommen, nichts dergleichen.

»Wir werden vorschriftsmäßig nach dem Mädchen suchen, doch Sie müssen Geduld haben«, beendete sie ihren Besuch. »Sie wird zu Ihnen zurückkommen, sie hat es ja gut hier, im Grunde.«

GALLE

Galle war scheinbar der übliche Trottel des Dorfes, und weil Annie bevorzugt die Lädierten liebte, war er ihr automatisch ans Herz gewachsen. Seine Augen waren hellbraun, er hatte riesige, spitz zulaufende Ohren, wie die von Fledermäusen, dünne, etwas längere Haare, die auf und ab hüpften, wenn er ging – ein kindlicher Mann in den Dreißigern, der außerhalb des Dorfes hinter den Gemüsegärten lebte. Die Fassade seines halb verfallenen Hauses war mit kleinen schwarz-grauen Holzstückchen verdeckt, die hatte sein Vater eigenhändig angebracht, als er noch lebte. Das Fundament darunter hatte in Höhe der Kellerfenster bedenkliche Risse. Doch Galle ahnte nicht mal, was Risse waren, so wirr, wie er war.

An der vorderen Hauswand standen zwei Birnbäume, die als Spalierobst beschnitten und deren Äste so nah an das Haus gebunden waren, dass es inzwischen aussah, als hielten sie das gesamte Gebäude in einer Umarmung regelrecht zusammen. Zur Erntezeit brauchte Galle nur den Fensterladen zu öffnen und zuzugreifen, aber er mochte keine Birnen, weshalb die Früchte jedes Jahr abfielen und vor dem Haus verfaulten; ihr Saft sickerte in die Erde, düngte den Boden und nährte den Baum, der unverdrossen Jahr für Jahr weiter seine Pflicht erfüllte. Zumindest schmeckten Galle die prächtigen Himbeeren am Weg vor dem Haus, er aß von Juni bis zu den ersten Frösten davon und teilte die Ernte mit seinen Freunden.

Die meisten Bewohner des Ortes verspotteten ihn nicht, sondern belächelten seine Schwächen, nur der Sparkassen-mann versicherte, er habe es schwarz auf weiß, dass der Kerl *plemplem* sei, wie er sich ausdrückte. Wer allerdings Galles schweres Schicksal kannte, empfand Mitleid mit ihm und grüßte ihn wie einen Ehrenbürger.

Er schaute den Menschen viel zu direkt in die Augen, nie drum herum, er zwinkerte nicht mal, während er so intensiv glotzte. Selbst wenn er mit Schuhbinden oder Kaffeetrinken beschäftigt war – er tat diese beiden Dinge durchaus gleichzeitig –, guckte er einem dabei in die Augen und fand das Kaffeepulver und die Schuhbänder blind. Er ging rückwärts aus seinem eigenen Haus, weil er das Foto seiner Mutter fixierte, bis sie nicht mehr zu sehen war, erst dann schloss er die Tür. Auf seinem Weg in den Ort starrte er in die Augen der Hunde, die ihm entgegenkamen. Die empfindlicheren Tiere zogen ihren Schwanz ein, einzig den Neugeborenen, Menschen wie Tieren, machte sein Blick nichts aus, die konnten genauso lange und intensiv gucken wie er.

Galle sah sich auch seit Jahren ein und denselben Film von Billy Wilder auf altmodischer vhs-Kassette an: *Eins, Zwei, Drei*. Das Band leierte schon. Wenn er vor dem Bild-schirm saß, flüsterte er die Sätze aufmerksam mit. Seine Lieblingsstelle war die, wo Liselotte Pulver im gepunkteten Kleid auf dem Tisch zum *Säbeltanz* von Chatschaturjan tanzt. Da lachte er jedes Mal, stellte den Ton noch lauter und wippte und applaudierte ebenso berauscht wie die drei dicken Russen im Film, die Lilos Beine direkt vor Augen hatten. Galle kannte inzwischen jede Einstellung, alle Requisiten und Figuren bis ins kleinste Detail, die Dialoge Wort für Wort, sprach sie wieder und wieder mit. Auch in seinem eigenen Leben sagte er keine eigenen Sätze oder Phrasen, er sprach kein vernünftiges Wort mit seinesgleichen, einzig seine Filmsätze ließ er hier und da einfließen. Die Menschen im Ort waren froh, dass er sich überhaupt äußerte. Nach dem Tod seiner Eltern hatte er für lange Zeit nur herzzerreißendes Schluchzen herausgebracht.

Inzwischen grüßte Galle die Leute, die frühmorgens an der Bushaltestelle warteten, mit dem Filmsatz: »Mein Chauffeur ist heute Morgen nicht gekommen!«, oder erklärte Annie, wenn er die Plantage betrat: »Danke schön, Fritz, sitzen machen!«

Wenn jemand im Ort beerdigt wurde, half er mit, das Grab zu schaufeln und den Sarg zu tragen. Er schaute den Trauernden so arglos in die Augen, dass sie noch heftiger weinen mussten als vorher. Und trotzdem, oder gerade deshalb, bekam er gutes Trinkgeld für seine Arbeit auf dem Friedhof. Annie hatte ihm das Leben etwas erleichtern wollen, die Leute sollten sich nicht vor seinem Blick erschrecken, deshalb brachte sie ihm eines Tages eine Sonnenbrille mit, die der Apotheker ausgemustert hatte. Galle sah damit aus wie Kevin Costner als Bodyguard oder wie ein italienischer Killer, allerdings fehlte ihm jede Begabung für das Verbrechen. Er war schlicht und ergreifend zu lieb, jemand, der sich alles gefallen ließ, der das Böse im Menschen nicht begriff. Er lächelte noch, wenn sich feige Lümmel um ihn stellten und ihn hin und her schubsten.

Galles Eltern waren auf einer Reise nach Amerika bei

einem Flugzeugabsturz ums Leben gekommen, es geschah über dem Meer. Der Bestatter hatte darauf bestanden, dem Angehörigen den Anblick der sterblichen Überreste zu ersparen, doch Galle hatte es sich nicht ausreden lassen. In der Nacht vor der Beerdigung schlich er in die Kapelle und schraubte beide Särge eigenhändig auf, um sich zu verabschieden. In dem vom Vater fand er nichts als einen schwarzen Schuh. Was im Sarg der Mutter gelegen hatte, wussten bis heute nur der Bestatter und er. Galle hatte den Deckel nur einen Spalt angehoben und gleich wieder sinken lassen. Schon am Morgen danach war sein Blick befremdend starr. In der Dorfgemeinschaft sprach sich der Vorfall schnell herum, die meisten waren bestürzt, nur Annies Opa nicht.

»Er muss sich damit abfinden, dass seine Eltern von Fischen gefressen worden sind«, legte er sich die Sache auf seine Weise zurecht, »wir fressen ja auch Fische!«

Er hatte diese Bemerkung am Frühstückstisch gemacht. Da fragte ihn Nette spitz: »Was ist dir eigentlich heilig, sag mal? Was zu heikel für einen Witz, hm?«

Er schwieg, sichtlich betroffen, aber zu stur, das zuzugeben.

»Mama hat recht«, meinte Annie.

Galle sagte die Bestattung ab, weil es nichts zu bestatten gab. Eine Trauerfeier dagegen fand statt, die Gäste tranken viel und tauschten sich darüber aus, was für wunderbare Menschen die Toten gewesen waren, der hinterbliebene Sohn hatte während der ganzen Feier erbärmlich geweint, immer den Schuh im Arm.

»Hey, Galle, was war nun im Sarg deiner Mutter drin?«, fragten die Betrunkenen in der Nacht. »Ihre Handtasche? Die Zähne?«

Ausgerechnet Opa sprang ein: »Haltet die Schnauze!«

Aber Galle hatte schon nicht mehr antworten können, und auch am Tag danach fand er keine eigenen Worte, und von da an war er absonderlich geblieben.

Erst als er mehr als ein Jahr lang jeden Tag seinen Film gesehen hatte, brachte er wieder Worte heraus. Wenn man ihn zum Beispiel fragte, wie er geschlafen hatte, bekam man zur Antwort: »Was willst du mit Rollschuhen in Venedig anfangen? Alle Straßen sind unter Wasser.«

Annie hatte sich an Galles geliehene Sätze gewöhnt, er konnte prima zuhören, deshalb saß sie häufig neben ihm auf der Veranda und schüttete ihm ihr Herz aus: »Ich sag dir was, man darf das Leben nicht verpassen. Es reicht nicht, es einfach laufen zu lassen, damit meine ich: Morgens aufzuwachen darf nicht einfach nur so passieren, sondern es muss eine Bedeutung haben. Regenwürmer verlassen ihre Gänge und krabbeln nach draußen, wenn es regnet. Aber nicht, weil sie Angst vor überfluteten Gängen haben, sondern weil sie annehmen, dass ein Maulwurf kommt und sie fressen will. So ein Viech macht für die Würmer dieselben Geräusche wie Regentropfen, wusstest du das?«

Zu Annies ausführlichen Vorträgen über die großen Fragen des Lebens bereitete Galle Tee und servierte frische Waffeln mit Schlagsahne, die ihr das Denken noch leichter machten: »Doch jetzt hör zu. Hühner locken die Würmer auch aus der Erde, indem sie mit den Füßen auf den Boden trampeln. Damit – man glaubt es nicht, wie gerissen solche Viecher sind – ahmen sie das Geräusch von Regen nach oder das vom grabenden Maulwurf, man erforscht das noch. Auf jeden Fall kommen die Regenwürmer hoch und werden, zack, gefressen. Deshalb also sollte man sich schon beim Aufwachen fragen, ob es einen guten Grund gibt aufzustehen. Irgendwas lockt einen immer, es könnte ein Feind sein, der nach einem pickt, schon ist man tot.«

Er nickte, als habe er verstanden: »Fünfzehn Jahre für die Firma für nichts und wieder nichts.« Und starrte sie an.

Annie tröstete ihn: »Andere glotzen auch, mach dir keine Gedanken. Sie starren ihr Leben lang Computerspiele an oder blöde Fernsehprogramme oder den eigenen Bankauszug, wenn sie was auf dem Konto haben.«

»Yankee go home.«

»Meine Mutter kannte mal einen«, fuhr sie fort, »der war allergisch gegen Erdnüsse, einmal hat er Cornflakes gegessen und wär beinahe elend daran erstickt, weil was davon dran klebte. Bist du allergisch gegen Erdnüsse?«

Galle schüttelte den Kopf, er erfasste ihre Gedanken und deren Sprünge anscheinend gut. Bei ihm konnte sie stundenlang alles darlegen, was sie dachte. Daheim fand sie dafür kaum eine Gelegenheit, Nette und Opa sprachen gern, aber hörten sehr selten zu.

»Ein kleines bisschen reicht schon für einen Schock. Alles schwillt an in Sekunden, auch die Luftröhre, und Schluss. Keine Ahnung, gegen was ich allergisch bin, bis jetzt habe ich nichts gemerkt. Wie entsteht das überhaupt? Macht das Gott? Sagt der: Oh ja, dem drehe ich mal eine Allergie an, die sich gewaschen hat? Ich habe gelesen, dass Leute, die schmutzig aufwachsen, weniger Allergien kriegen, so gesehen lebe ich saumäßig gesund. Bist du schmutzig oder sauber erzogen worden?«

»Gepackt und abgereist? Mit den Kindern? Wo sind sie denn hin?«

»Du hast deinen Film, und weißt du was? Ich habe die Allergien, die Regenwürmer und die Hühner aus der Zeitung, da steht alles drin. Nachrichten sind nichts für Memmen, man muss eiskalt und mutig sein, um täglich die Neuigkeiten zu verdauen. Wie ist das, frage ich mich immer, wenn man im Tunnel verbrennt oder als Flüchtling in einem Kühltransporter in der Hitze irgendwo an einer Grenze erstickt oder tatsächlich im Lotto Millionen gewinnt? Die meisten Reichen vertragen das viele Geld nicht. Ich kenne nur Leute, die in der Mitte von allem leben, die einen mittelgroßen Garten haben und auf einer Mittelschule waren und mittel viel oder wenig Geld haben. Die Mitte steht nie in der Zeitung, nur totales Pech oder Riesenglück.«

Sie schaute Galle an und erkannte in ihm jemanden, dessen Schicksal sich beileibe nicht in der Mitte abgespielt hatte.

»Ich lebe mittig, doch im Vergleich zu dir oder den Armen anderswo, in Afrika oder in einem Slum in Südamerika, hab ich enorm viel Essen, lebende Verwandte dazu und sauberes Wasser. Andere haben auch Essen und Wasser und fühlen sich trotzdem ganz unten. Wieder andere leiden Not, sind arm und lächeln trotzdem.«

Galle öffnete eine Packung Kekse, stopfte sich einen davon in den Mund und schaute einer Fliege nach.

»Und jetzt zu den Schönen und den Hässlichen«, erzählte Annie weiter. »Es gibt sehr wenige wunderschöne Menschen, und wenn, wen halten schon alle für schön? Groß, aber nicht zu groß. Schlank, aber nicht zu dürr. Haare, Zähne, Augen, Hände in der richtigen Größe, fast vorgeschrieben, so müssen alle aussehen, als seien sie reinrassige Hunde. Denen kürzt man sogar den Schwanz, echt. Menschen lassen sich auch gern was abschneiden, also zu lange Nasen zum Beispiel oder dicke Bäuche. Wenn dann alle gleich sind, sagen wir, das sei hübsch. Was meinst du?«

»Ihre Sekretärin, sie ist die blonde Fraulein? Schicken Unterlagen nach Ostberlin, dreifach!«

»Ach, Galle«, stöhnte Annie traurig. »Guck mal einen anderen Film.«

SCHULE

Die ersten Tage war Annie noch neugierig hinge-gangen und hatte alles von ihrer neuen Lehrerin wissen wollen. Zum Beispiel, weshalb sie erwachsen sei und trotzdem ihre Nägel abkaue? Annie hätte gern weiter-gefragt, aber ihre Lehrerin fragte lieber zurück. Was sie eigentlich sei, ein Mädchen oder eine streunende Katze, so zerzaust, wie sie herumlief? Da war also schon früh klar, dass die beiden sich gern was fragten, aber ungern was antworteten.

Wenn die Schule ein Kirschgarten gewesen wäre, so blühend hell und frisch, und dort in den Klassenräumen Lebendes hätte zwitschern und rascheln dürfen, wäre die Ministerpräsidentin vermutlich persönlich mit einem Blu-menstrauß vorbeigekommen und hätte Annie zum besten Zeugnis gratuliert. Doch die Wirklichkeit sah anders aus: Die Schule war ein kahler, betonierter Ort, der aussah wie ein Bombenkeller und der nach Staub und sauer gewor-denem Kakao roch.

Auch fasste man sich in der Schule nicht gegenseitig an, was sie zusätzlich irritierte. Die Lehrer legten ihr nicht mal die Hand auf die Schulter, und selbst wenn es tausend An-lässe für ein Lob gab, Zigtausende Möglichkeiten sogar, schüttelten sie einem nicht die Hände. Sie hatten ihre

Gründe: Auf den Schultoiletten fehlten Klopapier, Seife und Handtuch – und wer wollte schon ständig verkackte Hände schütteln –, zum anderen beugten die Lehrer ihrer Verhaftung vor. Sie weigerten sich, den Buben und Mädchen beim Schwimmunterricht oder Turnen zu helfen. Für die Pädagogen war es inzwischen sicherer, die Kinder vom Reck stürzen oder in den Fluten ertrinken zu lassen, als ihnen an womöglich falschen Körperstellen Hilfestellung zu geben und dafür verklagt zu werden.

Nette erinnerte sich, dass ihr früher die besseren Lehrer sogar mal den Kopf gestreichelt hatten, ganz einfach aus Freude über eine gute Leistung oder weil bald Sonntag war.

»Heute tut die ganze Welt so, als wäre eine Epidemie an Haut und Knochen ausgebrochen«, entrüstete sie sich. »Das hängt mir zum Hals heraus.« Und sie fügte, ordentlich wütend, hinzu: »Ich werde auch nicht mehr angefasst, kein Mensch kneift mir mehr in den Hintern, nicht ein einziger Mistkerl ist hinter mir her, kein Trottel wagt eine einzige Unverschämtheit.«

»Tja«, warf Opa ein. »Liegts an den Männern oder dir?«

Nette fühlte sich angegriffen, der Alte stänkerte gegen sie, wann immer es eine Gelegenheit gab.

Annie hatte sich Lehrer ganz anders vorgestellt. Ihre Lehrerin etwa konnte weder rennen noch springen, noch singen, noch tanzen; stattdessen machte sie beim Sprechen ein störendes Schmatzgeräusch. Annie bat sie, das zu lassen, sie könne ihr sonst nicht zuhören. Da schaute die Lehrerin, als wollte sie zubeißen, schmatzte aber weiter, bis sich weißer Speichel in ihren Mundwinkeln sammelte und Fäden zog, wenn sie sprach. Freundlicherweise reichte Annie ihr ein Taschentuch: »Sie haben da was.« Doch diese Fürsorglichkeit brachte ihr den ersten Tadel ein. Außerdem litt die Kirschbauerntochter unter der schlechten Luft im Klassenzimmer, stand auf und wollte die Fenster öffnen, ohne gefragt zu haben – zweiter Tadel. Nach wenigen Minuten nur bewegte sie ihre Arme, weil sie fürchtete, sonst leblos vom Stuhl zu fallen, wurde wieder ermahnt und musste ihre Hände und Unterarme auf den Tisch legen, durfte eine Schulstunde lang nichts von Spucke und Geräuschen sagen. Kein Wunder, dass Annie schon früh jede Freude am Unterricht verlor und auch im Lauf der Jahre nicht wiedergewann. Nur manchmal noch wagte ihr Übermut ein paar Sprünge. Etwa, als die Schüler von ihren Familien erzählen sollten.

»Mein Vater ist Chinese«, meldete sie sich zu Wort.

Die Lehrerin forschte nach, weshalb sie mit solch einem Vater keine Schlitzaugen hätte?

»Der Chinese, übrigens ein Skilehrer«, antwortete sie ausschweifend, »war ja nur ganz kurz mein Vater, etwa fünf Minuten, dann war sein Einfluss schon wieder weg, deshalb ist so wenig Chinesisches an mir haften geblieben.«

Am folgenden Tag wurde Annies Mutter zum Rektor bestellt, der sich vor allem nach der Länge ihrer Beziehung zum Kindsvater erkundigte und sie fragte, wie man so etwas einer Minderjährigen anvertrauen konnte. Nette berichtete dem Rektor daraufhin wortgewandt von fünf *Jahren*, da müsse ihre Tochter etwas falsch verstanden haben. Jahre, nicht Minuten. Arizona, nicht China. Und kein Skilehrer, sondern ein wissenschaftlicher Mitarbeiter eines berühmten Astronomen. Nicht bildschön, sondern eher *grobkörnig*, wie Nette sich ausdrückte, als habe sie eine Fotografie vor

Augen, die es natürlich nie gegeben hatte. Es regte ihre Fantasie weiter an.

Bei einer Reparatur an einem der riesigen Teleskope sei er in die Tiefe gestürzt und dabei umgekommen. Während sie das erzählte, wischte sie sich geschickt die Augen mit einem Taschentuch, weshalb der Rektor ihr glaubte und das Kollegium bat, von nun an mit den Schicksalsschlägen der Obstbauernfamilie behutsamer umzugehen. Das wiederum tat Annie gut, weil die Lehrerin sie von da an in den Pausen herumtoben ließ.

Zu Hause berichtete Nette: »Dein Rektor meinte, ich soll dich nicht so häufig draußen lassen, Regen macht krank, und von Sonne kannst du Krebs kriegen.«

Sie mussten beide lachen: »Erklär das mal den Kirschbäumen.«

»Und du sollst ein Instrument lernen.«

»Gut, ich lerne Blockflöte«, feixte Annie.

»Spinnst du jetzt?«, lachte Nette und fuhr ihrer Tochter liebevoll mit der Hand durch die Haare. Übers Flötenspiel waren sie sich einig: Das ging gar nicht.

In Annies Klassenzimmer standen blecherne Stühle, die ein widerliches Geräusch machten, wenn man sie über den Fußboden schob. In die schäbigen Schulbänke waren Liebe und Hass von Jahren hineingeritzt, Annie las mehr auf Tischplatten als in Büchern und hatte in einer Bank sogar mal den Namen Nette-Marie entdeckt, mit einem Herz drum herum. Das musste lange her sein, dass sich einer in ihre Mutter verknallt hatte, wahrscheinlich war das damals gewesen, als sie Berlin gründeten.

Opa behauptete, dass schon die alten Römer Tische und

Wände vollgekritzelt hätten: »*Sokrates was here*, bloß auf Latein, auch unanständige Sachen.«

»Los, sag was!«, bettelte sie ihn an.

»*Murtis, bene felas.*«

»Was ist das?«

»Latein.«

»Logisch, aber was heißt das?«

»Murtis war wohl ein Mädchen oder eine Frau.«

»Und, was hat sie getan, die Frau?«

»Murtis, du bläst gut!«

»Sie bläst gut?« Annie kreischte begeistert. »Das sag ich in der Schule.«

Opa lachte sich ins Fäustchen, weil er die drohende Spannung in Schule und Familie als Anregung für seinen Kreislauf willkommen hieß. Und seine Enkelin präsentierte die Anekdote schnurstracks als Beitrag im Geschichtsunterricht. Nun wurde der Alte zum Rektor bestellt, das Gespräch muss allerdings denkbar unglücklich verlaufen sein, denn er hatte von nun an in der Schule Hausverbot.

Am Abend ließ Nette die Teller empört auf die Tischplatte krachen: »Ich warte sehnsüchtig auf den Tag, an dem mein erbärmlicher Vater keinen Mist mehr erzählen kann.«

»Meinst du jetzt meinen Tod oder was?«, fragte der erschrocken.

»Alt genug bist du ja dafür!« Sie pfefferte das Besteck hinter den Tellern her. Annie schaute hin zu ihm und her zu ihr.

»Begreifst du denn nicht«, bedrängte Opa seine Tochter, »was dieses Pack mit deinem Kind macht? Es wird in der Schule kastriert!«

Nette kreischte: »Annie ist ein Mädchen, alter Mann. Sie hat nichts, was kastriert werden könnte.«

»Ich meine doch ganz was anderes«, wehrte er sich weitaus besonnener als sie. »Wir haben seinerzeit Scherben auf den Parkplatz geschüttet, wir haben Stinkbomben geworfen, haben die Bremse am Fahrrad unseres Klassenlehrers demontiert, Studienräte ins Klo gesperrt oder mit Wasser begossen. Das gehörte zur Schule dazu, die guten Lehrer lachten darüber, die noch besseren haben sich herrlich an uns gerächt, mit Gewaltmärschen an Wandertagen – gelitten haben wir, dass es eine Freude war. Heutzutage sind nicht nur viele Elternhäuser zerrüttet, sondern die Schulhäuser ebenso, immer Stress, immer Streit. Beide Orte verkommen vor Herzlosigkeit, die Eltern und die Lehrer sind Feinde der Kinder geworden.«

»Woher weißt du denn«, stichelte Nette, »was heutzutage in den Schulen passiert, du bist schließlich ewig nicht mehr drin gewesen?«

»Ich war doch gerade erst da!«

Opa öffnete eine Flasche Bier, der Kronkorken fiel auf den Fußboden. Nette hob ihn genervt auf und warf ihn stöhnend in den Abfalleimer. Ihr Vater steckte den Zeigefinger in die Flaschenhalsöffnung und ploppte – auch ein Ritual seit Jahrzehnten –, nahm den ersten Schluck und atmete kräftig durch.

»Schule bedeutet eigentlich Erholung«, dozierte er. »Es ist die Phase, in der ein Mensch seine Zeit mit Denken und Lernen vertrödeln darf. Die alten Griechen kannten keinen Leistungsdruck.«

»Schau hin, wie es den Griechen heute geht, alles futsch, nur noch Ruinen. Pleite sind sie dazu«, wandte Nette ein.

»Sie sind immerhin mal Europameister geworden!«

Nette winkte ab: »Klar, Fußballer sind die ganz hellen Köpfe der Gegenwart, regelrechte Bildungskraftpakete!«

Opa rülpste leise: »Wie pessimistisch diese Lehrer sind! Sie reden den Kindern ein, dass sie später nur schwer Arbeit finden, kaum Rente bekommen, teure Mieten bezahlen müssen, sie sagen ihnen, dass das Benzin zur Neige geht, Urlaubsreisen seien eh nicht drin, der Wohlstand wird abgeschafft – dass ich nicht lache!«

»Du hast ja keine Ahnung«, konterte seine Tochter. »Schau dir die Welt mal genauer an, es wird immer schwerer, da draußen zu überleben.«

Doch er wetterte weiter: »Eine Zigarette lässt die Kinder gleich an Krebs verrecken, eine vernünftige Rauferei gilt als asozial, Sex ohne Gummi ist lebensgefährlich. Den jungen Leuten macht ja nichts mehr Spaß im Leben!«

Nette schüttelte den Kopf, aber ihr Vater ließ sich nicht beirren: »Die Kindheit ist verschwunden, das sag ich dir. Zu meiner Zeit gab es noch Kinderkleidung, heute laufen die Kleinen herum wie Große, und die Erwachsenen kleiden sich wie Kinder! Es ist so niederschmetternd, den nackten Bauch einer alten Frau zu sehen, weil sie ein zu kurzes Hemd trägt.«

Opa schüttelte sich übertrieben angewidert, öffnete eine zweite Flasche, wieder fiel der Kronkorken auf den Fußboden, wieder hob Nette ihn auf und warf ihn in den Abfall, Opa ploppte.

»Von den Straßen verschwinden die Spiele, ja, mir scheint, viele wissen nicht mal mehr, was Gummitwist, Himmel und Hölle oder Verstecken ist. Oder siehst du noch Kinder auf der Straße?«

»Geht ja nicht, sie würden dort totgefahren.«

»Heutzutage werden sie von erwachsenen Trainern kommandiert, gescheucht und zu Höchstleistungen gezüchtet. Ich sage dir ehrlich«, sagte Opa am Küchentisch und schwang seine linke Faust in die Höhe, was er lange nicht getan hatte, »so furchtbar das ist, ich verstehe sogar diese Jungen, die in letzter Verzweiflung um sich schießen.«

»Die Amokläufer? Ja, bist du denn verrückt?« Nette war nun endgültig überzeugt, dass ihr alter Vater nicht mehr bei Trost war.

Der wetterte inzwischen laut weiter und warf vieles durcheinander: »Die Männer von heute dürfen keine Männer mehr sein, und ihr Frauen habt viel zu viel zu sagen! Alles nur noch für Waschweiber, bla, bla, nichts mehr für uns kernige Männer! Scheißgesellschaft!«

Nette zeigte ihm den Vogel: »Du alter Idiot, weißt du eigentlich, mit was für einer Angst die Lehrer heutzutage zur Schule gehen?«

»Wovor haben sie denn Angst?«

»Na, vor den Schülern, vor ihrer Aggressivität.«

»Vielleicht ist die Schule ja selbst schuld daran?! Macht kaputt, was euch ...«

An dieser Stelle haben sich die beiden so in die Wolle gekriegt, dass Annie fürchtete, einer von beiden werde bald ein Messer ziehen oder mit echten Pistolen um sich ballern. Sie stand zwischen den beiden Raufbolden und hatte das scheußliche Gefühl, diesen Streit verursacht zu haben, dabei hatte sie nicht ein Wort dazu beigetragen. Der Tisch war gedeckt, aber niemand aß, und ihr war der Appetit vergangen. Nette hatte eben den Raum verlassen und die

Tür mit einem lauten Krachen zugeschlagen, Opa öffnete die dritte Flasche Bier, der Kronkorken fiel auf den Boden – er ploppte.

FURCHT

Irgendwann hatte Paula entdeckt, dass der Chip nicht funktionierte, wenn sie Alufolie um ihren Unterarm wickelte. Der dünne Metallmantel behinderte das Senden und Empfangen der Signale. Auf diese Weise verschwand sie öfter unbemerkt, zuerst war sie einfach nur am Ufer der Elbe entlangspaziert, später wagte sie sich über die Loschwitzer Brücke bis in die Innenstadt. Dort stand sie glücklich an der Promenade und beobachtete die Menschen, schlenderte durch Boutiquen, setzte sich in Cafés. Einmal jedoch verrutschte die Folie und riss ein, Paulas Standort wurde gesendet, als sie eben einen Flohmarkt besuchte. Keine zwanzig Minuten später stand der Vater vor ihr, packte sie am Arm, fragte aufgebracht: »Weshalb kaufen wir das teure Ding, was glaubst du, weshalb?«

»Ich will es nicht, ich hasse es.«

Er drückte sie regelrecht an seine Brust, umarmte sie, küsste ihre Haare: »Ich habe mir solche Sorgen gemacht, solche Sorgen!«

Sie wand sich aus seiner Umklammerung, er führte sie zu seinem Auto: »Hast du die Mädchen deines Alters vor Augen, die entführt und missbraucht werden? Dann weißt du, wovor wir dich beschützen wollen, so gut wir können. Wenn du dich also bitte kooperativ verhalten würdest.«

Er regte sich auf, als habe sie etwas angestellt. Einige Leute blieben stehen und schauten neugierig, was dieser Mann von dem Mädchen wollte.

Paula bat um Verständnis: »Ich war einfach nur auf einem Markt mit normalen Leuten.«

»Hast du das Gesindel bemerkt, das hier herumläuft? Du bist einfach noch zu naiv, unsere Sorge zu verstehen!« Er hielt ihr die Beifahrertür auf, bat sie einzusteigen und nahm auf dem Fahrersitz Platz.

»Papa«, ihre Stimme klang flehend. »Was hast *du* denn früher gemacht? Als du ein Junge warst.«

»Ich? Meine Eltern haben gearbeitet von morgens bis abends, ich war auf mich gestellt.«

»Siehst du, ich will genau das auch!«

Er steckte den Schlüssel ins Zündschloss, startete aber nicht, sondern wandte sich zu ihr: »Ich musste mir alles hart erarbeiten, wir hatten ja nichts.«

»Papa, und ich will nichts …«

»Du hast keine Ahnung, Paula. Es gibt zwei Welten, lass dir das erklären. Die einen haben viel, die anderen nichts. Du wirst es uns noch danken, glaub mir. Ich halte dich für undankbar.«

Paula murmelte ernüchtert: »Irgendwann bin ich weg.«

Er wäre gewarnt gewesen, aber er begriff nicht, was sie meinte: »Das dauert Gott sei Dank noch lange, erst das Abi, dann kommt Berkeley, da warten sie schon auf dich.«

»Droht auf Eliteunis keine Gefahr?«, fragte sie spöttisch.

»Du kannst von Glück sagen, dass ich solche Kontakte habe.«

Paula schaute ihn so freundlich an, wie es in diesem Moment eben ging: »Papa, ich bin kein Kind mehr.«

»Ich weiß, schnall dich an!«

Er startete den Wagen und fuhr los.

Im Fernsehen guckte Paula am liebsten diese sentimentalen Reportagen oder Talkshows mit verzweifelten Vätern oder Müttern, die ihr zur Adoption freigegebenes Baby inzwischen vermissten. Diese Eltern saßen in Schaukelstühlen vor der Kamera, eine Wolldecke über den Knien, auf Veranden schäbiger Holzhäuser im Mittleren Westen der Vereinigten Staaten, manche waren im fernen Sibirien zu Geld gekommen und gern bereit, im Falle eines Wiedersehens das in Zeiten der Armut weggegebene Kind nun mit Goldkettchen und PlayStations zu überschütten. Oder sie wohnten neben stillgelegten saarländischen Kohlegruben oder in Dortmunder Mehrfamilienhäusern, litten eigentlich kaum an ihrer Verwahrlosung, ersehnten jedoch etwas Neues, weshalb also nicht mal ein Kind, und Kindergeld dazu.

Paula war zweifelsfrei das leibliche Kind ihrer Eltern, das war verbrieft, versiegelt, und sie wollte nichts mehr davon wissen, hatte andere Eltern gesucht, sich weit weg fantasiert, Muttermale und Ohrläppchen verglichen, Handlinien nachgezeichnet und analysiert. Natürlich hatte sie sich an den Eltern vorbei Zugang zum Internet verschafft, verbrachte viel Zeit in der Schulbibliothek, wo Rechner bereitstanden. Das war ihr Ort der Ruhe.

Auf verschiedenen Plattformen hatte sie Suchanzeigen hinterlassen, ihr Postfach war voller Hinweise auf Kontakte zu verdächtigen Personen, die die Polizei hätte nutzen können, nur wusste niemand davon. Paula fehlte eine beste Freundin und Vertraute, und ihre virtuellen Kontakte kannten keine Paula aus Dresden. Sie hatte nicht mal ein eigenes Foto eingefügt, im Netz sah man in ihrem Profil das Gesicht einer Fremden aus einer Margarinewerbung, von sonst wo reinkopiert.

In der besagten Nacht hatte Paula kaum Hemmungen, sich ins eigene Fleisch zu schneiden, den Schmerz spürte sie kaum. Sie hatte zwar noch Angst vor dem, was kommen würde, war aber den Kontrollwahn ihrer Eltern gründlich satt. Was für ein geradezu rotziges Gefühl hatte sie gequält, wenn ihr Vater morgens am Frühstückstisch bei jedem Löffel Müsli, den sie sich in den Mund schieben musste, mitzählte, mitkaute und mitschluckte. Ihre Mutter schlief gern lange aus, Paula dagegen hätte gern auch auf ihren Vater am Tisch verzichtet.

»Du isst ja nichts!«

»Bin zum Lunch verabredet.«

»Ich bin jetzt satt.«

»Müsli tut dir gut, denk an deinen Darm.«

»Tut nicht mehr weh.«

»Vorbeugen, Liebes. Noch zwei Löffel, komm!«

Nachmittags saß die Mutter während der Hausaufgaben bei ihr, mit dem Finger den Zeilen in den Schulbüchern folgend, von der ersten Lesefibel bis zu den mathematischen Ableitungen.

Ihr Handy war auf Vibration gestellt. Fünfmal brummte es innerhalb von wenigen Minuten leise den Empfang von Kurznachrichten.

»Bist du verliebt?«, fragte Paula sie.

Sie wurde fahrig: »In deinen Vater, ja.«

»Aber er schickt dir keine sms.«

»Manchmal schon.«

Sie drängte Paula, immer doppelt so viele Übungsaufgaben zu bewältigen, wie vom Lehrer gefordert.

»Aber das muss ich nicht.«

»Das Leben ist nicht einfacher geworden, der Wettbewerb ist heutzutage knallhart.«

»Und bei welchem Wettbewerb machst du mit, Mama?«

»Ich? Mich wird man fragen, was aus meiner Tochter geworden ist.«

»Wie waren denn deine eigenen Zeugnisse?«

Sie lachte auf, nicht fröhlich: »Ich bin längst nicht so intelligent wie dein Vater und du.«

»Also bin ich dein Beruf?« Die Tochter wollte es diesmal genauer wissen.

»Wenn du so willst, ja. Wir haben so lange auf dich warten müssen, deine Mutter zu sein bedeutet mir alles.«

Paula schaute sie ernst an: »In zwei Jahren bist du entlassen.«

Sie lachte auf: »Ich bin noch deine Mutter, wenn ich tot bin, wirst schon sehen.«

Das Schönste am Abhauen war, nicht mehr ständig beobachtet zu werden. Paula fühlte sich wie eine Schauspielerin, deren Vorstellung vorbei war: der Vorhang gefallen, die fremden Blicke fort und der Applaus verebbt. Selbst die Komplimente der Eltern war Paula leid: *Du bist so süß, so nett, so schön, so fleißig, so klug.* Jetzt wollte sie durchatmen, da draußen in der Nacht. Sobald sie außer Reichweite der Kamera war, spuckte sie aus Spaß auf die Erde. Ging schlapp, ließ die Arme hängen, schlurfte mit den Füßen, so lang sie wollte, wohin auch immer, endlich keine Anweisungen mehr: *Geh so, geh dort, geh nicht hier!*

Zugleich hatte sie eine gemeine Lust an der Vorstellung, welchen Schrecken die Eltern bekommen würden. Weinen würden sie, klagen, keinen Schlaf finden, endlich quälten sie sich mal selbst. Diese Rache würde unter anderen Bedingungen drei Tage dauern, dann käme sie zurück, es war da draußen doch recht ungemütlich. Aber ihre Flucht hatte einen anderen, gewichtigen Grund, sie würde Monate fortbleiben müssen, um ein Problem loszuwerden und unversehrt wiederzukehren, so formulierte sie das für sich. Deshalb ging sie, deswegen suchte sie Kontakte zu Fremden und vermisste ihr bequemes Zuhause schon, als sie noch in der Stadt war.

Paula fuhr mit dem Zug über Erfurt Richtung Westen, wo sie von einem Wildfremden erwartet wurde, der herzzerreißend mailen konnte. Hinein in eine Gegend, wo ein echter Menschenfresser sein Opfer einst an demselben Bahnhof Wilhelmshöhe empfangen hatte, wo auch sie jetzt ausstieg und erwartet wurde.

Am Bahnsteig stand ein etwa vierzigjähriger Mann mit kugelrundem Bauch, Halbglatze, schmutzigen Fingern und ausgebeulter Cordhose. Paula hätte sich ihm nicht nähern dürfen, sondern auf der Stelle in einen anderen Zug steigen müssen, durch irgendeine harmlose Innenstadt schlendern oder einen Flug in die Sonne buchen, wenn es nach ihren Eltern gegangen wäre. Doch sie gab ihm die Hand und stieg in sein schäbiges Auto, weil die Gefahr ihr Spaß machte. Dieses Gefühl hatte sie lange nicht mehr empfunden, richtigen Spaß.

»Und ich hab Hunger.«

»Fahrn wir 'n Stück, auf'm Dorf essen ist billiger als inne Stadt.«

Sein Bauch sah aus, als hätte er einen Ball verschluckt. Sie fragte sich, wie Männer so was hinbekamen. Auch seinen Kopf fand sie unglaublich, er sah aus wie ein großes Ei, hatte ganz oben auf der Spitze ein Büschel dunkler Haare, das strähnig auf seine Schulter fiel; so eine Type konnte man in einem Comic finden, aber nicht in der Wirklichkeit treffen, geschweige denn mit der Figur nach Hause fahren.

Die Beifahrertür seines schrottreifen Opels schloss nicht ganz, Paula musste sie mit einem extra dafür angebrachten Strick zuhalten, während sie beide durch eine charmante Parklandschaft stadtauswärts fuhren, über sanfte Waldhügel und weiter eine gerade Allee hinunter, dann am barocken Lustschloss eines Landgrafen vorbei und links ab hinein in ein eintönig wirkendes Dorf.

Paula wunderte sich über den Westen, in den sie bis dahin nie gefahren war. Die Häuserfassaden schienen hier schmutziger als bei ihnen im Osten, der Putz bröckelte überall, die Straßen hatten Schlaglöcher, eines größer als das andere, bei manchen Ampeln war das Glas eingeschlagen, einige Kanten der Bürgersteige waren abgebrochen und von niemandem repariert worden. Die Augen des Mannes fixierten die Fahrbahn, während er sagte: »Du siehst gar nicht so aus wie auf'm Foto inner Mail.«

Das Gebäude, vor dem sie nun parkten, war mit billigen Fassadenplatten verkleidet, ein Werbebanner flatterte über dem Eingang, auf dem behauptet wurde, es handele sich hierbei um ein italienisches Restaurant. Paula musste beinahe grinsen, einen solchen Schuppen hätten ihre Eltern niemals betreten.

Der Tisch klebte, die Plastikblumen waren verstaubt

und die Wand zur Hauptstraße schimmelte in den Ecken. Paula schaute auf die Teller der Gäste, die Nudeln pappten verkocht aneinander, auf einer Pizza lag sehniger Kochschinken mit Zwiebelringen obendrauf.

»Kann ich etwas anderes haben?«, fragte Paula den Kellner, der beim Servieren der Speisen am Nachbartisch seinen Daumen ins Essen hielt.

»Beispiel?«, fragte er mit missvergnügtem Blick.

»Eine Banane, noch in der Schale?«

»Hammer nich.«

Sie bestellte Cola und bekam eine braune Flüssigkeit, die keine Kohlensäure mehr hatte.

»Du warst so ein schönes Kind!«, schwärmte der Mann. »Bist gleich nach der Geburt weggekommen, der Osten hat ja alles von uns gekriegt, sogar die Kinder.«

Er stank aus dem Mund, und seine Schneidezähne waren offensichtlich falsch, viel heller als der gelbe Rest. Und obwohl Paula genau wusste, dass er nicht ihr Vater war, blieb sie bei dieser hanebüchenen Geschichte, einfach weil es ein herrlicher Unsinn war, den man im Internet gut treiben konnte. Er dachte sicher ähnlich. Sein Leben langweilte ihn, seine alte Mutter war gestorben, und er konnte die Waschmaschine nicht bedienen. Über all das hatten sie bereits online gechattet.

»Und deine Adoptiveltern, wie sind die?«

»Reich.«

»Aha, so so, hm hm.«

Sein Haus war nur wenige Autominuten durch Felder hindurch vom Lokal entfernt. Das Grundstück war vollgestellt mit alten Geräten, dazwischen standen verschmierte Farbeimer, Holzscheite überdeckt mit Dachpappe, Paletten, ein morscher Einkaufswagen vom Supermarkt und aufgeplatzte blaue Müllsäcke.

»Ich hab früher Landmaschinen vertreten und sammle schon immer alte Eggen und Pflüge. Schön, ne?«

Paula nickte lächelnd: »Woher weißt du denn, dass ausgerechnet ich deine Tochter bin?«

»Hab Papiere, steht dein und mein Name drauf, wirst sehen, komm mit rein.«

Das kleine Häuschen hatte drei Zimmer und einen Garten, wo Rosenkohl zwischen rostendem Eisen aus dem Boden guckte. Ihr Gastgeber drückte gegen den Türgriff der massiven Holztür – sie schien verzogen zu sein, klemmte offenbar. Er trat kräftig dagegen, sie öffnete sich, er ging voraus – Paula folgte ihm.

NETTE

Im Jahr zuvor war die Kirschernte miserabel ausgefallen, dafür hingen im Herbst Unmengen Zwetschgen an den Bäumen der anderen. Die Preise auf den Märkten im ganzen Landkreis waren im Keller und die Bauern drauf und dran, die überzähligen Früchte wieder einmal hängen zu lassen. Nur ein Großbäcker sagte, er könne sie für seine Kuchen gut gebrauchen. Er versprach Nette in die Hand, ihr alles abzunehmen, was sie an Zwetschgen in großen Dosen abfüllte und einkochte, ohne Zucker, nur mit frischem Wasser. Er selbst werde großzügig in Vorleistung gehen, versicherte er, die Früchte aufkaufen, ihr sogar leere Dosen und Deckel liefern, eine Verschließmaschine leihen, sie brauche nur zu produzieren, Kosten fielen für sie nicht an, dafür aber großartiger Profit. Annie fürchtete, dass es schieflaufen werde, weil immer alles schiefgelaufen war. Und ihre Mutter hatte so etwas schließlich nie zuvor gemacht.

Dennoch raffte sich Nette unverdrossen auf, besorgte Genehmigungen, lieh sich große Kessel, in denen man solche Fünfliterdosen einkochen konnte, und trommelte schließlich zehn Hausfrauen des Ortes zusammen, die sich Gummischürzen umbanden und um einen Blechtisch mit Abfluss in der Mitte stellten.

»Hast du den aus dem Krankenhaus?«, fragte Opa bei dessen Anblick.

Nette streckte ihm die Zunge heraus.

»Oder vom Bestatter?«, lachte er weiter.

Die Helferinnen wuschen die Früchte, schnitten sie auf, pulten die Kerne heraus und befüllten die Dosen damit, begossen sie dann mit Wasser direkt aus dem Schlauch und schoben die riesigen Dinger schließlich der Chefin zu. Nette bediente eigenhändig die gusseiserne Verschließmaschine, ein Ungetüm aus der Gründerzeit der Konservenindustrie, das vielleicht ein Hüne hätte leicht bedienen können, nicht aber eine noch so eifrige Frau. Auf jede gefüllte Dose legte sie einen Deckel, stellte sich hin, brachte ihr geringes Körpergewicht auf ein Pedal, klemmte die Dose zwischen zwei Drehscheiben und zog einen Hebel kräftig an. Während das Teil in der Maschine rotierte, spritzte kaltes Wasser auf ihre Gummischürze, auf ihr Gesicht und in die Ärmel. Die Rotation faltete das Blech des Deckels zuerst nach unten und verschloss die Dose dann fest. Nette ließ den Hebel los, trat vom Pedal, schnaufte durch, bis dieser mühsame Ablauf erneut begann. Annie wiederum stapelte gemeinsam mit Opa die fertigen Konserven in riesige Einkocher, nun musste man sie nur noch pasteurisieren, abkühlen lassen und später etikettieren.

Die Arbeiterinnen froren in der zugigen Scheune und trotzten Nette einen höheren Stundenlohn ab; den bekamen sie jeden Abend bar auf die Hand – der Sparkassenmann hatte dem Geschäftsmodell tatsächlich Vertrauen geschenkt und einen kurzfristigen Kredit gewährt.

Nettes Finger rutschten häufig vom Hebel ab, schwollen

mit der Zeit an und rieben sich während der Woche nach und nach blutig auf. Unter ihrer Gesichtshaut platzten durch die Anstrengung kleine Äderchen, der Muskelkater in ihren Armen und Beinen wurde unerträglich. Am letzten Tag half Annie ihr, die schweren Dosen auf die Maschine und wieder herunter zu hieven, und doch hielten alle bis zuletzt durch, schließlich lockte nach einer miserablen Ernte ein großartiger Profit. Nette träumte schon davon, diesen Geschäftszweig auszubauen, noch andere Früchte einzukochen, einen Markennamen zu finden, wie wäre es mit Nette-Frucht? Sie hatte beinahe Freude an der Plackerei – die würde sich ja lohnen – und verlor ihr gesundes Misstrauen, als wäre das Geld bereits auf dem Konto.

Die Ware wurde zum Abkühlen in der Garage gestapelt, einem leichten, einfachen Bau mit Wellblechdach, am Ende waren es sage und schreibe über fünftausend Stück. Erschöpfter hatte Nette niemand zuvor gesehen, allerdings auch nicht stolzer. Immer wieder schaute sie sich ihr Werk an, fuhr mit der lädierten Hand über das Blech, als wäre es weicher Nerz.

»Weihnachten sind wir in Griechenland, das sag ich dir, unter der Sonne.«

»Alle? Die Frauen auch?«

»Nein, nur wir drei, als Familie!«

»Richtig Urlaub?« Annie glaubte nicht daran.

Nette nahm sie in den Arm und summte ihr die Melodie zu einem Sirtaki ins Ohr. In diesem Moment wusste das Mädchen ganz sicher, dass es nie dazu kommen würde, es wäre zu schön gewesen. Sie sollte recht behalten.

Genau eine Woche später brach die erste Dose mit Vollkaracho durch das Wellblech und flog wie eine Silvesterrakete etwa dreißig Meter schräg hoch in die Luft, wendete schließlich, der Schwerkraft folgend, und landete aufgeplatzt im Nachbargarten zwischen Rosenkohl und Feldsalat; dick geschwollene Zwetschgen – doppelt so groß, wie sie gewesen waren – lagen in den Beeten und auf dem Rasen. Zeternd kam die Nachbarin mit dem zerfetzten Metall herüber, Nette behielt die Ruhe, versuchte es zu erklären: Sie selbst musste die Dose nicht richtig verschlossen haben, der Inhalt sei inzwischen gegoren, die Fäulnis habe Gase entwickelt, die den Druck erhöhten, man nenne das eine Bombage. Das hatte zumindest in dem Heft *Konserventechnisches Praktikum* gestanden, aus dem sie auf die Schnelle ihr Wissen über das Einkochen geschöpft hatte.

»Eine von tausend Dosen im Schnitt, Bombagen sind ein normaler Verlust.«

Die Nachbarin ging brummend zurück, doch sie hatte ihre Haustür noch nicht geschlossen, da flog die nächste Dose hoch und schoss ein zweites Loch in das Garagendach. Opa war beunruhigt, ging vor die Tür und schaute nach dem Rechten. Die dritte schlug gleich darauf in ein Gewächshaus ein, nun waren beide Nachbarn empört. Annie stellte sich zu Opa, beobachtete bang, wie die vierte abzischte, die fünfte, die sechste, alle paar Minuten eine.

»Ich hab es gleich geahnt«, verriet sie ihm, »dass es schiefläuft, glaubst du mir das? Ich wusste es!«

»Das ist bei Nettes Angelegenheiten keine Kunst«, antwortete er.

Die Nachbarin lief zeternd zur Bushaltestelle. Eine zerplatzte Dose zum Beweis in der Hand, berichtete sie den auf der Bank rauchenden Bewohnern haarklein, was geschehen war. In Windeseile sprach es sich herum, außerdem waren die Abschüsse zu hören, Gaffer aus dem gesamten Ort kamen gelaufen –, hatten sie ihre Handys zuerst noch am Ohr, um auch anderen Bescheid zu geben, setzten sie diese bald als Kameras ein, um die Sensation aufzuzeichnen und in alle Welt zu verbreiten.

Nette dagegen blieb stocksteif am Küchentisch sitzen, hoffte, es würde nicht geschehen, was sie nicht sah – wie ein Kind, das sich die Hände vors Gesicht hält und glaubt, so sei das Böse gebannt. Doch es wurde immer ärgerlicher, alle paar Minuten schossen Zwetschgen in den Himmel, mehr und mehr Leute kamen und staunten. Nette betete schon – ausgerechnet sie –, aber es nutzte nichts. Nach cirka fünfzig Detonationen riss sie sich zusammen, ging hinaus, durch die aufgeregte Menge hindurch, wagte sich in die Garage hinein und nahm die Dosen in Augenschein. Sie hob einzelne von ihnen hoch, inspizierte die Deckel – viele davon waren bereits deformiert, dehnten sich bedrohlich nach außen. Ihre Tochter folgte ihr zögernd; als sie gerade eingetreten war, explodierte direkt neben ihnen eine weitere. Nette zuckte zusammen, Annie rannte ängstlich aus dem Schuppen. Ihre Mutter lief ihr nach, und beide mussten hilflos zusehen, wie ihre harte Arbeit sich im wahrsten Sinne des Wortes in Luft auflöste. Draußen applaudierten die Zuschauer beim Start und johlten bei der Landung jeder Dose, zu allem Übel ging Opa wahrhaftig mit einer Handkasse und einem Stempel durch die Reihen und kassierte für das Betrachten des Desasters Eintrittsgelder.

»Irgendwann bringe ich ihn um«, flüsterte Nette heiser. Annie konnte es deutlich hören, Wort für Wort.

»Das meinst du doch nicht ernst?«

»Irgendwann«, versicherte ihre Mutter außer sich vor

Zorn, »mache ich ihn kalt.« Sie zerwühlte sich die Haare und massierte ihre Stirn, als wolle sie ihr logisches Denken in Schwung bringen: »Hab ich diese Scheißbüchsen denn nicht richtig verschlossen?«

Annie zuckte mit den Schultern. Wenn etwas scheiterte, lag es nie an den Dingen, sondern immer an ihrer Mutter, die war regelrecht verwandt mit schweren Schicksalsschlägen.

»Hoffentlich vererbt sich das nicht!«, sagte Annie bange.

Nette ging zurück in die Garage, nahm eine Dose, um sie zu untersuchen, da platzte sie in ihren Händen. Zum Glück hielt sie nicht die Deckelseite Richtung Körper, die Wucht hätte sie sonst verletzen können. Längst war ihr klar, dass es sich nicht um gewöhnliche Bombagen handelte, das hier war kein Eins-zu-Tausend, es war ihr Ruin, wieder einmal.

Auf der Straße fanden sich immer mehr Gaffer ein, aus den Nachbardörfern kamen sie, ein Kamerateam drehte schon, man würde am Abend in der Hessenschau zu sehen sein. Manche Dosen flogen sogar über die Dächer und kamen sonst wo runter, landeten mitsamt den matschigen Früchten auf dem Hof, dem Bürgersteig, der Straße. Opa verkaufte jetzt Bier und Sprudel, Nette ging deswegen auf ihn los – ihre Handgreiflichkeiten würden auch ins Fernsehen kommen –, schließlich verschwand sie heulend im Haus. Annie schaute ihr nach und wusste, dass ihre schreckliche Laune den ganzen Winter nicht verschwinden wird, man wird sich im engen Haus gegenseitig ertragen müssen.

Sie ging ihrer Mutter zögernd nach, die wie ein angeschossenes Tier durch alle Zimmer des Hauses rannte und die Türen knallte. Dann beschloss Nette, zur Beruhigung ein Bad zu nehmen, bevor sie ihren Vater noch umbrachte. Annie ließ heißes Wasser in die Wanne – zu beider Erstaunen kam eine rotbraun verfärbte Brühe aus dem Hahn.

»Schau dir das an!«

»Wieso ist das so schmutzig?«, fragte Annie.

Nette drückte die Toilettenspülung, das Wasser war klar, schien sauber zu sein.

Sie gingen gemeinsam durch das Haus, in der Küche floss das kalte Wasser sauber, doch das warme blieb dunkel verschmutzt.

»Rost, wenn ich Glück habe«, hoffte Nette. »Nicht in der Leitung, sondern im Wasser, in der Quelle, in den Dosen!«

Sie fragte Annie: »Hast du diese Woche geduscht?«

»Katzenwäsche, und du?«

»Ich auch, keine Zeit gehabt.«

Annie verstand nicht, weshalb rostiges Wasser gut sein sollte. Aber Nette rief geistesgegenwärtig die Polizei und ließ eine Wasserprobe nehmen. Sie verdächtigte das Wasserwerk, und sie sollte recht behalten, es war tatsächlich verunreinigt. In Verbindung mit Fruchtsäure bläht sich Eisenoxid massiv auf, so viel wusste Nette. Fünftausend Dosen hatten sie in einer Woche produziert, alle explodierten im Laufe der darauf folgenden Woche, und vielleicht war sie gar nicht schuld daran, denn weitere Verunreinigungen wurden festgestellt.

Ein junger Anwalt riet der gescheiterten Konservenfabrikantin, das Wasserwerk zu verklagen, das hatte in der Produktionswoche unangemeldet eine neue Quelle angezapft, die womöglich zu kurz gespült worden war. Als Beweismittel sollte der Inhalt der Zwetschgendosen genauer untersucht werden, die Gutachten stapelten sich vor Gericht, ein Ende der Sache war nicht in Sicht, die Geschichte hatte Nette das letzte Geld und den letzten Schneid abgekauft.

»Eine Frau ist wie ein Kirschbaum«, philosophierte Opa. »Im Frühling blüht sie duftend weiß, ihre schönen Äste federn im warmen Wind ...«

Nette unterbrach ihn: »Was soll im Wind federn?«

Er ließ sich nicht unterbrechen: »... wie Locken in Reih und Glied.«

Erneut ging sie dazwischen: »Welche Locken stehen denn um Himmels willen in Reih und Glied?«

Er streckte ihr die Zunge heraus und fand weiter seinen schwülstigen Text: »Elegant in den Bewegungen wie das Defilee beim Opernball; die Knospen noch geschlossen, klebrig feucht wie Honig. Bald lassen die Bäume und die Frauen die weißen Schleier fallen, schenken ihren Früchten alle Kraft, die werden prall und immer praller. Doch die Schätzchen bleiben nicht, sie fallen von ihnen ab oder werden ihnen entrissen und von Fremden vernascht. In der Kälte des Herbstes fallen die Blätter ab, die Bäume geben sich bald vertrocknet dem Winter hin, als hätte es nie einen Frühling gegeben.«

»Und die Männer?«, fragte Nette bitter.

»Die?«, prahlte der Alte und blähte seine Brust. »Die stehen wie die deutsche Eiche ewig im Saft.«

»Du siehst eher aus wie ein ungepflegter Bonsai.«

Er schaute grimmig: »Das ist jetzt aber gemein!«

Nette winkte ab und grinste ein wenig, weil endlich mal ein Witz auf seine Kosten gegangen war.

Ihr Wohl und Wehe hing nun an der nächsten Ernte, je nachdem, ob die Schattenmorellen Geld brachten oder nicht. Sie hatte jedoch keinen Einfluss darauf, ob es gelang oder nicht. In manchen Sommern zum Beispiel regnete es nicht, die Früchte blieben klein und runzelten wie Rosinen. In anderen Jahren setzten viele Blüten Früchte an, die auch hängen blieben und reiften, doch zwei Wochen vor der Ernte begann ein Dauerregen. Die Kirschen saugten sich mit Wasser voll, dehnten sich aus, die Haut platzte auf, und die offenen Früchte verfaulten am Stiel. Und wenn endlich einmal weder Hitze noch Regen Unheil angerichtet hatten, erledigte das die Monilia, eine Pilzkrankheit, die das Laub der Kirschbäume verdorren ließ und die Früchte mit kleinen Dellen übersäte.

»Mir wärs lieber«, jammerte Nette, »ich hätte die am Oberschenkel als an meinen Kirschen.«

Sie besaß glatte Beine und einen festen Po, jede andere Frau hätte ein Vermögen ausgegeben, nackt wie Nette auszusehen.

»Wer sieht mich schon nackt?«, rief sie erbost. »Nenn mir nur einen!«

Das schlimmste Wetter kam immer plötzlich, wie vier Jahre zuvor. Annie hatte am späten Nachmittag mit ihrer Trommel um den Bauch am Feld gestanden, die Luft war drückend schwül. Das Mädchen spürte eine fast feierlich anmutende Stille um sich, mächtige Wolken hatten sich am Himmel aufgetürmt, alle Vögel hatten sich überraschend in den Wald verzogen, schließlich folgten Donner und Blitze. Da kam Nette mit dem Ford über den Feldweg gefahren, bremste scharf und stürzte mit einem schwarzen Regenschirm aus dem Wagen. Als hätte sich das Unglück mit ihr an der Plantage verabredet, ging der Hagel in diesem Moment los, es dauerte nur ein bis zwei Minuten. Die Körner waren gar nicht mal so groß, doch sie hämmerten mit Wucht auf den Regenschirm, unter den sich Mutter und Tochter duckten. Aneinandergedrückt sahen sie zu, wie die Einschläge das Laub zerfledderten, die Früchte aufplatzten, als würden fette Menschen mit Revolvern beschossen.

Nette stand stockfsteif da, sagte kein Wort, hilflos, hatte es kommen sehen, ein ganzes Jahr Arbeit umsonst, ihre Träume von einer Renovierung dahin, die Schulden würden weiter wachsen. Nach wenigen Augenblicken rissen die Wolken auf, Sonnenschein folgte regelrecht frech und heiter.

Annie berührte ihre Mutter zart, wollte trösten, aber die schob ihre Hand wortlos weg. Geweint hatte sie trotzdem nicht, bloß die Zähne aufeinandergebissen, die Muskeln angespannt und die Luft angehalten.

»Weshalb nimmst du meine Hand nicht?«

»Dann fühlt es sich noch schlimmer an.«

»Das stimmt nicht, versuchs doch mal.«

Annie hielt ihrer Mutter wieder die Hand hin, diesmal überwand sich Nette. Die Getreidefelder der Nachbarn waren ebenfalls getroffen, die Halme von den Hagelkörnern niedergedrückt, die Ähren getroffen, aber sie würden sich wieder erholen nach einem solch eher mittelschweren Schlag.

»Kirschen sind viel empfindlicher als Korn, ich kann doch keine Dächer über die Bäume bauen«, sagte Nette.

»Und eine Versicherung?«

Sie schüttelte den Kopf. Geld für eine Hagelversicherung hatte sie schon lange nicht mehr.

Und dann, ausgerechnet in diesem schlimmen Moment, geschah das Beste. Nette sagte: »Gut, dass ich dich hab.«

Annie strahlte: »Mir macht der Hagel nichts.«

Ihre Mutter streichelte ihr über das dicke Haar: »Gott sei Dank.«

Niemand verstand, weshalb Nette ausgerechnet nach Pleitezeiten besonders dringende Lust auf Männer hatte – vielleicht ging bei ihr die Liebe nur im Kummer gut. In einer Dürreperiode hatte sie es mit einem Musiker versucht, der Pfarrer kam im Dauerregen dran, und nach diesem Hagel ging sie mit dem Metzger. So waren sie wenigstens mit guter Wurst durch das Jahr gekommen; Theologie und Musik hatten nichts dergleichen zu bieten gehabt, nur Hirngespinste.

Jahr um Jahr hoffte Annies Mutter, Profit zu machen. Ausgerechnet jetzt, wo eine gute Ernte hätte glücken können, war sie fortgegangen. Diesmal hatte kein Frost die Blüte gestört, der Junifall war normal verlaufen. Die Bäume lassen dabei die faulen oder überzähligen Früchte los, die sie nicht ernähren können. Annie fand, dass solche Obstbäume klüger waren als die Menschen. Es gab im Ort eine Familie mit neun Kindern, die hätten auch ein paar fallen lassen sollen, damit wenigstens drei oder vier gut versorgt waren, fand sie. Doch diese Leute hielten ihren Nachwuchs, als hätten sie eine Plantage dafür angelegt, sie kriegten schon wieder was Kleines, und besser noch: Kein Hagelschlag konnte ihnen das Kindergeld vermasseln.

Das Wetter, der Geologe und die fliegenden Dosen reichten nicht als Erklärung, weshalb Nette in diesem Sommer ihre Nerven verlor. Es fing viel früher an.

Jahre zuvor, als Nette noch ein Kind war, hatte die Familie einen Holzbock im Dachstuhl gehabt, fast wäre alles eingestürzt, Opa musste aufwendig renovieren und war danach für Jahre knapp bei Kasse. Die beiden jammerten bis heute über diese Zeit, als wäre damals Krieg gewesen, dabei hatten sie bloß ein kaputtes Dach.

Zu allem Überfluss wollte die kleine Nette unbedingt ein Bonanza-Rad mit Bananensattel und viel Chrom. Noch heute setzte sie sich gelegentlich auf Annies Bettrand und zeigte ihr ein Album, in das sie Fahrradprospekte von damals hineingeklebt hatte. Eigentlich wollte sie bloß eine gute Nacht wünschen, was Annie gar nicht leiden konnte, diese Störungen kurz vorm Schlafen, doch immer wieder kam Nette an solchen Abenden ins Schwärmen, ihr Traumrad hätte eine Batteriehupe gehabt und Speichenklicker und Zierspiralen aus Plastik, die sich um die Bowdenzüge der Bremsen schlängelten. Dazu hatte sie sich farbige Gummibänder gewünscht, die an den Lenkergriffen im Fahrtwind geflattert hätten. Ihre Lippen zitterten, wenn sie bloß das Wort *Drei-Gang-Nabenschaltung* aussprach. Annie sah sich gezwungen, sie zu trösten, dass man nicht alles haben kann im Leben, und schlief schlecht davon.

»Und hab ich dir schon erzählt«, wiederholte Nette nahezu jede Woche, »dass ich als Baby im Kinderwagen mal gebrüllt habe vor Hunger, und dein Großvater hat mich allein gelassen, für Stunden bestimmt, und nicht gefüttert?«

Opa saß ebenso ungeniert auf Annies Bettrand und rechtfertigte sich seiner Enkelin gegenüber in allen Einzelheiten, solch eine ganz spezielle Bonanza-Gangschaltung liege wie ein Knüppel zwischen den Oberschenkeln der

Fahrerin. Selbst wenn er damals keinen Holzbock im Dach gehabt hätte, solch eine Pornoschaltung hätte er Nette-Marie nie erlaubt, und saumäßig teuer sei das Ding auch noch gewesen. Vom Kinderwagen erwähnte er nichts.

Annie profitierte von dem ganzen Gejammer um das Bonanza-Rad, wenn im Fach Deutsch der Konjunktiv gefragt war. Weder Opa noch Nette hatten bemerkt, dass sie bis heute weder ein Bonanza- noch überhaupt irgendein Fahrrad besaß. Sie kam gar nicht dazu, etwas zu fordern oder gar zu streiten, weil die beiden Erwachsenen das Tag für Tag kindisch selbst erledigten.

OPA

Der Alte quälte sich mit der Frage, ob das schon alles gewesen war in seinem Leben: einige Tausend Tonnen Obst und sonst im Grunde nichts weiter. Er grübelte, wann und vor allem wie er sterben würde, wie das jeder Mensch tut, wenn mehr und mehr Altersflecken seinen Handrücken bedecken. Zu allem Überfluss bekam er einen hässlichen Hautausschlag dazu, den er mit vielen Kilo getrockneten Kamillenblüten behandelte. Als sein Äußeres wieder hergerichtet war, wurde ihm schlagartig klar, dass er wahrhaftig immer noch einen passablen Körper hatte, den irgendwer mal anfassen könnte, und insbesondere als er an sein Geschlechtsteil dachte, kam er ins Grübeln.

»Weißt du was«, beklagte er sich bei seinem einzigen Freund, dem Friseur, »ich bin nun wirklich alt geworden. Ich habe inzwischen häufiger einen steifen Nacken als einen nackten Steifen!«

Zweiter Auslöser seiner Lebenskrise war der Tod einer Nachbarin, die früher mit ihm zusammen in eine Klasse gegangen war.

»Sophie«, erzählte Opa seiner Enkelin fassungslos, Betonung nicht auf dem eleganten *ie*, sondern als hätte es kein *ph, sondern* zwei *f*, wie *Soffi* von *versoffen*.

»Dass jetzt die Klassenkameraden beerdigt werden, das ist übel, ein verdammter Mist ist das, ganz schlecht kann einem davon werden, da fragt man sich: Wo schlägts als Nächstes ein?«

Sophies älteste Tochter hatte bei der obligatorischen Räumung der Wohnung viele Flaschen hinter der Waschmaschine und im Kleiderschrank zwischen den Unterhosen gefunden.

»Was«, fragte sich Opa, »wird man bei mir finden, wenn ich tot bin? Wer kramt bei mir herum? Wer verhökert meine Sachen oder wirft sie gar in den Müll, obwohl sie noch gut sind? Du?«

Er schaute Annie böse an.

»Nein«, versprach sie ihm. »Ich rühre nichts an!«

Er winkte ab, glaubte ihr offenbar kein Wort.

»Was also räume ich weg, bevor ihr mich findet? Ich muss dringend meine letzten Flaschen aussaufen, bevor ich sterbe. Dann die Peinlichkeiten, die jeder Mensch so hat. Bei Sophie hat man einen goldfarbenen Vibrator gefunden, na und?! Soll sie doch einen haben, aber alle reden davon, widerlich. Meine Literatur, die Zeitschriften? Die werde ich jetzt schon wegwerfen müssen, verdammt!«

»Du lebst bestimmt noch lange«, versuchte Annie ihn zu beruhigen.

Aber ihr Opa wollte nichts davon hören, sondern wetterte wütend weiter: »Das Totenhemd kostet auch extra, wusstest du das? Man kann beim Bestatter schon vorher aussuchen, will man läppisches Leinen tragen oder teure Seide. Schade, dass Ikea keine Särge hat und Aldi entsprechende Hemden dazu.«

Er krümelte sich Tabak in ein Blättchen und drehte sich eine Zigarette.

»Wusstest du, dass so ein Ding gar keine Knopflöcher hat? Bloß Knöpfe drangenäht. Weshalb, frage ich dich, sind am letzten Hemd Knöpfe ohne Knopflöcher? Weil man die Leichen verarschen kann, sobald sie tot sind, darum. Sophie wurde vorher vom Bestatter gewaschen, das kostet noch mal, hat ihre Tochter mir erzählt, jeder Handschlag kostet da was. Dabei hätte sich Sophie geschämt, wenn ein Fremder sie nackt gesehen hätte, egal ob lebendig oder tot, die Scham stirbt ja nicht gleich mit. Ich will auf keinen Fall von diesem Kerl gewaschen werden! Der spielt noch mit meinen Eiern, ich kenne den doch. Kann ich das verhindern, Kind? Sorgst du dafür?«

»Ja, Opa, ich wasche dich.«

»Bist du bescheuert?«, fuhr er aus der Haut. »Du bist ein Mädchen, lass bloß die Finger von mir. Ich werde im Testament verfügen, dass mich niemand waschen darf.«

Er dachte kurz nach: »Nein, bis das Testament eröffnet wird, bin ich unter der Erde. Also hat inzwischen schon einer an mir rumgefingert. Ich lege einen Zettel auf meinen Nachttisch, so mache ich es. Gleich heute! Ich verfüge, dass man mich in die Kiste legen soll, wie man mich gefunden hat. Ich sollte mir eigentlich in dieser Sekunde ein Schild um den Hals hängen, auf dem steht: *Bin frisch geduscht!* Dann packt mich keiner an.«

Seine Selbstgedrehte hatte endlich Glut gefangen, wütend paffte er die Rauchwolken wie eine uralte Dampflok aus sich heraus. Der Zeige- und der Mittelfinger seiner rechten Hand waren mit den Jahren vom Nikotin gelb geworden.

»Vom Rauchen stirbst du noch früher.«

»Gut so! Da freut sich die Rentenversicherung, bald wird Rauchen ab achtzig Jahren Pflicht, sonst gehen wir alle pleite von den vielen alten Säcken, die ewig leben wollen.«

Annie fragte: »Hast du Mama wirklich im Kinderwagen allein gelassen?«

Er spuckte Tabakkrümel: »Die spinnt doch, das waren nur Minuten, es dauert eben, bis die Scheißflasche warm wird, und sie redet seit Ewigkeiten davon. Die hat echt einen an der Klatsche, hat die.«

Für Annie war dieses Thema daher erledigt, sie kam auf seine Beerdigung zurück: »Aber deine Hände sollen gefaltet werden, oder?«

»Wo?«

»Na, im Sarg, wie sich das gehört.«

Er starrte sie an: »Hab mein Lebtag nicht gebetet. Aber wenn tatsächlich was dran ist, von wegen Himmel und Hölle?«

Sie zog ihre Schultern hoch.

Er schüttelte den Kopf: »Die nehmen mich eh nicht, also nicht gefaltet, sondern linke Faust nach oben, wenn schon.«

»Wer soll das machen?«

»Na du, bevor die Starre einsetzt.«

Annie war sich nicht mehr sicher, ob sie ihn wirklich anfassen wollte, wenn er starr war, das Wort klang doch recht scheußlich.

»Mach du das lieber selbst, wenn's so weit ist.«

Er schaute sie grinsend an: »Immer die Faust hoch, sobald mir schlecht wird?«

»Genau.«

Er lachte und drückte sie an sich. »Prima Idee. Du bist so ein kluges Mädchen!«

Seitdem er derart konkret sein Ende kommen sah, hatte Opa angefangen, sein Leben zu verändern: Zuerst hatte er seine beigefarbene Windjacke weggeworfen und seine ausgebeulten Jerseyhosen. Stattdessen hatte er sich Anzüge und Schlipse gekauft, so was hatte er im ganzen Leben zuvor nicht getragen, außer zu Beerdigungen. Jeden Tag lief er nun perfekt gekleidet umher, tatsächlich frisch geduscht und immer gründlich rasiert.

Er kaufte sich ein Nachtsichtgerät, mit dem er eigentlich Tiere beobachten wollte, aber viel häufiger Menschen entdeckte, die im Dunkeln ihre Partner wechselten.

»Sie tauschen nachts die Betten«, berichtete er daheim. »Und wie viele! Treffen sich zu zweit oder zu dritt oder mehr, lecken, kneifen und beißen, schlagen sich und jauchzen dabei, schlafen miteinander, binden sich fest, würgen sich gegenseitig oder einzeln und ersticken fast.«

»Alle durcheinander? Wo?«, fragte Nette. »Ich weiß von nichts.«

»Die hässlichsten Männer holen sich fremde Frauen ins Haus, als seien wir hier bei *Bauer sucht Frau*.«

In seinem Sessel versunken saß er da und starrte auf den abgeschalteten Fernseher. »Vielleicht ist das Mode.«

Tage später erklärte er Nette, er übergebe ihr alles, sie solle mit den Kirschen glücklich werden, er gehe jetzt in Rente. Von da an saß er im eleganten Anzug mit Schlips am Computer und beschäftigte sich mit den absonderlichsten Dingen. Zum Beispiel schaute er online täglich einem englischen Käse beim Reifen zu, oder er fuhr mit einem virtuellen Zug in Echtzeit durch Tadschikistan. Und irgendwann, davor oder währenddessen, verliebte er sich wie alle anderen auf irgendeiner Website in ein Mädchen, die nur fünf Jahre älter war als Annie.

»Sei vorsichtig«, warnte Nette. »Solche Geschichten enden im Desaster, auf diese Weise gerätst du an Betrügerinnen und wirst nach Strich und Faden ausgenommen.«

Opa hatte seiner Ansicht nach alles richtig gemacht, er hatte Ninotschka in einem harmlosen Forum zum Thema Industriekirsche aufgespürt, jene robuste Frucht, die allem Anschein nach in Deutschland keine Zukunft mehr hat, in der Ukraine aber noch Profit abwirft, das zumindest mailte ihm Ninotschka, die mehr schlecht als recht Deutsch schrieb. So ganz ohne Kirschen kam der Opa dann doch nicht im Leben zurecht, er kannte ja nichts anderes.

»Es ist eine seriöse Sache.«

»Sie fädelt es nur geschickt ein.«

Opa war kein feiger Mann, der bloß virtuell von den Vorzügen einer Frau träumte oder solche Kontakte um anzügliche Fotos bat, sondern er buchte zwei Einzelzimmer und lud sie freundlich zu einem Prager Kongress über die Erzeugung von Kirschpulver ein. Das schien in den USA ein großer Erfolg zu sein, da man den darin enthaltenen Antioxidantien gesundheitsfördernde Wirkungen nachsagte. Das ungleiche Paar lernte sich kennen und lieben, trat die Heimreise gemeinsam an, und nun lag Ninotschka in Opas Bett.

Aber nicht nur das, zum Erstaunen von Nette und Annie blieb die Fremde dort liegen, auch tagsüber. Der Opa brachte das Essen, das seine Tochter zubereitete, auf einem

Tablett hoch in den ersten Stock und stellte das schmutzige Geschirr prompt nach der Mahlzeit wieder unten in der Küche ab, damit seine Enkelin es abspülte.

»Ja, spinnst du jetzt?«, fragte Nette.

»Nein«, antwortete Opa. Und fügte grinsend hinzu: »Oder doch?«

Annie konnte ihre Erwachsenen nicht mehr ernst nehmen, die beiden waren alberne Kinder geworden.

Die Frischverliebten machten da oben im Zimmer einen Heidenkrach, Annie kam es vor, als würde das schwere Bett immer mal wieder in die eine oder andere Ecke geschoben und auch die anderen Möbel verrückt, damit Ninotschka wenigstens ein bisschen herumkam in Deutschland, sie verließen ja nicht oft den Raum. Der Alte kaufte seinem Mädchen klitzekleine Wäsche für viel Geld, die Familienkasse rutschte weiter ins Minus, und der Mann von der Sparkasse hörte auf, Nette zu grüßen. Die wiederum platzte fast wie eine zu dünnhäutige Kirsche im Regen. Die Geschichte der neuen Liebe des alten Mannes zu dem Mädchen machte sie sogar noch wütender als die Sache mit dem Bonanza-Rad und die mit dem Schreien im Kinderwagen zusammen. Annie durfte den Namen *Ninotschka* nicht mal mehr wie *Nntsch* aussprechen, sonst bekam ihre Mutter eine ungesunde Farbe im Gesicht; sie gewöhnte sich daher an, den neuen Besuch in Gegenwart ihrer Mutter *N* zu nennen.

Ninotschka hatte dunkle lange Zöpfe, die sie auf dem Kopf zu einem hübschen Kranz zusammensteckte. Nette vermochte das schlichte Wort *Zöpfe* nun auch nicht mehr fehlerfrei auszusprechen, sondern sagte, wenn es Ninotschkas waren: *Zzz… Ö… P… F… ÄÄ!!!* Sie brüllte und schrie dieses Wort auf der Toilette, in der Speisekammer und beim Zwiebelschneiden, obwohl es nur eine Frisur bezeichnete. Das Leben im Haus wurde ungemütlich, Nette steigerte sich in die Geschichte hinein, die *Schlampe* habe *so 'ne Möpse,* wie die kleinen Hunde, die aussähen, als wären sie mit der Schnauze gegen die Wand gelaufen.

Annie schlich sich in Opas Zimmer – obgleich ihre Mutter ihr jeden Kontakt mit N verboten hatte – und fragte sie geradeheraus, ob sie mit ihren Brüsten mal vor irgendwas gelaufen sei. Ninotschka antwortete in derart schlechtem Deutsch, dass man sich fragen musste, wie Opa mit ihr hatte mailen können. Sie hatte ungewöhnliche Augen, eines hellblau mit einem dunklen Kreis drum herum, das andere grün. Statt weiterzusprechen, sang sie Annie ein Kinderlied vor, *Bajuschki Baju*, bei dem Opa scheinbar gut einschlafen konnte.

Der hatte Annie weismachen wollen, dass ausgerechnet seine Ninotschka Königin von Kiew hätte werden sollen, aber es habe Probleme gegeben, weil ihr einzigartiges Lächeln das Eis im Osten habe schmelzen lassen. Ihre *Möpse*, er nannte ihre Brüste selbst so, seien wegen ihrer inneren Wärme eine Gefahr für die ganze Ukraine geworden, Ninotschka habe aus Liebe zum Land auf den Thron verzichtet, ihre Heimat verlassen und war ausgerechnet an ihn geraten, der nun dahinschmelze.

Kaum erzählte Annie in aller Ruhe ihrer Mutter, N sei eigentlich eine Prinzessin und kenne schöne Babylieder, benutzte Nette Ausdrücke, die sie ihrer Tochter nicht erlaubte. Sie stampfte auf, sank danach in sich zusammen, weinte, die Knie auf dem Boden, den Kopf im Schoß, den Rücken gekrümmt. So ging das Mädchen aus dem Raum und traf auf ihren Opa, der sie gerührt in die Arme nahm und schluchzte, seine beste Ernte im Leben sei Ninotsch-kas warmer Körper gewesen, seine Zeit als Schattenmorelle sei vorbei.

MANN

Paula hatte laut aufgelacht, als die Haustür des fremden Mannes hinter ihr ins Schloss fiel. So müssen die Albträume ihrer ängstlichen Eltern ausgesehen haben: ihr Mädchen allein im verschlossenen Haus eines erbärmlichen Kerls, die elektronische Nabelschnur durchtrennt. Ohne Chip unter der Haut, ohne Handy, jeder Möglichkeit beraubt, geortet zu werden oder selbst einen Hilferuf zu senden.

Mit ihren großen offenen Fenstern hatte man die schwatzhaften Leute geradezu herausgefordert: Schaut getrost herein, bei uns ist alles in Ordnung, wir haben nichts zu verbergen.

Hier bei diesem Schlamper konnte dagegen niemand hereinsehen, seine Scheiben waren seit Langem nicht geputzt worden. Paula betrachtete im Wohnzimmer einen Wandbehang, der wie graubrauner Filz aussah mit einer Art Umrandung, ein Ornament sich überschlagender Wellen. An Waschbecken und Wanne im Bad klebten knorpelartige Verdickungen – es konnte sich um altes Fett oder Schmutz handeln, sie war sich nicht sicher. Seine Küchentür hing schief, die Schränke waren aus rohen Spanplatten zusammengezimmert. Es vergnügte sie geradezu, es endlich einmal himmelschreiend hässlich und gefährlich zu haben. Was

wäre nun nicht alles möglich? Wenn er die Haustür ver-
schließen und den Schlüssel einstecken würde, seine fiesen
Finger sie berührten? Sie grinste bei diesem Gedanken,
weil sie die Gefahr nicht begriff, sondern stattdessen Ge-
nugtuung empfand, als sie sich die gellenden Schreie ihrer
Eltern vorstellte: *Rühr unsere Kleine nicht an!*

Sie wollte auf alles eingehen, bloß um von ihren Sorgen
abgelenkt zu sein.

Der Mann hatte seine Jacke ausgezogen und gegen einen
Norwegerpullover aus Kunstfasern getauscht, sie stand
noch immer mit ihrer Daunenjacke da, hatte inzwischen
allerdings den Reißverschluss geöffnet.

»Was sind das für Geräte da draußen bei dir im Garten?«

»Frontlader, Pflug, Feldhäcksler, Mähaufbereiter, Egge
und Mulchgerät, hab aber auch Feldspritzen und von Zapf-
wellen angetriebene Luftpumpen und so.«

»Cool. Wo hast du das denn alles her?«

»Von John Deere.«

»Das bist doch du selbst?«

Der Mann hatte sein Profil im Internet nach dem ame-
rikanischen Landmaschinenhelden benannt, und Paula
kannte ihn nur unter diesem Namen. Er hob seine Hand
und schwor: »Ich werde niemals meinen Namen auf ein
Produkt setzen, in dem nicht das Beste steckt, das in mir ist.«

»Wie bitte?«

»Das ist der berühmte Schwur des echten John Deere.«

»Woher weißt du denn so was?«

»Hab sein Zeug lange verkauft, als es noch viele Bauern
und Äcker gab, die beackert wurden.«

»Findest du mich schön, John Deere?«, fragte sie ihn,
stützte die Hände in ihre Taille und wackelte mit der Hüfte.

»Och«, antwortete er verlegen, kratzte sich am Bauch und schüttelte seinen Kopf wie ein Hund, der in den Regen gekommen ist. Er öffnete seinen Kühlschrank, holte eine Flasche Bier heraus und biss den Kronkorken mit seinen schon beschädigten Zähnen ab, hielt sich den Flaschenhals in den Mund und legte seinen Kopf in den Nacken, das Bier schien aus der Flasche direkt in den Magen zu gluckern, er schluckte nicht. Dann stellte er die Flasche auf den Küchentisch, öffnete den Deckel seines Abfalleimers und spuckte erst jetzt den Verschluss aus. Stolz grinste er seinen Gast an, als habe er einen Zaubertrick erfolgreich vorgeführt und wünsche Applaus.

Paula schwante langsam, dass ihre Flucht ein Abenteuer war. Allein die Düfte an diesem Ort waren eine Reise wert gewesen, diese unzähligen Variationen von Gestank bis Wohlgeruch – nichts dergleichen hatte sie je erlebt. Und Erde statt Pflastersteinen, Tiere und Ungeziefer statt Desinfektionstüchern. Sie nahm sich vor, im Haus dieses Mannes in eine Art Starre zu fallen, griechischen Landschildkröten gleich, die geborgen in Sand und Gartenerde und von feuchtem Laub bedeckt überwintern können. Sie war nicht einfach abgehauen, sondern hatte etwas zu erledigen, weit weg von daheim, und das würde dauern. Und obgleich sie ihr ganzes Dilemma begriff, ignorierte sie ihren Zustand, dachte nicht darüber nach. Seit Wochen schien sie eine Art Schutzhülle zu haben, die sie vor Aufregungen und Traurigkeit bewahrte. Ob beispielsweise ihr Vater zu lang auf Dienstreise gewesen war oder daheim mit ihr Karten gespielt hatte, war ihr gleich geworden. Ob sie im Unterricht gelobt oder getadelt wurde, gute oder schlechte Leistungen erbrachte, hatte keinerlei Einfluss mehr auf ihre Stimmung.

John Deere gab ihr einen Schlafplatz unterm Dach, es war kein Zimmer, sondern bloß der Giebel des Hauses, an der höchsten Stelle nicht mal eineinhalb Meter hoch.

»Weshalb muss ich hier oben hin? Unten sind doch genug Zimmer.«

»Da lebe ich, da kommt mir keiner hin, schon gar nicht so ein Gör wie du.«

Sie kletterte eine Leiter hinauf und robbte vor zum kleinen Fenster an der Südseite. Hier würde sie auf einer Matratze liegen, unter einer schweren Federdecke in rot und weiß karierter Wäsche.

Zwischen zwei und vier Uhr wurde sie regelmäßig wach, wälzte sich, fand keinen Schlaf und fürchtete sich vor jeder Kleinigkeit, vor den Geräuschen, der Enge, den Spinnen, Mücken oder Mäusen. Sie sehnte sich nun doch ihre Mama herbei, die ihr alle Unannehmlichkeiten abgenommen hatte, und ihren Papa, der ihr jeden Wunsch erfüllte. In diesen Momenten entschied sie, gleich am nächsten Morgen nach dem Aufstehen heimzufahren, so schnell es ging, sich ihren Eltern anzuvertrauen, eine Lösung zu finden. Am Tag aber verwarf sie diesen Gedanken regelmäßig wieder.

John Deere war zeit seines Lebens ein harmloser Geselle gewesen. Seine Kunden hielten ihn für naiv, zogen ihn auf, er stünde unter dem Segen oder Fluch einer Fee, die verfügt hatte, dass er nie jemanden übers Ohr hauen könne. Er musste ihnen recht geben, seine Gutmütigkeit hatte dazu geführt, dass andere ihn übers Ohr hauten, ihn keiner ernst nahm, er zeitlebens schlecht verdiente und inzwischen allein lebte, weil seine Frau einem üblen Schuft den Vorzug gab und ihn für unfähig hielt, sie auszuhalten. Die Melancholie haftete an ihm wie der Geruch von Wagenschmiere, mit dem er die Radlager seiner Maschinen einfettete.

Paula beobachtete interessiert, wie er eine Sorte Käse aß, der stinkender nicht sein konnte, einen runden gelben durchsichtigen, den er zuvor tagelang in Kümmel und Zwiebelstücken, Öl und Essig einlegt hatte. Nach dem Verzehr pupste er schamlos am Tisch, lachte gar darüber und nannte dieses grauenhafte Geräusch Musik.

Zum Frühstück bereitete er ihr gebratene Kartoffeln mit Speck zu und rührte Eier hinein, reichte frisches Brot und Milch dazu. Bei ihm wusch sich Paula bald vor dem Essen nicht mehr die Hände, wischte ihre fettigen Finger an der Kleidung ab und hatte riesengroßen Appetit – ihm dagegen war es gar nicht recht, wie gut sie aß.

»Was stört dich daran?« Nun sprach sie gar mit vollem Mund.

»Was meinste, was das kostet.«

Sie grinste ihn an, er hatte sich seinen Gast selbst eingebrockt: »Jedes eigene Kind kostet insgesamt eine Viertelmillion, hab ich mal gehört.«

Er kratzte sich verzagt am Hinterkopf und stocherte nachdenklich mit der Gabel in seinem Bauernfrühstück herum, dachte an seine eigene karge Kindheit und stellte schließlich ernüchtert fest: »Ich hab meine Eltern keine tausend Mark gekostet.«

»Und wo kommt dein Bauch her?«

»Hab ich auf eigene Kosten gezüchtet.«

Es war das erste Mal, dass aus seinem Computer ein leibhaftiger Mensch entsprungen war, er hatte im Traum nicht geahnt, dass harmloses Gefasel in E-Mails solche Folgen haben könnte. Tausend Nachrichten hatte er schon versandt, er hielt sich gern in den Adoptionsforen auf, weil da herrlich nette Leute zu finden waren, mit denen sich gefühlvoll plaudern ließ. Und nun schlief eine reale Person unter seinem Dach, die glaubte, ihren Vater gefunden zu haben.

Wie komm ich da wieder raus?, fragte er sich.

»Du hast doch von Papieren gesprochen, in denen ich stehe.«

Er wusste nicht, wie er das alles erklären sollte, also schwieg er lieber. Die Gesellschaft des Mädchens war immerhin eine Abwechslung.

Im Hasenstall drückte Paula ihre Nase ins Fell der Tiere, Niedlicheres gab es nicht auf der Welt, fand sie, als die warmen kleinen Wesen, die zutraulich zurückschnüffelten. Ihre Eltern waren gegen jedwede Felle allergisch, ihr dagegen machten sie nichts aus. Nie zuvor hatte sie so viel Lebendiges um sich gehabt, dazu Rost, Staub und Heu geatmet – wie sie das genoss! Sie hatte ein trostloses Schloss gegen eine himmlische Hütte getauscht, auch ihre Geige vermisste sie nicht, und das Ballett hatte sie ohnehin bloß angestrengt, sie war zu kräftig gebaut dafür. Hier wurde sie prima versorgt und fühlte sich gelöst, also blieb sie bei John Deere, als wäre sie hier geboren, tatsächlich seine Tochter.

Ihm hingegen wurde ihre Anwesenheit von Tag zu Tag unangenehmer. Er wollte nachsehen, ob jemand sie suchte, aber seine Internetverbindung funktionierte nicht mehr. Er fummelte an den Kabeln herum, schaltete das Modem und seinen Computer mehrere Male aus und wieder an und fand den Fehler trotzdem nicht. Von da an spielten die beiden Rommé oder schauten gemeinsam fern.

Draußen berührte Paula alles, was sie sah: Blütenblätter, Torf und Erde, Baumrinden und Disteln. Stieß mit dem nackten Zeh an die Leiter und schrie auf vor Schreck über den Schmerz, der genauso schnell verging, wie er gekommen war.

»Was wünschst du dir, John Deere?«

»Einen Computer, der geht.«

»Und, was noch? Wenn du viel Glück hättest oder viel Geld?«

»Einen Flachbildschirm, dass Schalke Meister wird und 'ne Dämmung fürs Haus.«

»Wärest du dann glücklich?«

»Hm.«

»Und welcher deiner drei Wünsche ist der wichtigste?«

»Die Dämmung.«

»Und eine Frau?«

»Nee!« Zur Bekräftigung winkte er mehrfach ab. »Nee, nee.«

»Warst du mal verheiratet?«

Er nickte: »Das war schlimmer als jede Woche 'n Kolbenfresser. Heute kann ich alles selber, kochen, putzen und so. Auch was zu Ostern und so, den ganzen Weiberkram. Willst sehn?«

»Ostern ist doch schon vorbei.«

»Na und? Kann ja wohl machen, was ich will, wenn ich will.«

Er holte ein paar frische Eier aus dem Stall, setzte sich wieder an den Tisch, pikte mit einer Nadel behutsam in die Spitzen, machte zwei kleine Löcher und pustete dann kräftig in eines hinein, sodass Eiweiß und Eigelb aus dem anderen in eine Schüssel flossen.

»Heb ich auf fürs Bauernfrühstück.«

Er reinigte die hohlen Eier in heißem Wasser und trocknete sie ab.

»Und jetzt anmalen.«

»Die Eier?«

»Jo, mach ich gern, ist mein Hobby, das ganze Jahr.«

»Keine Modelleisenbahn oder so?«

»Zu teuer.«

»Briefmarken.«

»Krieg ich Briefe?«

Er hielt sich bei seiner Volkskunst schlicht an Filzstifte, mit denen er zwei rote Herzen oder drei bunte Blumen auf die Eierschalen malte, Paula verzierte sie zuerst mit steifen Mustern, die sie aus dem Geografieunterricht kannte. Später wagte sie sich an Wellen, die in immer bunteren Farben um das ganze Ei herum liefen. Sie konnte gar nicht genug davon bekommen, John Deere pustete derweil seinen gesamten Eiervorrat aus.

»Und nun?«

»Warten.«

»Worauf?«

»Bis die Hühner wieder legen.«

»Und wann tun die das?«

»Wenn's ihnen kommt halt.«

Er band einen Faden um ein kleines Stück Streichholz und stopfte es längs in die obere Öffnung. Innen legte es sich quer, und nun hing das Ei am Faden. Zum Schluss banden sie ihre vermeintlichen Kunstwerke in die grüne Hecke an der Landstraße.

»Wie heißt du wirklich?«, fragte der Landmaschinenvertreter. »Und wo kommst du eigentlich her?«

»Ich heiße Ivanka, ich lebe neben einem Rasthaus an der A2 Richtung Hannover und helfe an der Tankstelle aus, die meine Eltern gepachtet haben.«

Sprach er sie dagegen mit Ivanka an, widersprach sie: »Ich heiße Janine.«

»Ja, was denn nun?«

»Bin aus Erfurt, mein Vater arbeitet beim Kinderkanal.«

»Sieht man den im Fernsehen?«

»Er macht den Ton.«

»Dann geh mal lieber nach Hause, der wartet bestimmt auf dich.«

»Du bist doch mein richtiger Vater.«

Das Spiel behagte ihm immer weniger, die Leute tuschelten, auf dem Land war die Kommunikation schon seit Jahrhunderten drahtlos, und Neuigkeiten verbreiteten sich über Bushalte-Schaltstellen in alle Haushalte. Paulas Düfte im Badezimmer irritierten ihn mehr und mehr, es sollte niemand auf dumme Gedanken kommen, er war ein mit Schlamm und Schmieröl verdreckter Kerl, aber ein durch und durch anständiger Mann.

»Hör mal, du bist ja noch nicht volljährig, wir gehen zum Jugendamt, die werden dir helfen. Ich kenne da einen, der war früher mit mir in einer Klasse. *Du* musst dir keine Gedanken machen. Aber *ich* mache mir welche, weil die Leute sonst meinen, ich hab was mit so 'm jungen Gemüse wie dir.«

In den Wochen bei ihm war Paula dicker geworden. Es wird der Vanillepudding gewesen sein, dachte sie, den kochte er jeden Tag, weil sie verrückt danach war. Sie hatte sich damit von innen zu trösten versucht. Von außen hatten sie wunderbare Lagerfeuer gewärmt, täglich wollte sie eines, und wie ihr persönlicher Heinzelmann vom Dienst klaubte John Deere Abend für Abend Holzscheite zusammen und zündete sie an einer dafür vorgesehenen Stelle im Garten an.

»Vermisst dich denn keiner?«

Paula tat, als habe sie diese Frage nicht gehört, doch sie begriff, dass er nicht länger mitmachte, dass dies ihr letzter Abend bei ihm sein würde.

Am folgenden Tag putzte er sich die Zähne, zog eine saubere Jacke an und fuhr ohne Erklärung fort. Nur eine Stunde später brach Paula auf, nicht ohne ihre Eierhecke ein letztes Mal stolz zu betrachten. Sie ging die Landstraße zurück in Richtung Schloss und Stadt und nahm sich vor, am Bahnhof ein anderes Ziel zu suchen und sich zunächst irgendwo in einem hübschen Hotel einzuquartieren. Bis ihr schlagartig klar wurde, dass man sie finden würde, wenn sie mit ihrer Kreditkarte zahlte, das hatte sie nicht bedacht.

Daheim war Geld bloß Papier und immer vorhanden gewesen. Man nahm es sich, kaufte etwas damit, keiner fragte danach. Nun war es für sie zum ersten Mal ein Zahlungsmittel und stand nicht zur Verfügung. So irrte sie in Annies Gegend herum, durch die erbarmungslose hochsommerliche Sonne, bis ihre Haut brannte. Sie war matt, trug schwer an ihrem Gewicht, trank aus Bächen, bekam Hunger und hatte nichts, um ihn zu stillen, verlor zuletzt in einem Waldgebiet die Orientierung und wartete schließlich darauf, dass sich etwas änderte. Diesmal wollte sie, dass man sie fand, nur ging das nicht mehr so leicht wie früher. Den Chip hatte sie selbst entfernt.

ALLEIN

Seit Tagen war Annie die Einzige, die sich in der Plantage aufhielt. Weder Opa noch Mutter prüften, ob man mit der Ernte beginnen konnte, seine lustvolle Liebe und ihre lustlose Verzweiflung ließen kein gewöhnliches Alltagsleben mehr zu. Ein Kirschbauer kann genau einschätzen, wann die Frucht schwer genug ist, um gepflückt zu werden, und doch nicht so schwer, als dass sie vorzeitig vom Baum fiele. Ende Juli war es gewöhnlich so weit, meist um den dreißigsten, mal früher, mal später, aber durchschnittlich fiel in dieser Gegend der erste Erntetag auf dieses Datum. Bestimmte Hormone teilten der Kirsche mit, wann sie sich für eine Trennung vom Stiel entscheiden sollte, nur den Früchten war diese Gnade vorbehalten. Dank reichlich Sonne und wenig Regen konnte man dieses Jahr eine Rekordernte erwarten. Was allerdings fehlte, war ein Erwachsener, der die Früchte inspizierte und Entscheidungen traf.

Annie klopfte an die Schlafzimmertür ihres Opas und rief hindurch: »Komm raus aus dem Bett, jemand muss sich um die Ernte kümmern.«

Doch er jauchzte von drinnen: »Die Kirschen hab ich mir abgewöhnt«, und lachte so laut und lange, wie sie ihn noch nie lachen gehört hatte.

Ihre Mutter war nirgendwo zu finden, weder im Haus

noch in der Scheune oder im Garten. Schließlich entdeckte Annie sie an einer Kreuzung hinter dem Friedhof, dort rannte sie ungeschminkt und sich die Haare raufend herum und schrie lauter als zuvor. Niemand wusste, was sie diesmal durcheinandergebracht hatte, und Annie hatte auch keine Lust mehr, es zu erfahren. Es war ihr peinlich, dass Nettes Not in aller Öffentlichkeit zu sehen und zu hören war. Die lallte betrunken vor sich hin, ihre Kleidung war so verrutscht, dass ihr BH sichtbar war, Annie holte sie ein und zog an ihrem Arm, bis ihre Mutter auf den Bürgersteig fiel. Doch die rappelte sich gleich wieder auf und wollte weitertoben, daraufhin hielt Annie sie mit beiden Armen fest und drückte sie mit aller Kraft an sich. Die Erwachsene zappelte in den Armen ihres Kindes, krümmte sich, heulte und strampelte mit den Beinen, aber die Jugendliche hielt stand und drängte ihr im wahrsten Sinne des Wortes eine Haltung auf. Die Dorfbewohner öffneten ihre Fenster, lehnten sich hinaus und schauten aufmerksam, was da wieder los war. Annie streichelte tröstend den Kopf ihrer Mutter, holte ein Taschentuch heraus und ließ sie hineinschnäuzen, Nettes Muskeln entspannten sich, doch sie kam nicht zur Ruhe.

Der Apotheker hatte alles beobachten können, nun schloss er sein Geschäft ab, lud das heulende Elend auf eine Schubkarre und schob es mit Annie heimwärts, trug Nette in ihr Zimmer, zog ihr die Schuhe aus und legte sie aufs Bett. Er schnupperte ihren Atem, schüttelte den Kopf und deckte sie zu.

»Isch 'm Kinderwagen, stundenlang. Nisch 'ekommen.«

Er schaute sich im Zimmer um, nahm eine Schachtel Beruhigungsmittel an sich, die ihn beunruhigten. Der

Wirkstoff war zu stark, er stumpfte die Gefühle ab, sie hatte das Zeug illegal beschafft.

Annie mochte diesen alleinstehenden Mann, der schon einige graue Haare hatte, aber doch jung wirkte. Wann immer sie als kleines Kind Lust auf was Süßes gehabt hatte, brauchte sie bloß irgendwelche Wiesenblumen zu pflücken, in seine alte holzgetäfelte Apotheke zu gehen oder an Wochenenden an seiner Haustür zu klingeln und das Sträußchen mit einem Lächeln abzugeben, schon rückte er einen Apfel, Bonbons oder Schokolade heraus. Diesen Dreh hatten irgendwann alle Kinder des Ortes rausgehabt, und jedes von ihnen bekam etwas zugesteckt. Der Apotheker verlangte keine Gegenleistung, nahm die Sträuße an seiner Türschwelle an, gab seine Geschenke und schloss hinter sich zu – weil er viel Ruhe brauchte und gern las, erzählten die Leute sich. Einmal im Winter, als Annie Heißhunger auf Süßes hatte und draußen keine Blumen wuchsen, hatte sie in ihrer Not ein altes Stallfenster zerschlagen, auf dem sich in der kalten Nacht Eisblumen gebildet hatten, und war mit der Scherbe zu ihm gerannt.

»Gilt die auch?«, hatte sie mit laufender Nase gefragt. Er hatte bloß geschaut und gestaunt.

»Die halten nicht lang, nehmen Sie, schnell.«

»Danke für dieses besondere Geschenk«, hatte er geantwortet, die Scherbe mit ins Haus genommen und Annie eine ganze Tafel Schokolade gereicht.

Nun versuchte er Nette zu trösten: »Jeder Mensch schreit mal als Kind, jeder war mal allein. Das ist ewig her.«

»St … undenlang, im Kinderwagen.«

Annie packte ihre Mutter an den Schultern und schüttelte sie: »Was soll denn aus der Ernte werden?«

Doch Nette murmelte Unverständliches.

»Wenn niemand erntet, soll ich das dann tun?«

Der Apotheker zerzauste liebenswürdig Annies Haar: »Mädchen, lass die Früchte einfach fallen, du hast schließlich Ferien.«

Aber sie schüttelte eigensinnig den Kopf.

»Na, wenn du willst, pack es an. Und was machen wir mit deiner Mutter?«

»Sie braucht jemanden.«

»Nette hat dich und ihren Vater.«

»Einen Mann!« Annie starrte ihn an, Galle hätte es nicht besser gemacht.

Doch ihr Kandidat runzelte die Stirn und schüttelte leicht den Kopf: »Wer sich in deine Mutter verliebt, steht mit beiden Füßen auf der Seife.«

»Sie wollen sie also nicht?«

»Danke für das Vertrauen, aber ich bin nicht für die Ehe.«

»Und was mache ich nun mit ihr?«

»Ausschlafen lassen.«

So musste Annie sich eingestehen, dass ihre Mutter ein schwieriger Fall war, da hatte der Apotheker recht. Nette brauchte jeden Tag massenhaft Komplimente, sonst wurde sie brummig oder böse. Aber sie riss sich nicht zusammen, um ein Lob zu erwerben, oder tat etwas Nettes, wie es ihr Name verlangte. Vielmehr machte sie das Gegenteil: Wenn sie was von Opa wollte, beschimpfte sie ihn, beleidigte ihn, terrorisierte ihn mit Forderungen, jammerte, sie hätte zu wenig von allem, und so weiter und so weiter. Sie trat ihn gewissermaßen vors Schienbein und schien irrigerweise damit zu rechnen, dass er sie deswegen umarmte.

Wenn Annie ihr Geschenke machte, argwöhnte Nette sogleich, ihre Tochter erwarte etwas zurück. Opa konnte etwas Köstliches kochen, und sie half nicht mal beim Tischdecken. Je mehr man sie liebte und verwöhnte, desto aufsässiger wurde sie.

Weshalb bloß, fragte sich Annie, das kann doch nicht an den fünf Minuten Schreien im Kinderwagen liegen. Bei ihrer Mutter schien etwas defekt zu sein.

Sie hatte kein Gespür für richtiges Verhalten, bei Trauerfeiern alberte Nette herum, und bei Hochzeiten stänkerte sie die Braut zu Tränen. Die guten ledigen Männer ekelte sie weg, die Untreuen und Verheirateten himmelte sie an. Sie versprach heute was und brach es morgen. Dann war sie plötzlich wie verwandelt, alle Welt staunte, freute sich, als würde die Sonne nach tagelangem Regen wieder scheinen.

Mehrere Male geschah es, dass sie schon morgens durchs Haus tänzelte, überglücklich, überschäumend: Sie habe Lust auf einen Ausflug nach Berlin, Hamburg, Paris, das Dornröschenschloss im Reinhardswald oder warum nicht gleich Rom, am nächsten Morgen früh solle es losgehen, um fünf Uhr. »Sei wach und halte dich bereit«, sagte sie zu Annie.

Die stellte sich den Wecker, kleidete sich an und wartete auf der Holztreppe, die Haustür im Blick, eine alte lila Tasche der Mutter neben sich. Gegen Mittag kam Nette im Nachthemd heruntergeschlurft, auf dem Weg zum Klo, sah die Kleine auf der Stufe. Verkatert winkte sie ab und brummelte was von nächstem Mal. Wie oft hat das Mädchen dort auf den Stufen gesessen! Sie sind nie gefahren. Dann aber, als Annie aufgegeben hatte, fuhr Nette endlich los, in der Früh um fünf, ohne Kater und ohne ihre Tochter, irgendwohin.

Vorher hatte sie Annie noch engherzig vorgerechnet, wie viel Geld ein Kind koste, was für eine Last sie sei, eine Art schlechter Acker mit zu vielen Steinen. Doch Annie hatte kaum je etwas verlangt oder gebraucht, stattdessen hatte Nette ihr letztes Geld bei einem Quiz im Radio verloren. Die Zuhörer sollten ein Geräusch erkennen, pro Anruf fünfzig Cent. Vier Wochen ein und dieselbe Frage und ein Jackpot, der immer fetter wurde. Nette war nie durchgestellt worden ins Studio, ihre Antwort war ohnehin falsch, die Auflösung absurd: Das Geräusch war eine Cellospitze, die auf ein Straußenei stieß und es zerbrach. Nette hatte sich schrecklich darüber aufgeregt – wie sollte man so etwas Absurdes erraten können? Sie musste die enorm hohe Telefonrechnung begleichen und hatte nichts davon außer Ärger. Zumindest entschloss sie sich, diesen Sender nie mehr einzuschalten.

Annie erträumte sich andere Dinge als ihre Mutter, suchte im Grunde aber wie sie nach abwegigen Auswegen. Wenn die Familie zum Beispiel eine Windmühle besäße statt einer Kirschplantage, malte sie sich aus. Eine von diesen alten, um achtzehnhundert gebaut, in Weiß und Rot, wie sie in Holland standen. Dann hätte ihre Mutter bestimmt ein besseres Leben. Jeden Morgen nach dem Aufstehen würde sie genau schauen, woher der Wind weht, und das Mühlrad danach ausrichten. Die Sache käme in Schwung, bis es gemütlich rumpelte und es beinahe von allein mahlte, zerquetschte und die Weizen- und Roggenkörner platt machte. Ihre Schattenmorellen dagegen waren zu empfindlich, da konnte es nur Probleme geben, das war vorauszusehen. Wachsen sie vernünftig, fragte man sich am Anfang. Überleben sie, kommt Frost, kommt Hagel, all das. Viel zu anfällig waren sie, kein Wunder, dass Nette so viel Kummer hatte. Doch jetzt schien sie die Nase gestrichen voll zu haben, es war die Zeit gekommen, wo kein Trost mehr half. Sie blieb im Bett und schlief oder zählte die vielen winzigen Blumen an ihrer Tapete.

Irgendwann ließ Opa Ninotschka zum ersten Mal frei laufen. Sie flitzte durch die Plantage, hatte nur ihre knappe Wäsche am Leib, und er lief hinterher. Annie saß in diesem Moment vergnügt mit Galle unter einem Baum im Schatten, und von hier aus beobachteten sie unfreiwillig den jungen Alten, der durch die Reihen keuchte, sich schließlich erschöpft ins Gras fallen ließ und vor Übermut schnaufte. Ninotschka pflückte eine Handvoll reifer Früchte und zerquetschte sie in ihrer Faust, der dunkelrote Saft tropfte über ihre Finger, Hände, ihren Unterarm, und dann schmierte sie das alles ohne zu zögern auf Opas blütenweißes Hemd.

Annie flüsterte: »Das kann er lange waschen.«

Jetzt nahm Ninotschka eine zweite Handvoll Kirschen, drückte sie sich in die Haare, auf ihren Bauch, beschmutzte ihr Gesicht und leckte ihre klebrigen Finger ab. Galle grinste fröhlich und guckte mit einem Mal völlig normal. Opa lachte vergnügt wie ein Junge in einer rasend schnellen Achterbahn. Nun stellte sich die Hübsche breitbeinig über seinen Kopf, pflückte eine dritte Handvoll Kirschen, steckte sie sich in die Unterhose und setzte sich damit ganz langsam auf sein Gesicht. Der Saft floss in seine Augen, die Nase, den Mund und an seinen Wangen über seine Glatze und auf seine Brust, er bekam keine Luft, prustete und zappelte.

»Ist das noch Kleckern oder schon Sex?«, fragte Annie.

»Umlaute üben«, meinte Galle.

Opa streichelte mit geschlossenen Augen die Schenkel seines Mädchens und schmiegte seinen triefenden Kopf an ihren Unterleib, Ninotschka stöhnte auf. Da nahm Galle Annie bei der Hand und zog sie sanft fort, er war allemal vernünftig genug, hier nicht länger zu glotzen.

Einen Tag später rief Opa seine Enkelin vom Feldweg aus mit der Autohupe. Wie so oft vertraute er ihr das Steuer an und ließ sie den Wagen über geteerte Feldwege lenken, und Annie dankte ihm überschwänglich, wie immer, wenn sie fahren durfte.

»Hast du sie denn wirklich lieb?«, fragte sie ihn nach einer Weile.

»Ob ich mit ihr spiele? Ich bin selig, dass sie mit mir spielt! Nein, es ist mir ernst.«

Er ließ sich von Annie zum Friseur chauffieren, nahm sie mit hinein und verlangte eine Rasur. Man wollte ihm schon die Wangen einseifen, da wies er auf seinen Kopf: Alles solle runter, das sei jetzt cool. Opa sprach das Wort nicht auf die englische Art aus, wie *kul*, sondern *kohl*, wie den Kanzler. Eine Glatze zu haben sei *kohl*. Er hatte nie Englisch gelernt, so sprach er beispielsweise Talkshow aus, als sei es Kerzentalk. *Talkscho*. Er schämte sich nicht dafür, im Gegenteil lachte er dabei, er lachte überhaupt ständig in letzter Zeit.

»Ich muss dir unbedingt noch etwas sagen«, wandte er sich an Annie. »Meiner Meinung nach gibt es keinen Gott.«

Sie fragte sich, was er mit dem Wort »noch« andeutete.

»Im Krieg sind viel mehr Unschuldige als Schuldige verreckt, wie ungerecht kann ein Gott sein? Also gibt es ihn nicht. Kirschen kommen ja auch irgendwie auf die Welt, soll vielleicht das Leben jeder einzelnen einen Sinn haben? Jede Frucht eine Bestimmung? Das ist doch Quatsch. Es gibt Befruchtungen, Bienen, Wind oder Sex, und Ende der Debatte. Kind oder Kirsche, alles derselbe Salat. Das *Werden*, das sag ich dir, das Werden ist nicht das Problem, sondern das Auf-der-Welt-*Sein*.«

Annie fühlte sich unwohl als Zuhörerin, Opas Bemerkungen passten vielleicht zu einer Ethikstunde in der Schule, nicht jedoch zur Lage einer Obstbauernfamilie mitten im Sommer. Die Arbeit wartete, er aber philosophierte. Was meinte er um Himmels willen mit *noch was sagen*? Wollte er fort? Musste er gar sterben?

Den Friseur dagegen schien der Vortrag sehr zu interessieren, er unterbrach seine Arbeit, setzte sich neben den Spiegel und lauschte gespannt.

»Das Kirsch-Sein«, trug Opa ihm und Annie vor, als habe er eine dringende Mitteilung zu machen, »das ist man entweder als Saft, verfault auf dem Müll, gequetscht im Kuchen oder besonders edel in einer Praline drin. Das Mensch-Sein geht genauso, hopp oder topp, wo man sich im Leben wiederfindet, der Anfang ist Zufall, und am Ende ist Schluss. Die Leute sollten weniger über das nachdenken, was einmal war und was vielleicht mal kommt, das ist doch Humbug, sondern hingucken, was *gerade* los ist.«

Annie wollte die Gelegenheit nutzen: »Genau, und jetzt gerade sollte man sich Gedanken über die Kirschernte ...«

Opa unterbrach sie: »Und ganz wichtig! In deinem Alter hat man es schwer, die Jugend ist so mühsam, man weiß gar nichts, das ist schlimm. Am Ende, das sag ich dir, ist es auch beschissen, man weiß alles, aber die Knochen tun einem weh, das Hirn schrumpft, es ist furchtbar. Aber die Mitte, die ist gut. Wenn du sie also erlebst, diese Mitte, wo du schon weißt und noch kannst, dann genieß sie. Genieß die Mitte, Kind!«

Er fixierte missmutig den Friseur, der nach wie vor fasziniert zuhörte, zeigte auf seinen feuchten Kopf und fragte: »Ja und, was ist nun? Bist du fertig mit mir?«

Der Schädel wurde endlich poliert, Opa ließ sich mit einem breiten Pinsel den Nacken ausputzen, zog seine Jacke an, zahlte und verließ mit seiner Enkelin den Salon. Während der Rückfahrt ließ er sich auf keinerlei Gespräche über die Ernte ein.

Daheim angekommen, musterte Nette ihren Vater, als habe sie Essig gesoffen: »Du hast ja 'ne Glatze.« Kurze Pause: »Oder hast du dir eine Chemotherapie machen lassen?«

Machen lassen, wie eine Dauerwelle. Die beiden hatten sich aufeinander eingeschossen, und Annie verstand nicht, wieso. Opa verengte seine Augen zu zwei Schlitzen und meinte: »Ich kaufe mir noch Kontaktlinsen und fliege mit meinem Schatz in die Sonne, den Rum vor Ort probieren. Hab nämlich kürzlich meine Lebensversicherung aufgelöst und bar abgehoben.«

Nette blieb der Mund offen stehen, doch ihr Vater wurde immer lauter: »Und dir rate ich erstens, mal wieder was Ordentliches anzuziehen, und zweitens, wenn du einen findest, der blind genug ist und taub dazu, dich mal wieder so richtig ordentlich …, ach was, nicht vor dem Kind.«

Dieser halb fertige Satz ihres Vaters brachte Nette so auf, dass sie etwas tat, von dem der Apotheker später sagte, es hätte böse enden können. Blindwütig nahm sie abgelaufene Eier, bereitete damit ein Tiramisu zu, stellte es zusätzlich für Stunden in die Sonne, während denen sie ihre Koffer packte, und schob die Speise kurz vor ihrer Abreise wie vorgeschrieben in den Kühlschrank.

Wie zu erwarten gewesen war, verschlang der Alte es noch im Stehen, er war geradezu süchtig danach, das wusste Nette genau, wohingegen Annie den Kaffeegeschmack verabscheute und es nie angerührt hätte, das hatte sie bedacht. Der Apotheker sollte später Reste vom Nachtisch untersuchen und darin Salmonellen finden. Nette muss schon am Flughafen gewesen sein, als Opa sich von der Toilette über das Waschbecken zum Bett und wieder zurück schleppte. Als er die Sache nach drei kritischen Tagen überstanden hatte, saß Nette an einer Strandbar auf Kreta und trank ihr schlechtes Gewissen nieder.

Annie saß erschöpft auf einem Stuhl in der Küche, schüttelte den Kopf, murmelte vor sich hin: »Es passiert zu viel.« War sie mit den Gedanken an ihre verschwundene Mutter noch nicht fertig, flogen die Gefühle kurz hoch zur Ernte und kamen als Sorge um den Opa wieder herunter. Wie ihr ewiges Hin und Her in der Plantage, hoch und runter trommelnd und schreiend: »Frieden, Frieden, Frieden!« Aber es nutzte nichts. Ihre Erwachsenen waren gnadenlos miteinander umgegangen, spöttisch der eine, gewaltsam die andere. Und nun war ihre Mutter verreist, hatte sich nicht mal verabschiedet, hatte keine Nachricht hinterlassen, geschweige einen Termin für ihre Rückkehr bekannt gegeben. Es passierte wirklich zu viel.

Das Mädchen saß da und schüttelte sich, der Opa beinahe tot, die Ernte verdarb gerade, die Mutter auf der Flucht.

War das, was sie getan hatte, versuchter Mord? Würde sie ins Gefängnis kommen, wenn sie zurückkehrte? Würde sie darum nie wieder heimkommen?

»Gehen Sie zur Polizei damit?«, fragte sie den Apotheker verstört.

»Wir sprechen nicht mit denen«, winkte der ab.

»Nein?«

»Nein! Das tun wir nur im äußersten Notfall.«

»Wer ist wir?«

»Menschen, die Probleme auf eigene Verantwortung zu lösen versuchen.«

Schüchtern wandte sie ein: »Eigentlich will ich selbst mal zur Polizei.«

Er schaute sie neugierig an: »Wirklich? Und was willst du da machen?«

Annie nahm allen Mut zusammen und holte zu ihrer Erklärung weit aus: »Also, im Winter sind bei uns eine Menge Leichen im Wohnzimmer, wenn ich fernseh.«

Der Apotheker runzelte die Stirn, sichtlich irritiert.

»Und aus dem fünften Programm weiß ich, weshalb ein Mann seine Frau lieber erwürgt, statt sich scheiden zu lassen – meist geht es um die Lebensversicherung oder um ihren Geliebten. Und immer wenn einer umgebracht wurde, dann kommt die Spurensicherung. Da will ich später mal arbeiten, so in weißes Plastik gekleidet, eine Frau mit Handschuhen und vielleicht sogar mit einem Freund, der Narben im Gesicht hat und Kommissar ist.«

»Du willst zur Kriminaltechnischen Untersuchung!« Er lächelte stolz: »Das ist was anderes, zur KTU gehen die vernünftigen Leute, die Wissenschaftler, mit denen kann man reden.«

Nun atmete Annie erleichtert tief durch und fragte ihn: »Wieso hat meine Mutter das gemacht?«

»Tja«, er kratzte sich am Hinterkopf. »Wie soll ich dir das erklären? Weißt du, der Mensch wird wahnsinnig, wenn ihm regelmäßig einzelne Wassertropfen auf den Kopf fallen, ohne dass er sich bewegen kann. Man nennt das chinesische Folter. Er stirbt sogar dadurch. Du wirst diese Todesursache, wenn du bei der KTU bist, kaum nachweisen können. Bei deiner Mutter scheint es sich ähnlich zu verhalten: Jedes kleine Glück, wie zum Beispiel das ihres Vaters mit Ninotschka, tropfte Tag für Tag auf sie drauf und machte sie langsam, aber sicher verrückt.«

»Das Glück der anderen ist eine Folter?«

»Ja, leider. Das Glück des Nachbarn ist kaum auszuhalten.«

Er seufzte wehmütig, ihm ging offenbar etwas durch den Kopf, er wurde wohl selbst gefoltert.

»Wollen Sie nicht meine Mutter glücklich machen? Dann kommt sie zurück.«

Der Apotheker schaute Annie vorwurfsvoll an: »Das hast du schon einmal gefragt. Die Liebe ist doch kein Topf-und-Deckel-Spiel, sondern ein Geheimnis.«

Es beschämte sie zuzugeben: »Ich hätte Sie gern als Vater.«

Er schaute sie ruhig an: »Dann, Annie, wären wir zwei nicht befreundet.«

Sie blickte ihn erstaunt an: »Wieso?«

»Weil ein Vater die Beziehung zum Kind nicht wählen kann, sie ist ihm regelrecht verordnet. Aber Freundschaften darf man wählen, darum sind wir frei. Wir mögen uns, oder wir mögen uns nicht.«

»Und Sie mögen mich?«

»Ja, das hat sich so entwickelt. Du bist gewitzt, klug, fleißig und mutig, und ich habe mich immer über deine Blumen gefreut.«

»Könnte es mit der Freundschaft mal vorbei sein?«

»Natürlich, wenn wir uns nicht mehr gut verstehen und schätzen, lockert sich die Verbindung und zerbricht irgendwann. Aber noch ist sie da. Ich heiße übrigens Karl.«

»Soll ich jetzt du zu Ihnen sagen?«

»Vielleicht später mal, wenn du kein Kind mehr bist.«

Er schaute sich in der Küche um, es schien ihm hier recht unordentlich zu sein, das Mädchen war mit der Arbeit allein, gelassen, solange der Opa krank war, aber man konnte doch kein Jugendamt darauf aufmerksam machen, das war ähnlich verwerflich, wie die Polizei zu bitten. Die Dorfgemeinschaft war hier gefragt, und er selbst, um ein Auge auf das Kind zu haben.

Annie hatte beobachtet, wie er da im Raum stand und nachdachte, sie sagte nun: »Ich hätte so gerne einen Vater.«

»Steht denn jemand zur Auswahl?«

»Meine Mutter sagt, es gibt keinen.«

Der Apotheker runzelte die Stirn: »Ich an deiner Stelle würde gern wissen, wer mich gezeugt hat. Und dann kannst du schauen, ob du Kontakt zu ihm haben willst oder nicht.«

»Wie ist denn Ihr Vater?«

Karl lächelte: »Ein sehr netter und kluger alter Herr mit großen Händen, die mich oft gestreichelt haben.«

»Und wo lebt er?«

»In Saarbrücken.«

»Weshalb wohnt er nicht bei Ihnen?«

»Weil er nicht will. Er lebt zusammen mit zwei Herren und drei Damen.«

»Im Altersheim?«

»Gott bewahre, er ist noch fit.«

»Besuchen Sie ihn denn?«

»Ja, so oft ich kann.«

Der Bäcker verriet Annie, ihre Mutter befinde sich inzwischen im Ausland, er habe sie zum Bahnhof gefahren.

»Wieso haben Sie das gemacht?«, fragte sie ihn zaghaft.

Der Mann schaute sie verdutzt an: »Na, weil ich einen Bus habe und sie mir dafür Geld gegeben hat.«

Geld?, fragte sie sich. Woher hatte ihre Mutter das, und weshalb gab sie es immer nur für sich aus? In Annies Mund zog ein bitterer Geschmack auf, als könne sich Missgunst als sauergrünes Pulver auf die Zunge legen.

»Sie hat mich gebeten, dir zu sagen, dass sie dich lieb hat und so weiter.«

Annie starrte den Bäcker an, ihre Lippen zitterten, sie befahl sich, nun bloß nicht zu weinen, eilte zu ihrem Opa und berichtete, was sie erfahren hatte.

Er schien Nette kaum etwas nachzutragen: »Sie ist sicher nicht für lange fort«, tröstete er. »Sie behandelt im Ausland, sagen wir, einen Befall. Nimm die Monilia! Wenn die mal in einem Kirschbaum steckt, dann nutzt einzig ein radikaler Schnitt, sonst bringt der Pilz ihn um.«

»Jetzt hör doch mit deinem Kirschenquatsch auf!«, beschimpfte Annie ihn.

»Ich wollte ja nur sagen, sie wird sich erholen, und du, lass dich nicht von ihrer schlechten Laune anstecken.«

Er stockte, schaute Annie an, fasste sich an die Stirn,

grübelte. »In ein oder zwei Wochen. Sie kommt bald zurück, sicher.«

Mit seinen Gedanken ganz woanders, als wäre früher Morgen, stand er von seinem Sofa auf und kochte sich einen Kaffee.

»Aber *ich* lasse mich anstecken«, murmelte er.

Annie schlich durchs Dorf, den Kopf gesenkt, an der Bushaltestelle traf sie Fritzi, setzte sich zu ihr auf die Bank und vertraute ihr an, was sie eigentlich schon immer ihrer Mutter hatte sagen wollen: »Ich kann dem Friseur nicht sagen, welche Frisur ich will, weil ich es nicht weiß.«

»lass wachsen«, meinte Fritzi.

»Und hier oben«, Annie wies auf ihren Brustkorb, »zieht es mir seit Wochen, alles ist empfindlich und tut tierisch weh, wenn jemand daran stößt.«

»des gibt sich.«

»Meinst du, ich habe Brustkrebs?«

Fritzi musterte ihre Oberweite: »des is eher hautkrebs ne.«

Sie boxte ihrer Freundin in die Seite für diese Frechheit und jammerte weiter: »Alle haben ihre Tage, nur ich nicht.«

»sei froh.«

Im Sportunterricht war Annie bereits aufgefallen, weil sie sich keine Auszeit nahm wegen der Blutungen. Selbst wenn sie ihre Tage hätte, würde sie keine Freistunde nehmen, das war ihre Haltung dazu, sie wollte keine Mimose sein.

»Meine Mutter ist fort.«

»weisich.«

»Und?«

»haste endlich ruh.«

Es verging keine halbe Stunde, da kam Opa mit einer Blume am Revers die Straße entlang, nahm seine Enkelin beiseite, umarmte sie und flüsterte, damit die diebische Fritzi das nicht spitzbekam: »In der Truhe habe ich Geld gelassen, du kannst davon kaufen, was du willst. Das wird reichen, bis Nette wiederkommt, sicher jeden Moment oder in wenigen Tagen schon. Du hast ja Freunde, wie ich sehe. Ich war noch nie so glücklich. Mach dir ein paar schöne Tage, und tschüs.«

Annie starrte ihn bestürzt an: »Wie, du gehst auch?«

Er fuchtelte um Verständnis bettelnd mit den Händen in der Luft.

»Ich habe nicht mehr viel Zeit, ein paar Jahre, wenn überhaupt. Vielleicht bin ich morgen schon am Meer.«

Das Mädchen begriff das alles nicht. Am Straßenrand wartete Ninotschka auf ihren Liebhaber, mit einer Sonnenbrille im Gesicht, die Gläser ähnlich hellgrün wie ihr Rock. Das ungleiche Paar küsste sich, dann fuhren sie ab, wieder chauffiert vom Bäcker. Annie hatte nicht mal fragen können, wohin es ging.

»Aber?«

Fritzi hatte sich das alles mit angesehen und sang ihrer Freundin nun ein passendes Lied dazu: »allein-allein.«

Es hätte Annie gefallen können, wenn der Text nicht so passend gewesen wäre, zweimal allein gelassen. In der Zeitung hatte gestanden, ganze 33 Millionen Koffer seien im Sommer allein unterwegs. Sie hatte sich nicht erklären können, was diese Nachricht bedeutete: Was sind Koffer ohne Besitzer? Nichts. Und Besitzer ohne Koffer sind auch schlecht dran. Wie können Leute ihre Koffer verlassen?

»allein-allein.«

Zum Glück sickerten ihr die Tränen bloß aus der Nase, sie wischte sie mit dem Unterarm fort, als habe sie Schnupfen, und fragte Fritzi: »Von wem ist das Lied?«

»polarkreis 18.«

»Kenn ich nicht.«

»haste ipod mp3 so was, kopir isch dir.«

»Wir haben ein Radio daheim.«

Da fragte Fritzi: »was 'n das?«

»Das wird sogar warm, wenn es Musik macht«, warf sich Annie für längst vergangene Zeiten in die Bresche.

Fritzi staunte: »wo?«

Das uralte Röhrenradio, dachte Annie, war auch allein-allein, nicht nur die Menschen gingen fort, die Geräte verschwanden ebenso, besonders die, die so herrlich groß waren, wer lockte das alles fort? Sie schüttelte sich: Passiert wirklich, was hier passiert? Sie schloss ihre Augen und stellte sich Flötentöne vor, um sich zu beruhigen, womöglich blies der Rattenfänger wieder, sammelte die alten Radios und die Erwachsenen oder Koffer ein und brachte sie fort, so konnte man sich das Geschehen vielleicht erklären. Schreibmaschinen und Kassettenrekorder hat er auch mitgenommen, hinein in den Berg für alle Ewigkeit. Diesmal verschwanden Mütter und Väter, und die Kinder blieben übrig. Annie war bloß dreizehn Jahre alt, lärmte nicht mehr, brüllte nicht dagegen an, dass ihre Familie verschwunden war. Es nutzte ja doch nichts.

OSTWIND

Es musste im Jahr davor auf einer Halloween-Feier passiert sein, die Familie war bei einem Freund des Vaters in Cottbus zu Gast, Nachbarn waren eingeladen, Leute aus der Stadtverwaltung, Wissenschaftler aus dem Ausland und sogar Fußballer und Funktionäre von Energie, wie der Vater sich ausdrückte.

»Von welcher Art Energie?«, fragte die Mutter im Auto während der Hinfahrt.

»Ursprünglich Braunkohle.«

»Und heute?«

»Na, Fußball natürlich, Energie Cottbus! Der Vater meines Kollegen war dem Verein schon verbunden, als er noch Aktivist Brieske sowieso hieß, ich kenne mich da nicht aus.«

Man war ausdrücklich gebeten worden, den Nachwuchs mitzubringen, die Jugendlichen sollten unter sich im Dachgeschoss feiern und dort gemeinsam übernachten.

Paulas Mutter war skeptisch: »Und wenn was passiert?«

Das Mädchen wehrte sich: »Was soll schon passieren? Das Haus brennt ab, ein Meteorit schlägt ein? Soll ich denn nie mitmachen dürfen?«

Die Eltern ließen sich von den Gastgebern beruhigen, professionelle Erzieherinnen seien engagiert worden, drei zuverlässige junge Damen von der alteingesessenen *Kita Solidarität.*

Die cleveren Söhne des Hauses hatten besten Wein abgestaubt und den freundlichen Aufpasserinnen mehrere gekühlte Flaschen überlassen. Und tatsächlich hatte der gute Tropfen deren Toleranzschwelle gewaltig gehoben, sie lärmunempfindlich gemacht und gegen Mitternacht tief einschlafen lassen – mit anderen Worten: Die insgesamt fünfundzwanzig Jugendlichen konnten in dieser Nacht ihre Freiheit genießen.

Paula stand zunächst verlegen in der Ecke, beobachtete Mädchen mit grellen Strümpfen, Jungs mit engen Shirts, weiten Hosen und erstem Bartwuchs, die kichernd mit Essen und Getränken kleckerten. Eine lange rot-weiße Tischdecke war auf den Fußboden gelegt worden, als mache man Picknick im Park, und die jungen Gäste schafften alle Speisen herbei, die sie unten am Büfett für geeignet hielten: Pommes frites mit Ananas, rohen Schinken mit Mousse au Chocolat, jede Menge Butter, Lasagne, Austern.

Die Jugendlichen setzten oder legten sich an die Tafel, griffen zu, aßen und balgten herum. Geschirr zersprang, Glas flog in den Abfall, niemand scherte sich drum, kein *Lass das* und kein *Schmatz nicht so.* Eine solche Feier unter ihresgleichen hatte Paula noch nicht erlebt: Zwei Jungs tanzten Breakdance, bewegten sich roboterartig, der eine sprang athletisch auf einer Hand, der andere drehte sich in Pirouetten auf dem Kopf und dem Rücken. Applaus, Johlen und begeisterte Pfiffe des Publikums folgten. Drei Mädchen spielten Gitarre und sangen. Einer der Jungen, die hier zu Hause waren, holte Paula schließlich freundlich aus der Ecke, zog sie mit und schenkte ihr an der Bar etwas ein. Sie trank zum ersten Mal Orange mit Wodka. Ein Mädchen mit Nasenpiercing nickte ihr lächelnd zu.

»Wieso steht so viel Butter auf dem Tisch, eh, also der Decke?«, fragte Paula.

»Schöne Haare hast du«, antwortete ihr Gegenüber und blieb die Antwort schuldig. »Wo hast'n die Farbe her?«

»Das ist meine eigene.«

»Geil, orange, echt cool.«

Inzwischen aßen alle mit den Händen, fütterten sich gegenseitig, schlürften die Austern nicht, sondern ließen sie in Ausschnitten verschwinden. Schmatzten und rülpsten, tranken Cocktails, tauchten schließlich ihre Finger tief in die weiche Butter und beschmierten einander damit.

Paula stockte der Atem: Was sollte dieser Quatsch, was würde mit ihren Sachen passieren? Die Jeans verdreckt, verklebt, die Haare dazu. Das tut man nicht, Schweinerei, hörte sie sich selbst. Sie klang mit ihren Einwänden schon so wie ihre penible Mutter, deren Vorhaltungen wollten einfach nicht aus ihrem Kopf verschwinden. Umso heftiger widersprach Paula nun der störenden Stimme, der leichte Schwips half ihr dabei: Wenn das Fett nicht rausgeht, wasch ich mir halt die Haare, werf die Klamotten weg. Bin ich blöde und mache hier wieder nicht mit?

Die Mutterstimme blieb weiter gegenwärtig, bat sie nach unten in ihre Obhut. »Leck mich!«, raunzte Paula.

Die Heizung war hoch eingestellt, bald tanzten die Jungen mit bloßem Oberkörper und die Mädchen im BH, die Türen zu den unteren Stockwerken wurden zugesperrt, die Musik immer lauter, alle lachten oder kreischten, tanzten und tranken viel.

Das Mädchen von der Bar rieb Paula nun mit etwas Butter die Wangen ein, dann die Lippen, den Hals und rief laut: »Habt ihr ihre Haare gesehen? Die sind echt.«

Paula schauderte, zwei andere rieben ihre Halswirbel fettig und das Schlüsselbein, bis sie endlich grinste. Es war zärtlich und schön. Die Jugendlichen spielten nun haltlos mit Lebensmitteln, als hätte man sich schon den ganzen Abend darauf gefreut. Ein Junge kippte Paula übermütig Mousse au Chocolat in die Jeans – sie kreischte auf, alle küssten sich, Mädchen und Jungen durcheinander. So steif es bisher bei ihr daheim gewesen war, so kurios war es nun hier, beinahe unwirklich. Als wäre es eine Nacht, wie man sie sonst nur im Kino sah, in einem Film, den sie nicht hätte sehen dürfen. Und jetzt erlebte sie es, spürte Zucker-süßes im Mund, warme Hände auf ihrem Körper, sie träumte das nicht bloß und konnte es doch nicht glauben, es fühlte sich berauschend an. Die letzten Kleidungsstücke wurden in die Ecke geworfen, weil sie fettig, versifft oder nass waren, ihre Wäsche behielten die meisten an. Sie nahmen noch mehr Butter, ganze Schüsseln voll, und schmierten einander komplett ein. Endlich war Paula mittendrin, wie hatte sie die Gleichaltrigen vermisst. Keine Freunde ihr Leben lang, was für ein Wahnsinn. Das wird sich ändern, wenn ich zurück bin, schwor sie sich.

Ein Rothaariger mit braunen Sommersprossen riss nun Daunenkissen auf, alles war vorbereitet, er hatte diese Idee gehabt. Schlug sie lachend gegen die Wand, traf die anderen damit, beschüttete sie mit Federn. Die blieben an der Butterhaut kleben, die Jugendlichen sahen aus wie gerade geschlüpfte Spatzen oder zerzauste Schwäne, tanzten eng, zu zweit, dritt, viert, legten sich gebuttert und gefedert zu den Essensresten, schmausten die Reste, landeten in dunklen Ecken, tranken weiter oder schliefen still.

Paula wurde von einem dünnen Jungen mit Zahnspange beschmust, gleichzeitig streichelte ein größerer mit Gangstergesicht und dichten schwarzen Augenbrauen ihren Rücken, ein Mädchen steckte ihr aus Spaß saure Gurken zwischen die Zehen, irgendwer knabberte sie dort wieder weg. Paula betrank sich, schlief zwischendurch wohl mal ein, wachte unter Decken auf, in den Armen von vielen. Ihre Blutbläschen blubberten. Sie war in nur einer Nacht erwachsen geworden, Energie Cottbus sei Dank.

Zuerst hatte es sich angefühlt, als sei sie in einen Strudel gekommen, wie das manchmal in der Schule passierte, wenn zu viele Schüler gleichzeitig in einen Klassenraum drängten. Sie hatte solche Momente tatsächlich genossen und sich gern anrempeln lassen, ja, sie war sogar in Kaufhäuser gegangen, um absichtlich mit Menschen zusammenzustoßen, weil sie die Haut der anderen einfach brauchte. Paula hätte sich verprügeln lassen, nur damit irgendwer sie berührte. Sie litt unter den hysterischen Warnungen ihrer Eltern, niemanden in ihre Nähe kommen zu lassen. Draußen ließ sie sich darum zum Trotz von Brennnesseln reizen, sie provozierte sogar kleine Hunde, mal zuzuschnappen, oder sie lief im Winter barfuß über den gefrorenen Rasen, wenn keiner es sah.

Bei diesem Fest waren die Jungen aufgeregter als im Gedränge vor dem Klassenzimmer, schienen fortzuwollen und blieben doch da, umarmten die Mädchen, griffen zu, ließen es, scherzten.

Der Alkoholrausch hatte das Spiel mit Fett und Federn angenehm und langsam geschehen lassen, geradezu zeitlupengleich, niemand wollte ernsthaft von einem Bestimmten anderen was, sie waren bloß ein schwitzendes Menschenknäuel, in dem alle miteinander spielten und sich gehen ließen, hier ein Oberschenkel, dort eine nackte Brust, die Federn kitzelten oder pikten angenehm und lenkten ab. Nichts Frivoles, eher eine harmlose Rangelei, bei der nahezu alle Jungs wie im Vorübergehen ein paar Tropfen verloren, was nicht weiter auffiel. Kein Mädchen hatte sich davon belästigt gefühlt. Es war eh alles glitschig von übergeschwappten Getränken, Schweiß und Spucke.

Irgendwann war man vom Feiern ins Schlafen gekommen, die Kissen hatten sich in Luft aufgelöst, die Decken lagen drunter und drüber. Und Paula war so glücklich wie nie zuvor.

Am darauffolgenden Morgen schreckten die Erzieherinnen mit pochenden Kopfschmerzen hoch, räumten das Dachgeschoss auf, spülten selbst die leeren Flaschen, damit niemand den Alkohol darin riechen konnte. Dann weckten sie die Jugendlichen, die in kleinen Gruppen eng aneinandergeschmiegt lagen, schickten einen nach dem anderen unter die Dusche, damit Butter und Federn von ihnen runterkamen.

Paula tat das kühle Wasser gut, sie feixte mit den anderen Mädchen, wer wie viel getrunken, wer wann die Besinnung verloren oder gekotzt hatte. Ihr war übel vom Rausch, sie tauschte Klingeltöne, vergaß allerdings, die Telefonnummern der anderen zu erfragen und war verblüfft, dass außerhalb ihres Elternhauses das Leben stürmte, statt zu plätschern. Dass sie endlich mal dabei war statt bloß außen vor. So fiel sie gewaschen und gekämmt, aber doch zitternd schwach in die Arme ihrer Mutter, die mit dem Vater in einem Hotel übernachtet hatte und nun kam, die Tochter abzuholen. Noch nie hatten sie eine so gelöste Paula gesehen.

»Was ist denn geschehen?«

»Die Luft ist hier schöner als bei uns, finde ich.«

»In Cottbus?«, fragte die Mutter mit hoher Stimme. »Ausgerechnet die Luft?« Und dann der erste Tadel: »Du hast ja Federn hinter den Ohren.«

Paula kicherte: »Ich bin eben erst geschlüpft, ein Spatz, ein Schwan.«

Auf der Rückfahrt nach Dresden hatte sie ihren Eltern einige Mitteilungen zu machen. Erstens werde sie nicht mehr zum Ballett gehen und auch nicht mehr Geige spielen, das Gehopse und Gekratze widere sie an. Zweitens interessiere sie sich für Breakdance.

Sofort legten die Eltern los, wen sie hier kannten und dort bezahlen würden, Trainer und Konsorten, wollten alles organisieren.

»Ich mach das, ich kümmer mich darum«, unterbrach Paula sie.

Ihre Mutter warnte: »Warum nicht gleich, du darfst keine Zeit verlieren.«

Sie gähnte: »Ich habe Zeit, Jahrzehnte mehr als du.«

»Ich bin doch noch jung!«, protestierte die Frau Mitte fünfzig.

»Pah, das bist du nicht.«

Der Vater verkniff sich ein Grinsen. Seine Gattin inspizierte ihre Haut im Kosmetikspiegel der Sonnenblende.

»Ich bin nicht alt!«

»Natürlich nicht, Liebes, du siehst prächtig aus. Aber aus

der Sicht eines Teenagers bist du natürlich trotzdem nicht jung.«

»Sicher bin ich das, meine Mutter sah in meinem Alter aus wie eine alte Frau.«

Paula saß versunken auf dem Rücksitz des Wagens und malte sich mit dem Zeigefinger auf die Stirn, streichelte sich selbst die Wange und fuhr mehrere Male ihre Lippen entlang, um sich an die Berührungen der Nacht zu erinnern. Ihre Mutter suchte sich abzulenken, zugleich verunsicherten sie längere Pausen in der Konversation, also fragte sie nach hinten: »An was denkst du?«

»Nichts.«

»Erzähl doch mal, was habt ihr gemacht da oben?«

»Ich bin müde.«

Sie hatte mitgemacht, andere berührt, den Hals eines Jungen geküsst, den Busen eines Mädchens auch, es zwischen den Beinen gestreichelt, hatte kreuz und quer gelegen.

Mag ich nun Jungs oder Mädchen, dachte sie.

»Tanzt man heute noch eng?« Die Mutter wurde keck. »Bei uns war das so, und da haben die Jungs ihre Knie …«

»Grete, ich bitte dich«, wurde sie von ihrem Ehemann gestoppt.

Eine dieser verzwickten Zellen irgendeines Jungen muss außerordentlich beweglich gewesen sein, der windige Duftrezeptor OR1D2 bzw. hOR17-4 könnte dabei geholfen haben, bis heute weiß die Wissenschaft noch immer nicht genau, wie so ein Zappelphilipp sein Pendant aufspürt. Zwei Membranen waren ausgerechnet in Paulas Körper verschmolzen, erreichten mehrfach geteilt ihre Gebärmutter und nisteten sich irgendwann während des Unterrichts geräuschlos ein – nach vorherrschender Meinung begann in diesem Moment eine Schwangerschaft.

Paula beobachtete ihren Körper nicht, sie tuschelte mit keiner Freundin über ihre Tage, wie sie waren, stark oder nicht, ob Tampon oder Binde, ob sie kamen oder gingen, wehtaten oder passabel waren. Ob sie was mit einem Jungen hatte und wie es gewesen war, wie man ein Gummi benutzt und dass es platzen kann, wenn zu viel Butter im Spiel ist. Oder dass es eine Pille danach gab, die man vom Arzt verschrieben bekam, ohne dass die Eltern davon erfuhren.

Und weil sie keine solche Freundin hatte, hätte Paula schon gar nicht gewusst, wo man unerkannt einen Schwangerschaftstest erwerben konnte und wie man ihn benutzte. Gemeinsam auf dem Klo warten, hinstarren, erschrecken und schließlich aufschreien vor Freude oder Schreck. Hand in Hand zur Beratung gehen, keine Vorwürfe hören, den Eingriff überstehen, sich vor Kummer gemeinsam betrinken, weiterweinen und sich schwören, das nie wieder erleben zu wollen.

Paula bekam ihre Tage nicht, beinahe war es ihr recht und angenehm, einige Zeit von dieser Malaise befreit zu sein. Weshalb hätte sie befürchten sollen, dass was nicht stimmte, geschweige denn, sich auf eine Schwangerschaft testen – sie hatte ja nicht mal Sex gehabt.

Einige Wochen später war ihr speiübel, sie war oft müde, schlief sogar mitten am Tag im Sanitätsraum der Schule.

»Gehst du zu spät ins Bett?«, fragte die Schulsekretärin.

»Mir ist bloß ein bisschen schlecht.«

»Hast du deine Tage?«

Paula schüttelte den Kopf, sagte aber: »Ja.«

»Siehst du, das wirds sein.«

Ihr Kinderarzt untersuchte sie turnusgemäß und stellte fest, dass ihre Lunge nicht entzündet war. »Das ist schon mal gut.«

»Toll«, lächelte Paula matt. Sie hätte ihm berichten können, dass sie spucken musste, wie ihre Mutter das seit Jahren nach den Mahlzeiten tat. Doch über Essen im Klo sprach man nicht, das war in der Familie unausgesprochen abgemacht. Also erwähnte sie dem Arzt gegenüber nichts vom Magen, den er hätte untersuchen können, und bat ihn auch nicht, die Mutter mal zu fragen, weshalb sie so dünn blieb.

Weihnachten war wie immer, alles der Reihe nach und genau wie die Jahre davor, jedes Dekorationsstück im Haus am selben Platz und jedes Ritual zur gleichen Zeit: Adventskonzert, grauenhafter Kabeljau, der niemandem schmeckte, aber Tradition war. Eine Krippe im Flur, obwohl keiner im Haus glaubte, dass ein Heiland im Stall geboren war. Riesiger roter Herrnhuter Stern im Fenster, von innen beleuchtet. Jeder Elbschiffer konnte ihn vom Fluss aus oben am Hang strahlen sehen, er blieb exakt bis zum sechsten Januar des neuen Jahres hängen. Keine Silvesterfeier im Haus, sondern im Hotel, das Seminar der Universität lud dazu ein. Dort kicherten auch in diesem Jahr die herausgeputzten Gattinnen, die Paula umarmen musste. In früheren Jahren hatten noch deren Kinder mitgefeiert, nun fehlten diese Jugendlichen, weil sie sich erfolgreich geweigert hatten, mit ihren Eltern zu feiern.

»Es ist das letzte Mal, dass ich hier mitgehe!«

»Was willst du denn stattdessen tun?«

Paula blieb die Antwort schuldig, am liebsten hätte sie in Cottbus gefeiert, obwohl sie nicht mal wusste, ob jemand dort eine Party veranstaltete.

Anfang des Jahres stellte sie die Möbel in ihrem Zimmer um, ab Februar verhielt sie sich daheim, als habe sie ein Schweigegelübde abgelegt.

»Teenager sind so«, beruhigten sich die Eltern gegenseitig.

Im März strotzte Paula vor guter Laune, mit einem Mal liebte sie Montage und verabscheute Freitage, fand Rote Bete köstlich und wollte keine Lakritze mehr, sie nuckelte wieder am Daumen, kuschelte sich ins Bett ihrer Eltern und schlief zwischen ihnen ein. Die waren beglückt, dass Paula für eine Nacht mal wieder ihr Kindchen war, wenngleich sie anmerkten, dass sie fülliger geworden war. Der Vater nannte es liebevoll Babyspeck, wie treffend.

»Wirds nicht ein wenig zu viel?«, fragte die Mutter.

»Und du?«, fauchte ihre Tochter beleidigt zurück. »Bist du nicht ein wenig zu dünn?«

»Ich finde Fett an der Taille unattraktiv.«

»Und ich finde deinen knochigen Körper nicht schön.«

»Wie putzig, man kommt in die Flegeljahre.«

»Ich will einfach nur so sein, wie ich bin.«

»Das kannst du ja, aber warum so prall?«

Von da an legte sich Paula nicht mehr zu den Eltern ins Bett, zeigte sich nicht mal in Nachtwäsche, trug weite Kleidung und verbat ihnen jeden Kommentar zu ihrem Aussehen. Sie aß mit Enthusiasmus Äpfel, Nüsse, trank Milch und liebte Gebäck, schlief gut, träumte wunderschön und erinnerte sich am Morgen an nichts. Weinte manchmal glücklich ohne Grund und lächelte selbst im

Mathematikunterricht versonnen vor sich hin. Sie war unerklärlich zufrieden wie nie zuvor.

»Was gibts zu grinsen?«, fragte der Lehrer angesichts einer Kurvendiskussion.

Paula antwortete freundlich: »Ihre Graphen sind so schön.«

Die Klasse lachte.

Im Frühjahr bekam sie ihre Jeans nicht mehr zu, von nun an zog sie Jogginghosen an.

»Kind, ist das nicht schäbig?«

»Mama, das ist Trend, Madonna trägt sie auch.«

»Wirklich?«

»Kaschmir-Seide-Gemisch.«

»Ach. Möchtest du so eine?«

»Gern.«

»Dann hole ich mir gleich eine mit, da wird meine Kaffeerunde staunen.«

»Du bist peinlich.«

»Madonna vielleicht nicht?«

Nun lächelte Paula sie tatsächlich mal an: »Da hast du recht, die macht auf Mädchen und könnte Oma sein.«

Ihre Mutter rollte mit den Augen: »Oma, jetzt übertreibst du aber!«

»Das willst du nie sein, oder?«

»Ich meine, das ist doch keine Welt mehr für Nachkommen, wer will hier in hundert Jahren noch leben?«

»Ich?«

»Ja, armes Kind. Leicht wird das nicht.«

Ihr Zustand blieb Paula selbst dann verborgen, als jemand von innen gegen die Bauchdecke trat. Sie wunderte sich, es war deutlich zu spüren und von außen als Beule zu erkennen. Sie dachte an zu viel Cola oder an eine Krankheit, die sich so zeigte, ein Geschwür würde das sein. Den Gedanken, mit dem das zu erklären war, wollte sie nicht denken.

Als es nicht mehr zu verstecken war, reiste sie einfach ab. Abhauen ist genau die richtige Lösung, eine super Lösung, dachte sie.

Inzwischen schleppte sie sich über Feldwege, fand Obdach in Heuschobern, aß in fremden Gärten, sagte nichts, wenn sie angesprochen wurde, ging einfach weiter. Sie wurde immer schwerer, wankte schon breitbeinig – die Fußgelenke dick geschwollen –, und dennoch hielt sie beinahe trotzig daran fest, sie brauche im Moment genau dieses Vagabundenleben. In einer Gegend, wo keiner sie kannte. Bis sie ihre Beschwerde ablegen würde, wie man seine ausgediente Jacke im Zug liegen lässt.

HAUS UND HÜTTE

Galle war ein besonders aufmerksamer Mann. Er dankte zum Beispiel den Holzplanken unter seinen Füßen, die ihn schon zeitlebens so fürsorglich trugen. Eben schritt er über seine Veranda und begrüßte mit einem freundlichen Nicken den angenehmen Schatten unter der Markise, als sei er sein Gast.

Er stellte behutsam ein Glas Orangensaft ab, das er aus der Küche mitgebracht hatte, setzte sich in einen abgewetzten Korbsessel und genoss dessen Stabilität. Eben noch, bemerkte er wach, war er gehend dort, nun befand er sich sitzend hier; nichts war herrlicher, als auf dem Weg zu sein, keine Strecke war wunderbarer als die vom Kühlschrank in die Sommerluft.

Jeden einzelnen Schluck Saft widmete er zuerst den netten Leuten, die die Orangen geerntet, dann denen, die die Früchte gepresst, schließlich den Männern und Frauen auf Containerschiffen, die den Transport über die Meere bewältigt hatten, und zuletzt den eifrigen Leuten, die den Saft in Regale stellten, damit er ihn dort finden und kaufen konnte. Er stieß sogar mit sich selbst auf die reichen Männer an, die jene Filialen besaßen, in denen er den Saft billig erwarb. Mochten sie lange leben und danach ihr Vermögen den Armen zuteilwerden lassen, die die Orangen für einen

Hungerlohn hatten pflücken müssen. Das zu denken war er imstande, bloß das Aussprechen gelang nicht mehr.

Er war gern mit seinen Gedanken bei den Hilfsbedürftigen. Umso interessierter beobachtete er jetzt eine unbekannte Gestalt, die vom Wald her kam und sich Richtung Dorf bewegte, den Kopf gesenkt, der Schritt schwerfällig, gestützt auf einen dicken Ast. Galle stellte sein Glas ab und rührte sich nicht, im Schatten war er gut verborgen. Das Mädchen näherte sich seiner Hecke und nahm zuerst zögernd, dann überaus gierig von seinen Himbeeren. Pflückte mit beiden Händen und stopfte die süßen Früchte in ihren Mund. Galle hielt beinahe die Luft an, bewegte sich keinen Zentimeter und beobachtete gespannt die Gestalt. Sie legte ihre Hand immer wieder an den Rücken und rieb sich den Lendenwirbel, der zu schmerzen schien. Unterbrach ihr Essen und lauschte ängstlich, ob jemand sie zu verjagen drohte. Nachdem sie augenscheinlich satt war, ging sie weiter bis zur alten Grillhütte und verschwand darin.

Galle wartete eine halbe Stunde, nichts geschah. Dann stand er vorsichtig auf, näherte sich schleichend der Hütte, lugte hinein und sah die junge Frau auf der harten Bank schlafen. Er betrachtete sie: Ihr Atem klang wie ein leises Stöhnen, sie roch schlecht. Er betrachtete ihren Bauch, der neben ihr zu liegen schien wie ein Gepäckstück, das an ihr festgewachsen war.

Er schlich wieder hinaus, drückte sich mit dem Rücken an die Wand und dachte nach, wie nur einer denken kann, der lange nicht mehr hat denken wollen. Wenn er nichts tat, wenn er nicht sprach, wenn er nicht die Augen offen hielt, dann würde es diesem Lebewesen bald übel ergehen.

Es handelte sich hier um eine Frau in einer Situation, in der sie beste Pflege, Sauberkeit und, ja, eine Apotheke brauchte. Genau, das wars. Schnell rannte Galle hinunter ins Dorf.

Paula öffnete die Augen, als die fremden Schritte verklangen. Sie hatte den Atem dieses Menschen gespürt, hatte stillgehalten, sich schlafend gestellt. Sie wollte allein bleiben, sie kannte die Gefahr nicht, die ihr bevorstand, hatte nie ein Unglück erlebt, keine Komplikation. Nur noch wenige Tage, redete sie sich ein. Sie hatte ja Eltern, die sie auf Händen trugen, sie musste bloß die Zähne zusammenbeißen. Daheim gab es den vollen Kühlschrank, die Haushälterin, das Essen auf dem Tisch, die Aussicht auf die Elbe. Am Ende war das Implantat doch erträglicher als der Fremdkörper, der nun in ihr lag. Sie erhob sich schwerfällig, machte sich davon, am liebsten sofort nach Dresden, auf den Stock gestützt zu ihren Eltern zurück.

Er hatte noch heftiger geglotzt und gezappelt als üblich, der Apotheker verschloss deshalb eilig sein Geschäft und lief hastig hinter ihm den Weg hinauf. Kurz vor der Grillhütte hielt sich Galle den Zeigefinger vor die Lippen, schlich sich an, lugte hinein, doch die Bank war verwaist.

»Was ist denn hier gewesen?«, fragte der Apotheker.

In Galles Film war Scarlett eben in Ohnmacht gefallen, ihr Arzt hatte gesungen, schwanger sei prächtig. Er mochte das nun nicht nachplappern, hier war jemand in Lebensgefahr, und er hätte das gern berichtet, fand aber die Worte dafür nicht, schüttelte bloß den Kopf.

»Falscher Alarm?« Der Apotheker klopfte ihm beruhigend auf die Schulter und ging zurück nach Hause.

Galle beobachtete noch für Stunden das weitläufige Gelände, Felder und Wege, fand aber nichts von dem, was er dem Apotheker hatte anvertrauen wollen.

Paulas Atem war inzwischen kurz und flach, die Augen brannten, alles an ihr war schmutzig. Sie musste was riskieren, um eine Zuflucht zu finden. Von einem Feldweg, der am Ortsrand entlangführte, beobachtete sie die Häuser und fragte sich, welches womöglich leer stand, wer wohl auf Urlaubsreise war, und tatsächlich schien eines verwaist. Paula schlich sich an, keine Menschengeräusche, und die rückwärtige Tür war nicht mal verschlossen. Sie ging hinein, eilte zum Kühlschrank, riss Käse und Wurst an sich und stopfte sie sich abwechselnd in den Mund, trank Wasser direkt aus dem Hahn. Im Keller fand sie ungewöhnlich viele Dosen ohne Etiketten, aber in der Küche war leicht ein Öffner zu finden. Zuerst erwischte sie Pfirsiche, dann mal herrliche Bohnen, die noch leckerer schmeckten, verschlang die grünen Stangen wie andere Leute Pommes frites. Im ersten Stock war ein Bad, Handtücher lagen bereit, im Zimmer daneben stand ein frisch gemachtes Bett, wie für sie gemacht, sie war unendlich froh.

In der alten Hütte in der Plantage war die Luft so dick, dass Annie den Staub mit Händen hätte greifen können, sie öffnete beide Fenster und schaute sich um: Im vorderen Teil hingen Kleidungsstücke von Vorfahren an der Wand, Feldklamotten und Filzhüte, und eine Schubkarre mit platten Reifen stand im Weg. Die Wand gegenüber der Tür war frei, dort würde sie das Bett von draußen hinstellen, weil sie über Nacht dann doch den Schutz von vier Wänden brauchte. Sie wollte von nun an in der Plantage übernachten, umgeben von vertrauten Kirschbäumen. Das leere Haus im Dorf war ihr nicht mehr geheuer.

Der Raum diente seit Jahrzehnten als Geräteschuppen, im hinteren Teil lagen deshalb jede Menge spitze Hacken, Heugabeln und Sensen in verschiedenen Größen kreuz und quer herum, manche unbrauchbar geworden, alt und stumpf, andere passabel. Es roch nach Katzennest und Heu, dazu nach Stickstoffdünger, der in aufgerissenen Tüten herumstand. Sie wollte die Hütte wohnlich machen, solange es noch hell war. Sie räumte vieles hinaus, hängte die gefährlich scharfen Sensen vorsichtig in die Baumkronen, stellte die Düngersäcke außen an die Nordwand, schob die Schubkarre und anderes sperriges Zeug davor und deckte alles mit einer riesigen Plastikplane ab, damit der Regen nichts zerstörte oder verdarb.

Zum Schluss kehrte Annie die Hütte gründlich aus und schob ihr Metallbett mit dem Heu hinein, wollte sich ausruhen, setzte sich auf die Matratze. Die alte Kommode aus massivem Holz ließ sie stehen, die war zu schwer und dadurch unverrückbar. In der oberen Schublade fand sie Kerzen und Streichhölzer, was ein Glück war, sie hatte kein elektrisches Licht hier, und es dämmerte inzwischen. Weit entfernt hörte sie einen Hund bellen. Sie legte sich aufs Bett, es knarzte; ihr ging durch den Kopf, dass sie die Scharniere mal ölen könnte. Sie behielt ihre Kleidung an, häufelte Heu über sich und pustete die Kerzen aus.

Die Grillen zirpten bereits, und Annie war überwältigt von dieser neuen Situation, nachts draußen allein, daheim auch kein Mensch mehr, den man hätte hinzuziehen können, wenn etwas geschah.

Sie hatte nicht damit gerechnet, dass sie sich ängstigen würde, doch nun fehlte ihr das elektrische Licht gewaltig, der Mond war nur ein krummer, schlapper Strich am Himmel, den sie durch das kleine Fenster sah, bevor ihr die Augen zufielen. Die Bäume, die ihr seit Jahren vertraut waren, schienen im Dunkeln düstere Gespenster zu werden, die sich aus der Erde fortrissen wie Hunde von Ketten und losstürmten, vielleicht den Staren hinterher. Ihre blühende Fantasie machte alles noch schlimmer. Jedes Knacken weckte sie. Ein Rascheln wurde zum Schritt einer Mörderin, alte Hexen ritten eben in Annies Halbschlaf auf geschorenen Schafen zwischen den Baumreihen entlang. Im Schutz der Dunkelheit suchten sie knackfrische Mädchen, um sie auszulutschen oder sich ihr Blut ins Gesicht zu schmieren, um davon jünger zu werden. Nun kroch der Mathelehrer nackt durch die Erde, Unwesen pickten ihm die Gliedmaßen ab und teilten den Rumpf mit riesigen Scheren wie Regenwürmer. Danach träumte sie von Ulm, obwohl sie diese Stadt nicht mal kannte. Neben einem Hotel stand ein Holzstoß, der plötzlich umfiel. In dieser ersten Nacht schlief sie kaum, und als sie am Morgen schweißnass erwachte, fragte sie sich, was der ganze Unsinn sollte.

Jetzt verstand sie endlich die scheuen Eichhörnchen, die drei Viertel ihrer Zeit damit verbrachten, sich nach Feinden umzusehen, ihre Ohren zu spitzen und zu horchen. Sie lag hier draußen wie ein Bratenstück für jeden Wildgewordenen und konnte sich beängstigend genau vorstellen, wie solch ein Verbrecher sie fraß.

Annie sehnte sich nun doch nach den schützenden Mauern daheim, nach Nette und Opa. Beide hatten sie trotz all ihren Zankereien fest im Arm gehalten, wenn sie nachts weinen musste, hatten sie umsorgt, wenn sie krank gewesen war, daran erinnerte sie sich jetzt. Hier draußen war dagegen niemand, plötzlich vermisste Annie sogar Nettes Wüten und Heulen. Das war alles in allem besser, als gar keine Mutter in der Nähe zu haben.

Ein Geräusch! War das eben ein Kratzen am Holz? Ein Rascheln. Tatsächlich, etwas strich an ihrer Haut entlang.

»Ja, seid ihr denn verrückt?«

Die beiden Katzen nur, Annie war erleichtert, sie steckte ihre Nase in ihr Fell, atmete den Geruch ein, fühlte das kleine Herz klopfen, die Wärme. So kuschelten sie sich aneinander und schliefen gemeinsam ein.

Am frühen Morgen schob Annie die dösenden Freunde vorsichtig zur Seite, stand auf, schlurfte vor die Tür und reckte sich genüsslich. Ein wenig Dunst lag über dem Boden, längst kein Nebel, bloß ein Schleier, das Gras war feucht, Schnecken krochen darin herum oder waren auf Halme und Steinchen geklettert, die Luft war schön kühl und würzig. Annie atmete mehrere Male tief ein, dieser morgendliche feuchte Geruch war einfach wunderbar. Und das alles gab es nur um diese Uhrzeit im Sommer auf dem Land, Städter und Langschläfer erlebten es nie. Etwas abseits hockte sie sich ins Gras, verrichtete ihr Geschäft und lauschte dabei den Vögeln, die allerschönste Lieder sangen. Einer klopfte schnell, ein anderer schien zu lachen wie eine alte Frau, ein Dritter pfiff mehrmals schrill, machte eine Pause, horchte womöglich, ob jemand antwortete, und versuchte es wieder. Ein weiterer klang, als schüttelte man eine Bettdecke aus. Schüchtern fragten die einen, aufdringlich antworteten die anderen. Annie rupfte ein Büschel feuchtfrisches Gras aus und reinigte damit ihren Po, ging zum Bach hinüber, zog ihre Kleidung aus und wusch sich, obwohl es kalt war. Eine Zahnbürste hatte sie noch nicht hier, einen Jogginganzug brauchte sie ebenfalls, wenn es mal kühler würde, auch eine Decke wollte sie aus dem Haus herbringen, ein Spiegel im Baum wäre schön.

Das Radio und Opas Husten fehlten hier, die Klospülung wurde nicht betätigt, und keine Nette kochte Kaffee, Annie hörte nur sich selbst, wie sie ging und atmete und manchmal blähte, ohne dass es irgendjemanden störte. Das war ein klarer Vorteil des Alleinseins, man musste sich für nichts genieren. Vielleicht würde man, dachte sie, wenn man jahrelang so allein blieb, mit der Zeit alles Anständige verlieren, mit den Händen essen und schließlich gar das Sprechen verlernen. Sie wünschte sich darum höflich einen *Guten Morgen* und würde sich später wohl auch *Schlaf gut* sagen, um zumindest mit sich selbst in guter Gesellschaft zu sein.

Annie frühstückte einige Handvoll Kirschen, spuckte die Kerne so weit sie konnte und ging zurück ins Dorf. Daheim im Haus war alles still, sie durchwühlte den Kühlschrank und fand nichts Essbares mehr darin, was sie irritierte und zugleich ärgerte. Sie war sich sicher gewesen, einen Vorrat an Käse und Wurst zu besitzen. Für einen Moment vergaß sie, dass sie verlassen worden war, klopfte laut an die Schlafzimmertür ihrer Mutter – soll sie einkaufen gehen! Es war sieben Uhr morgens, weshalb schlief sie noch? Erst dann fiel ihr ein, dass Nette fort war. Sie rieb sich die Stirn. Jetzt bloß nicht komisch werden, bläute sie sich ein, nicht die Nerven verlieren. Sie öffnete die Tür nicht, was sollte sie im leeren Zimmer ihrer Mutter? Sehnsucht kriegen? Tapfer machte sie kehrt, griff mürrisch eine Wolldecke vom Sofa und kehrte zu ihrer Hütte in der Plantage zurück.

Paula war von dem unerklärlichen Lärm beinahe zu Tode erschrocken. Sie dachte, dass die Person eintreten würde, doch nun hallten die Schritte die Treppe hinab und verschwanden ganz. Das Haus stand also nicht leer, wie hatte sie das auch erwarten können. Ich werde weiterziehen müssen, nahm sie sich vor. Aber Leib und Seele wehrten sich, sie hatte keine Kraft mehr, die Augen fielen ihr zu, sie schlief ein, wachte auf, schlief wieder ein. Ihr Muskel übte schon, zog sich zusammen und entspannte sich wieder. Ein weiteres Hin und Her.

BEGEGNUNG

Es gab eine Menge Typen im Ort, die an ihrer Stelle aufgehört hätten, in der öden Hütte zu leben. Nicht wegen der mangelnden Mutterliebe, sondern wegen des fehlenden Stroms da draußen. Annie war schon ihr Leben lang *Steinzeit*, wie Fritzi es nannte, las die Uhrzeit am Sonnenstand ab und erfuhr die Neuigkeiten aus einer alten Zeitung. Die Jugendlichen im Ort dagegen waren seit Jahren vernetzt, doch sie lasen online keine Neuigkeiten, sondern entwickelten mit Übereifer in ihren Allianzen strategische Schlachtpläne und ließen Erz aus Bergwerken fördern oder spielten sich mit Göttern und Killern geistesarm, saßen drei Viertel eines Tages vor Bildschirmen, aßen die von Müttern angeschleppten Teller leer und tranken Cola oder Sauerstoffwasser, um nicht müde vom Stuhl zu fallen. Wenn sie sich auf den Weg zur Schule machen mussten, weil das Gesetz sie zwang, hingen sie weiter am Kopfhörer und dröhnten sich die Musik ins Hirn. Annie hatte all diese Geräte nicht, aber nun, allein, wie sie war, ersehnte sie sich diese Zerstreuungen wie nie zuvor.

In ihrer zweiten Nacht in der Plantagenhütte schreckte sie hoch, hörte wieder Schritte, Gespräche, eine Männerstimme – keine Einbildung diesmal, keine Albträume. Ihr graute. Deutlich hörte sie das Kichern einer Frau. Menschen waren hinten am Feldweg, spazierten dort. Die Geräusche kamen näher, jemand machte sich an der Schuppentür zu schaffen. So schnell sie konnte, sprang Annie unters Bett, die Fremden kamen herein, die Katzen glitten eilig hinaus.

Eine Frau: »Wie das hier stinkt, wieso steht das Bett jetzt drin?«

Ein Mann: »Komm, egal, mach! Leg dich her.«

»Draußen war immer schöner.«

Annie erkannte die Stimme des Bäckers, der sich nun mit irgendwem in roten Schuhen auf ihr Bett warf. Der Platz darunter wurde bedenklich eng, ein Slip kam gefallen, die Cordhose des Bäckers hinterher, alles direkt vor ihrem Gesicht, nun ein kleines Plastikding, viereckig, nicht groß, mit Mundstück, wie eine Pfeife.

Die Frau beklagte sich ein zweites Mal: »Hier stinkts wie Sau!«

Dann schmatzten neue Küsse, das Bettgestell knarzte und quietschte. Der Bäcker schnaufte schon, stöhnte heftiger. Das alles war dem Mädchen nicht unbekannt, schon länger erforschte es die entsprechenden Geräusche der Erwachsenen. Man hörte sie auf Sommerwiesen, in Weizenfeldern, im hohen Schilf an den kleinen Tümpeln der Gegend, wenn man ein Ohr dafür hatte. Inzwischen kam der Mann in Fahrt. Mit der Bäckerin tat er es jedenfalls nicht, die trug keine roten Schuhe, sondern Latschen aus einem Geschäft, wo es auch Windeln für Erwachsene gab. Das Schnaufen klang Annies Ansicht nach nun beängstigend pfeifend und gehechelt; plötzlich fuhr der Bäcker hoch, stand barfuß neben dem Bett, schnappte verzweifelt nach Luft, suchte fluchend nach etwas, röchelte. Die Frau nörgelte, was denn los sei, verdammt. Unter ihnen wunderte Annie sich sehr, welche Flüche diese Person bei der Liebe ausstieß. Sie würde so etwas in dieser Situation sicher nicht sagen, was los sei und verdammt. Sie würde *Liebling, was ist mit dir?* fragen, wenn ihr armer Freund derart schnaufen musste.

Der Bäcker stürzte aus der Tür: »Hier müssen Katzen sein.«

Er kämpfte offensichtlich um sein Leben, bekam kaum Luft.

»Wo ist die Tröte?«, keuchte er.

Blitzschnell schob Annie das Plastikding neben den Slip, die Frau stand auf, schnappte sich ihr Höschen, zog sich an, die Schuhe hatte sie auch im Bett angelassen. Nun nahm sie endlich die Tröte in die Hand, die ihr Bettgenosse so dringend brauchte, drehte das Ding hin und her, betrachtete es und warf es tatsächlich wieder auf den Boden zurück. Annie hielt den Atem an: Sie wollte ihm nicht helfen! Stattdessen stöckelte sie hinaus und ging dem Bäcker gemächlich nach. Der stolperte bereits nach Hause – die Tür hatten die beiden offen gelassen.

Annie nahm sich fest vor, es anders zu machen, wenn sie mal eine Frau war. Sie wollte sich nicht in Schuppen lieben, sondern daheim und, wenn's möglich war, nicht mit einem fremden Bäcker, sondern mit ihrem eigenen Freund oder Mann, falls er nett und zärtlich war, das war Bedingung. Wenn nicht, so versprach sie sich, konnte er gehen.

Sie krabbelte unter dem Bett hervor, schloss die Tür und legte sich wieder hin – es dauerte lange, bis sie sich beruhigen konnte und einschlief. Das Kissen roch fremd.

Am nächsten Morgen machte Annie sich auf zum Bäcker. Der hatte die Sache überlebt, stand gesund hinter der Verkaufstheke. Wird daheim eine zweite Tröte gehabt haben, dachte Annie und murmelte ein *Gott sei Dank*. Er dagegen maulte sie sogleich an: »Deine Mutter ist fort, der Opa auch, keiner bezahlt, also raus hier, aber fix! Sonst ruf ich noch das Jugendamt, die sperren dich dann weg.«

Doch Annie war hungrig, musste etwas essen – der Butterkuchen duftete nach frischer Hefe, war mit Zucker und Mandeln belegt –, sie konnte sich keine Rücksicht leisten, legte deshalb wortlos die Tröte auf den Tresen und starrte den Bäcker an, wie sonst nur Galle starrte.

»Wo hast du die her?«

»Ich schlafe nicht immer daheim, sondern liege in Hütten unter Betten und warte auf Besuch.«

Der Bäcker sah sie kraftlos an, es war alles gesagt: »Nimm, was du magst: Brot, Kuchen, so viel du willst. Und dann schnell wieder ab, du kleiner Stinker, du. Riechst wie ein Hühnerstall.«

In diesem Moment ging die Ladentür auf, und die roten Schuhe stöckelten herein. Die Frau siezte den Bäcker und bat kühl um eine Unterschrift auf dem Lieferschein. Annie bewunderte, wie gut sie die Liebschaft verbergen konnte. Im selben Moment kam die Bäckerin aus der Backstube und sortierte die frischen Brote in die Regale.

»Ich hab so Hunger, lieber Onkel Bäcker«, sagte sie da mit kindlicher Stimme. »Bitte helfen Sie mir, solange ich in meiner Kirschplantage wohne, Sie kennen doch die Hütte dort, wo die Katzen wohnen.«

Die roten Schuhe grinsten breit, blickten von dem Mädchen zur Ehefrau und zurück zum allergischen Asthmatiker, der mürrisch dreinschaute, als hätten bloß die Katzen den gestrigen Abend verdorben. Die Dame verließ den Laden keuchend mit einem provozierenden Husten.

Nun wurde Annie dreist: »Ich habe jeden Tag Hunger.«

Da mischte sich die Bäckersfrau ein und bat ihren Mann: »Gib dem Mädchen was zu essen, Heinz. Seine Mutter ist durchgedreht, sein Opa ist durchgedreht, das Kind braucht jetzt jede Unterstützung!«

»Hätten Sie vielleicht auch ein Kofferradio mit Batterien übrig?«

Die Bäckerin sah sie mitleidig an: »Ja, Kind, wozu denn das?«

»Ich hätte gern Musik in der Hütte. Und Hörspiele. Ich fühle mich sonst so allein.«

Sie schüttelte den Kopf. »Wir haben keines.«

Annie wusste noch von ganz anderen Dingen als dem Keuchen des harmlosen Bäckers. Sie hatte dieses Thema nicht gewählt, es war ihr geradezu aufgedrängt worden. Wenn sie im Dschungel gelebt hätte zwischen Affen, wäre sie Affenforscherin geworden. Um sie herum gab es aber keine Affen, stattdessen aber jede Menge Befriedigung. So war sie Sammlerin von sexuellen Eigentümlichkeiten geworden. Ihr bester wissenschaftlicher Fund war der Vetter zweiten Grades vom Chef der Feuerwehr, der sich vorn eine weiße Bohne reingesteckt hatte. Annie hat diese Geschichte an der Bushaltestelle gehört, so was erzählte man sich da. Sie schrieb diese Dinge auf, sammelte Beweise, machte Fotos, wenn es möglich war. In diesem Fall war das aussichtslos, der Arzt wird es fotografiert haben, vermutete sie. Die Bohne konnte bloß ein Gerücht sein, das kursierte. Auch solche Ungereimtheiten notierte sie akribisch.

Das Problem dieses Vetters war jedenfalls angeblich, dass er die Bohne nicht mehr herausbekam. Sie entfaltete sich in seiner Wärme und Feuchtigkeit wie im Erdboden und keimte. Er musste große Schmerzen gehabt haben, ging aber vor Scham nicht zum Arzt. In nur vier Tagen rankte die Bohne nach draußen, er schleppte sich endlich doch ins Krankenhaus, wurde operiert, und nun fehlte ein Teil seiner Spitze.

Ihre Studien notierte Annie in ihrem Herbarium, das sie sich zu Zeiten angelegt hatte, als sie noch getrocknete Schafgarbe oder Kamillenblüten gesammelt hatte. Rechts blieben die Kräuter, links kamen ihre neuen Fundstücke hinein. Den Bäcker samt Allergie platzierte sie neben einem Wiesenschaumkraut. Auch ihr Bericht über den Kirschensex von Opa und Ninotschka war Teil ihrer Sammlung geworden, dieses Vorkommnis stand neben den Kirschblüten.

Sie hatte sich vorgestellt, dass Sex etwas war, das nach dem Küssen und Streicheln kommt und sich ganz gut anfühlt. Aber die Erwachsenen taten zur Erregung eher seltsame Dinge. Ein Fremder war kürzlich in die Schule eingedrungen und hatte den Jungen in der Umkleidekabine die Unterhosen gestohlen. Was, fragte sich Annie, wollte der Mann mit gebrauchten Unterhosen? Sie waschen? Von ihrem Chemielehrer erzählten die Leute, dass er statt zu schmusen lieber nackig den Fußboden putzte. Sie hatte beide Fälle im Buch mit Fragezeichen versehen, manche Fragen blieben für Forscher lange ungelöst, da musste man Geduld mitbringen, bis sich eine Antwort fand.

Ihre Biologielehrerin erzählte im Unterricht, Geschlechtsverkehr fände statt, wenn die Mama und der Papa sich lieb haben. Von welchem Papa sprach diese Lehrerin bei ihrer kindischen Aufklärung? Viele Schüler hatten keinen Papa, und trotzdem kamen immer mehr Kinder dazu. Annie war sich sicher, dass man von Unterhosen, Bohnen, Kirschsaft und Hausarbeit garantiert nicht schwanger wird. Sex war kein Ereignis, bei dem eine Biene sich einer Blume nähert. Fritzi kannte Videos online, bei denen die Biolehrerin vom Stuhl gekippt wäre, das Bienchen waren da drei Männer und die Blume ein armes geschundenes Schaf.

Das frische Gebäck in einer Papiertüte, schlenderte Annie gemütlich durch die Felder. Sie ging weiter als sonst, marschierte Kilometer bis zum Waldrand. Die dunklen Nadelbäume hatten ihr immer Angst eingeflößt, vielleicht weil die heimischen Märchen besonders grausam waren. Opa hatte ihr erzählt, dass die Jäger wild um sich ballerten und häufiger Haushunde, Katzen und Kinder trafen, als Wildschweine schossen. Außerdem blieb der Waldboden selbst im Sommer gelegentlich sumpfig, vor allem aber fehlte hier zwischen den Bäumen der weite Blick, den ihr die harmlosen Felder boten. In der ordentlich aufgereihten Plantage sah man das Böse von Weitem kommen und hatte genügend Zeit zu fliehen, im Wald aber konnte jemand hinter den dicken Stämmen oder im Dickicht lauern. Annie blieb darum in gehörigem Abstand vor den Tannen stehen, lugte ins Unterholz und schnupperte die würzige und kühle Luft. Das Sonnenlicht blinzelte hier statt zu brennen. Dennoch kam ihr der Wald gar nicht mehr so unheimlich vor, wie sie ihn als Kind empfunden hatte.

In dem fast reifen Weizenfeld dann, wenige Meter weiter, rekelte sie sich, streckte genüsslich ihre Arme und Beine aus. Die Erde war von der Sonne aufgeheizt, wärmte ihren Rücken, die Ähren um sie herum wiegten hin und her. Die Wiese daneben hatte man Tage zuvor gemäht, das Gras war aufgehäuft und duftete schon nach Heu. Hier aß sie ihren Kuchen, einen ganzen herrlichen Mohnstriezel. Schöner konnte das Leben nicht sein.

Annie würde hier nicht liegen, wenn es kein Weizen wäre, dieses Getreide war weich. Nie legte sie sich auf Gerstenstroh, weil die Ähren lange harte Haare hatten, die durch die Kleidung drangen und die Haut übel pikten. Roggen kratzte dagegen nur etwas. Grundsätzlich musste man sich vorher im Klaren darüber sein, wohin man sich legte. Annie taten alle Leute leid, die sich falsch betteten und es im Leben unbequemer hatten als nötig.

ERNTEHELFER

Fünfzehnhundert Bäume abzuernten war für Annie kein Problem, sie benötigte dafür bloß eine Schüttelmaschine: Zuerst schob man damit eine riesige Kunststoffplane oder ein Leinentuch unter jeden einzelnen Baum, dann packte ein Greifarm den Stamm, und ein starker Motor schüttelte so kräftig, bis die Früchte auf die Unterlage fielen. Dazu viele Blätter und einzelne Ästchen, die später mit einem starken Gebläse fortgeweht wurden. Annie liebte die außergewöhnliche Kraft dieser Maschine und spürte maßlose Lust, auf dieselbe Weise mal das Herz ihrer Mutter oder das Hirn ihres Opas gehörig durchzurütteln, damit sie das Verreisen ließen.

Pro Baum dauerte es nicht länger als zwei Minuten, und er war abgeerntet, aber auch völlig verstört, und brauchte viele Monate, um sich zu erholen. Auf diese Art geerntete Bäume starben deutlich früher als die von Hand gepflückten, doch man sparte Arbeitslohn, und die Ernte war zügig erledigt.

Der einzige Besitzer einer Rüttelmaschine im gesamten Landkreis war Annies Onkel Hans, der seine Geräte gegen hohe Gebühren allen Plantagenbesitzern in der Umgebung anbot. Annie traf ihn in seiner Garage an, die so groß war wie anderer Leute Wohnungen. Alles an diesem Mann war riesig, er selbst ganze zwei Meter groß und gehörig dick dazu. Mit Obst aufgewogen, wäre sein Gewicht auf dem Markt eine Menge wert gewesen.

Sie stellte sich beinahe gebeugt vor ihn hin, um ihre Bitte zu unterstreichen: »Guten Tag, Onkel Hans, ich wollte …«

Er popelte in seiner Nase, während er sprach: »Deine Mutter ist durchgedreht, hab ich gehört.«

»Sie macht bloß eine Schreikur, wegen der Lunge. Ich wollte …«

»Ich hab gehört, dein Opa ist auch durchgedreht«, unterbrach er sie erneut, nahm sich jetzt die Ohren vor, reinigte sie mit der Spitze seines kleinen Fingers.

»Der ist mit seiner Freundin in Urlaub, weil er so friert. Es geht um …«

Der Onkel lachte schrill: »In seinem Alter! Soll ja ein schöner Tod sein mit so 'm jungen Ding. Aber 'ne Ausländerin, pfui Deiwel. Ihr seid mir vielleicht ein Pack, mein lieber Scholli!«

»Wegen der Pflückmaschine, Konditionen wie letzten Sommer?«, versuchte sie es tapfer. »Unsere Kirschen sind so weit, nächsten Montag früh?«

Der Onkel suchte nun nach Essensresten zwischen seinen Zähnen, und zwar mit dem Finger, der vorher noch in der Nase gesteckt hatte. Trotz der Hitze stand er in Gummistiefeln neben seinem teuren Jeep, seine Füße dampften gewaltig, sein Schweiß war meterweit zu riechen.

»Wer soll denn ernten?«, fragte er und setzte sich ächzend auf den Fahrersitz, indem er seinen Bauch vor das Lenkrad klemmte.

Annie richtete sich nun kerzengerade auf und erklärte selbstbewusst: »Ich erledige das.«

Da lachte er: »Jetzt ist das Gör auch durchgedreht«, schlug die Wagentür zu und startete den Motor.

Annie sah die Aussicht schwinden, dass er für sie tätig würde: »Liebster Onkel, wir sind doch verwandt, hilf mir, ich …«

»Verwandt? Wir beide? Onkel nennst du mich, dann müsste ich ja der Bruder deiner Mutter sein, bin ich aber nicht. Ich bin ein Sohn von der Schwester deines Opas, also. Was für ein Verwandtschaftsgrad soll das sein? Ich kenn dich kaum. Und selbst wenn wir soo dicke wären …«, er presste Daumen und Zeigefingerspitze aneinander, »müsste ich mich schämen, so wie du rumläufst.«

Annie fühlte sich gekränkt, doch der Onkel beleidigte ihre Familie in einem gewaltigen Wortschwall weiter: »Meine Mutter kann deinen Opa nicht mal leiden, außerdem ist sie nur seine Halbschwester. Also, Mädchen. Bloß weil wir über zig Ecken ein paar Gene teilen? Dann müsste ich ja jedem Schimpansen meine Schüttelmaschine für umme leihen, bin ich blöde? Bin ich nicht!«

Und ohne ihre Antwort abzuwarten, fuhr er los. Eine Pflückmaschine, so viel war Annie klar geworden, würde sie diesen Sommer nicht zur Verfügung haben.

Die fast in Vergessenheit geratene Art der Kirschernte, nämlich die per Hand, begann mit einer Annonce in der Lokalzeitung. *Wo wird wann gepflückt*, stand da zu lesen, *Akkordlohn, jedermann willkommen*, fertig. Etwas Ähnliches könnte auch sie in die Zeitung setzen, es sprach Schüler, Hausfrauen und Rentner an, die kurzfristig etwas verdienen wollten und mit wenig Geld zufrieden waren. Sie würde auf diese Leute aufpassen müssen, damit sie vernünftig pflückten, keine Kirschen hängen ließen, keine Äste abbrachen und keine Früchte klauten. All das hatte Nette bislang getan, und Annie traute sich zu, die Aufsicht genauso gut zu führen. Das Problem aber kam nach Feierabend: Da wurde abgerechnet, gewogen und pro Kilo gepflücktes Obst bezahlt, bar auf die Hand und noch auf dem Feld, sonst ließ sich keiner auf diese mühsame Arbeit ein.

Sie brauchte also Bargeld. Sie musste unbedingt mit dem Sparkassenmann einig werden, auch wenn sie in seinen Augen ein Kind war und somit nicht geschäftsfähig. Das Verrückte an dem Mann war, dass er seit Jahren in ihre Mutter verknallt war. Das Blöde für Nette war – bei allem Verständnis für ihre Sehnsucht nach einem Mann –, dass dieser Mensch unmöglich war. Er kaute mit offenem Mund, und niemand begriff, wie er es fertigbrachte, dass ihm dabei nichts herausfiel. Ansonsten sah er sogar recht passabel aus, sportlich gewiss, trug aber scheußlich bunte Pullover. Am unerklärlichsten jedoch war, dass er dauernd in die falsche Richtung guckte. Samstagnachmittags hockte er in der Kneipe, wo die Konferenzschaltung der Bundesliga lief, alle Leute guckten auf den Bildschirm und fieberten mit, nur er saß mit dem Rücken zum Geschehen, trank sein Bier – mit offenem Mund, wie ging das nur? –, schaute aus dem Fenster und wandte sich nicht mal um, wenn Tore fielen.

»Wieso nimmst du nicht den?«, hatte Opa seine Tochter feixend gefragt.

Nette hatte ihren Kopf geschüttelt: »Wenn ich mir vorstelle, diesen Kauer für immer verkehrtrum an meinem Tisch …«

Und trotz alledem stand Annie nun unterwürfig vor

seinem Schreibtisch, wie bei der Bundeswehr üblich, Arme hinter dem Rücken und Brust raus. Er dagegen nuckelte am Zeigefinger und blickte an ihr herunter.

»Ich könnte die Früchte in der Stadt verkaufen, auf dem Markt, da gibt es die besten Preise.« Sie lächelte schief.

»Du hast doch nicht mal eine Konzession.«

»Was ist das?«

»Eine Genehmigung, dort zu verkaufen, das Recht auf einen Verkaufsstand.«

»Braucht man das?«

»Aber ja.«

»Dann bringe ich die Früchte zur Genossenschaft.«

»Seid ihr dort Mitglied?«

Der Kauer wollte sie demütigen, das spürte sie, im Grunde konnte sie gehen. Und hoffte doch auf sein Einlenken, ein Wunder.

»Ich könnte es werden, vielleicht.«

»Du bist ein Kind, hast du das vergessen? Wer passt eigentlich auf dich auf?«

»Ich könnte die Kirschen in einer Safterei abliefern.«

»Dort kriegst du nur die Hälfte von dem, was du auf dem Frischmarkt bekommst.«

Sie fühlte, wie sie ihre stramme Haltung verlor, ihre Schultern sanken. Jetzt bloß nicht weinen. Er piesackte sie weiter, was gefiel ihm daran? Rekruten wurden auch gequält, hatte Annie gelesen. Nun verschränkte sie ihre Arme vor der Brust und stellte ihre Beine breiter auf.

»Und was machst du«, fragte er gehässig, »wenn du keine Idee mehr hast?«

»Ich finde eine Lösung, irgendwie.«

Sollte sie kontern oder sich fortschleichen? Sie ging zur

Tür, drehte sich noch einmal um zu ihm: »Wenn ich keine Idee mehr habe, rein gar keine, was ich dann mache?«

»Ja, was dann?« Er grinste immer noch.

»Dann such ich mir 'nen Job bei deiner Bank.«

Da grinste sie und ließ ihn verstört zurück.

Lastwagen-Uli nannten ihn alle, dabei hatte er lange hinter keinem Lenkrad mehr gesessen, weil er schon Jahre arbeitslos war. Seine Tage hatten kein Datum mehr, und die Stunden wollten nichts von ihm, er hatte keine Eile. Annie malte sich aus, dass er sicher eine Menge anderer Fahrer ohne Arbeit kannte, sie konnten miteinander loslegen und würden bestimmt einverstanden sein, erst nach der Ernte ausbezahlt zu werden.

Doch Uli war am Morgen genauso müde wie am Abend, er aß fast nichts und verdaute das wenige noch schlecht. Er ging nirgendwo mehr hin, sondern saß tagsüber am Küchentisch, er mochte die warme Jahreszeit nicht, weil ihm dann zu heiß war, und die kühleren Tage nicht, weil ihm dann zu kalt war.

Seine Frau kochte ihm vor ihrer Arbeit Kaffee, der kalt war, wenn er es endlich in die Küche schaffte. Mit einem Wurstbrot in der Hand eilte sie weiter zur Bushaltestelle. Sie war Verkäuferin in einer fünfzehn Kilometer entfernten Parfümerie, die vielen Pröbchen und Düfte stanken ihr gewaltig, die Beine schmerzten ihr vom stundenlangen Stehen, aber so sorgte sie für das Auskommen ihrer Familie. Lastwagen-Uli saß in der Zwischenzeit matt am Küchentisch und drehte sich eine nach der andern.

»Die Kirschernte, wenn du helfen könntest, Uli?«

Die Wohnung war blitzblank geputzt und aufgeräumt,

es roch nach Zitrone, am Fenster stand ein bunter Blumenstrauß mit Kornblumen und Löwenmäulchen. Ulis Junge war sitzen geblieben und musste sich nun in den Sommerferien herumplagen mit Mathematik, um Ende August die Nachprüfung zu schaffen. Er klappte sein Heft auf und fragte seinen Vater laut lesend: »In einem Käfig befindet sich eine bestimmte Anzahl Fasane sowie Kaninchen. Zusammen haben sie 96 Füße und 35 Köpfe. Wie viele Tiere sind von jeder Art im Käfig vorhanden?«

Uli leckte seine Zigarette an, klebte sie zu und schaute in die Luft. Als dem Jungen nichts einfiel, half Annie etwas nach: »Also, Kaninchen haben vier Füße und Fasane zwei, oder?« Der Junge schaute noch einmal in sein Buch, anschließend wieder zu seinem Vater. Uli wischte mit seinem Handrücken die Tabakkrümel vom Tisch, steckte sich die Zigarette an und nahm den ersten stechenden Zug. Er kniff seine Augen zusammen und hustete. Annie ahnte, dass er bloß rauchte, statt im Kopf mitzurechnen.

Wenn sie dem Kind half, vielleicht half Uli dann ihr: »Gleichsetzungsverfahren.«

Der Familienvater stand auf, die Kippe im Mundwinkel, und nahm eine Klorolle aus dem Küchenschrank. In der Tür stehend, drehte er sich zu den beiden um, ihm lag offensichtlich etwas auf den Lippen, er dachte wohl kurz nach, beließ es aber bei einem Seufzen und verschwand. Annie rechnete nun mit dem Jungen: »$2x + 4y = 96$ und $x + y = 35 \Rightarrow x = 35 - y$, das bedeutet: $2 \cdot (35 - y) + 4y = 96$. Hier setzt du für x die zweite umgestellte Formel ein, das ist zu Ende ausgerechnet $y = 13$. $13 \times 4 = 52$ und $22 \times 2 = 44$, also 96 Füße. Addiere x und y, daraus wird $13 + 22 = 35$, also lautet das Ergebnis der Probe: 35 Köpfe.«

Der Junge sah sie verständnislos an.

»Schau doch, unter die Rechnung brauchst du jetzt nur noch schreiben, wie viele Kaninchen und wie viele Fasane es sind. Also, wie viele?«, fragte sie.

Er schüttelte den Kopf: »Ja, woher soll ich das wissen?«

Der Fernseher hatte ihn abgelenkt, eine Prostituierte wollte dort einen Kindergarten gründen, und ein benachbarter Imbiss klagte dagegen. Die Leute kauften sich auf Kredit, wozu sie eben Lust hatten, bis ein netter Mann kam und das Problem mit der Bank löste. Bei denen im Fernsehen wurde der Müll von einer Reporterin beiseitegeräumt und als Überraschung noch das ganze Haus tapeziert, alles umsonst, es kostete bloß ein paar Tränen vor der Kamera. Der Junge sah lieber fern, als zu rechnen, das strengte nicht an.

Uli kam nicht mehr von der Schüssel herunter, Annie ahnte, dass sie hier nichts erreichen würde, sie stand auf und ging.

Spätabends versuchte sie es ein zweites Mal bei Lastwagen-Uli, seine Frau hatte bereits das Geschirr gespült, es hatte Schnitzel mit Kartoffelsalat zum Abendessen gegeben, sie gab Annie fürsorglich von den Resten ab, es schmeckte kalt, fettig und gut. Der Fernseher lief, die Frau drehte nun kurz den Ton ab, spielte ihrer Familie auf der Mundharmonika *Kein schöner Land* vor und ging anschließend ins Bett, nicht ohne ihrem Sohn und Mann eine gute Nacht zu wünschen. Es war das traurigste Lied, das Annie je vernommen hatte, und mit so wenig Luft gepustet, dass es fast gar nicht zu hören war.

»Wie wäre es mit Arbeit, Uli?«, versuchte sie es erneut.

Uli drehte den Fernseher wieder auf.

»Ich muss Kirschen ernten und weiß nicht, wie ich das allein schaffen soll. Du wirst gut verdienen, das verspreche ich dir, und deine Freunde auch, wenn du welche hast. Aber ich kann erst bezahlen, wenn ich die Früchte verkauft habe.«

Er sagte nichts, ja, er benahm sich, als sei sie gar nicht im Zimmer. Gähnend drückte er die letzte Kippe in einem randvollen Aschenbecher aus, mühte sich stöhnend an der Stuhllehne hoch und teilte irgendwem mit, wahrscheinlich sich selbst, bevor er ins Schlafzimmer schlurfte: »Das war mal wieder ein Scheißtag.«

Da saß Annie nun in einer fremden Wohnung voller Schnitzelgeruch, Mayonnaise und Asche. Wie lange würde Ulis Frau hier noch kochen? So elend verheiratet wollte sie selbst niemals leben. Wenn sie mal jemanden hätte, wie wäre er zu Beginn, und wie würde er sein, Jahre danach? Wieso hingen die Paare aneinander, auch wenn sie sich zuwider wurden? Vielleicht war ihre Mutter deshalb ein Windbefruchter, weil sie keinen solchen müden Uli bei sich wollte. Annie begriff jeden Tag besser, weshalb Nette eine Erholung brauchte. Dieses erste wohlwollende Verständnis ihrer Mutter gegenüber weckte in ihr eine solche Sehnsucht, dass sie es kaum ertrug. So stand sie erschöpft auf und verließ diesen traurigen Familienort.

HALT UND HALTLOSIGKEIT

Annie schlenderte ohne Ziel durch das dunkle Dorf, den Blick hatte sie gesenkt, das Atmen fiel ihr schwer; es schien, als käme nun der Moment, in dem auch sie ihre Hoffnung verlor, obwohl die Nacht so herrlich war, warm und sternenklar. Es wird doch mal eine Zeit gegeben haben, wo sich die Menschen gegenseitig halfen. In der Steinzeit werden sie ihre Steine gemeinsam behauen haben, die großen Brocken schaffte niemand allein, dessen war sie sich sicher. Man war immerhin eine Gemeinschaft. Wo waren die Leute im Ort, die ihr helfen konnten? Ihre Türen waren verschlossen, die Lichter gelöscht. Endlich hörte sie Stimmen und Gelächter. Die Einwohner hatten am alten Brunnen bei der Linde ein Lagerfeuer entzündet und hielten ein wahres Gelage, Annie kannte den Anlass dafür nicht. Etwa hundert Menschen, Jüngere und Ältere, ausgelassen wie selten; der Bäcker warf Brot in die Runde, ein Mädchen brach sich ein Stück ab, stopfte es in den Mund, schnäuzte sich zugleich mit dem Zipfel ihres Hemdes und reichte den Laib weiter. Große Stücke Wurst, Käse und Gepökeltes wurden an- und abgebissen, einander aus der Hand gerissen. Eine Flasche Schnaps machte die Runde. Annie erkannte den ekligen Kauer, neben ihm Onkel Hans, sturzbesoffen, manche Leute waren ihr unbekannt. Einer kratzte sich ungeniert die Hoden, ein anderer spuckte, während ein Liebespaar sich so stürmisch umarmte, dass der Frau eine Brust aus dem Ausschnitt fiel. Laute Fürze stiegen auf, dem alten Postboten riss man die Perücke vom Kopf, bis er weinend vor Scham floh. Annie war allerhand gewohnt, bei diesem Anblick aber schrak sie zurück. Was war bloß aus den Menschen geworden? Gab es keinen Bürgermeister oder Pfarrer, der einschritt? Am liebsten hätte sie ihr Bundeswehrtarnnetz über all diese Leute geworfen.

Drei besoffene Burschen zogen eine ältere Frau hinter sich her, die hysterisch lachte, brachten sie keine fünfzig Meter weiter um eine Hausecke. Ein Hund lief ihr nach, scheinbar ihr eigener Dackel, kläffte fröhlich. Die Männer griffen der Frau in die Bluse, an den Hintern, packten unter ihren Rock und rupften ihr die Unterhose runter, niemand hinderte sie daran. Annie geriet in Panik, sie rannte sofort los zum Helfer, klingelte Sturm: Der Apotheker war zu Hause, öffnete, was für ein Glück.

»Sie überfallen eine Frau!«, erklärte sie außer Atem ihre späte Störung. »Am Brunnen bei der Linde!«

Er stand in Hausschuhen und Kimono da, griff sich ohne zu zögern die Schlüssel und rief nach hinten: »Hannes?«

Von drinnen war eine Stimme zu hören: »Gehst du wieder helfen?«

»Bin gleich zurück, mach dir keine Sorgen.«

Das Mädchen war von den Geschehnissen des Tages erschöpft, lief immer langsamer, hielt schließlich an und keuchte.

»Willst du meine Hand?«

Annie griff fest danach, und er riss sie mit – es war, als flöge sie hinter ihm her, jeder seiner Schritte zwei Meter lang. Es fühlte sich großartig an, mitgezogen zu werden, ihretwegen hätte es mit ihm bis nach Berlin gehen können. Von dieser Art Vater träumte sie, genau wie der Apotheker müsste er sein, nur nicht im Kimono.

Die meisten Leute hatten inzwischen das Feuer verlassen und waren dem Geschrei gefolgt. Die Frau quiekte laut, ihre Beine waren breit auseinandergestellt.

Als der Apotheker eben einschreiten wollte, erkannte er, dass niemand sie malträtierte, sie schrie aus purer Lust am Geschehen. Er wandte sich ab, doch Annie guckte hin, etwas Derartiges hatte sie noch nicht in ihrem Herbarium: Der Dackel schnüffelte und schleckte die Frau gründlich mit seiner Zunge ab, als schmeckte sie nach Wurstsalat. Annie stand entgeistert der Mund offen, der Apotheker rieb sich verlegen die Stirn. Er hatte schon viele Tiere an falscher Stelle ertragen müssen, krabbelnde Würmer in Wunden, Kakerlaken in Küchen oder Wanzen in Betten, aber das hier ekelte ihn ausnehmend. Er schämte sich für jeden Schaulustigen mit, das war wahrlich kein Aufenthaltsort für eine Heranwachsende.

»Was machst du eigentlich noch so spät draußen?«

»Sie gucken ja gar nicht hin!«

»Komm bitte weg von hier.«

Annie dachte gar nicht daran.

»Finden Sie das normal?«

Der Apotheker antwortete nicht.

»Mag die das? Machen das alle, oder passiert das nur bei uns?«

»Es kommt mir vor«, meinte er, »als hätte man den Leuten ein Band abgeschnitten, das sie vorher gehalten hat. Der ganze Ort geht durch wie ein wild gewordenes Pferd.«

»Hat die Frau was mit ihrem Dackel?«

»Viele Frauen mögen Hunde«, der Apotheker musste sich nun doch ein Grinsen verkneifen.

»Ich sammle so was, das nehme ich dazu.«

Er schaute sie erschrocken an: »Wie bitte?«

»Was die Leute alles machen, schreibe ich in mein Herbarium.«

»Herbarium? Du untersuchst Pflanzen?«

»Nein, ich sammle Sex.«

»Großer Gott, stehe ich da auch drin?«

Sie schüttelte den Kopf: »Sie haben ja keinen.«

»Ha!«, lachte er auf und schüttelte den Kopf. »Komm, ich bringe dich heim, sicher ist sicher.«

»Ich schlafe in der Hütte.«

»In der Plantage? Das wird ja eine Nachtwanderung, ich bin in meiner Nachtwäsche.«

»Ich kann allein gehen.«

»Und wenn dich einer packt, im Dunkeln? Du siehst doch, was hier los ist. Nichts da, ich bringe dich hin.«

Die Horde der Schaulustigen schaute dem Apotheker nach, der mit einem Mädchen Hand in Hand gekommen war und es nun zurück in die Nacht führte, einzig bekleidet mit einem lächerlichen Rock.

»Diese perverse Sau«, geiferten sie hinter ihm her. Der Bäcker hats gemeint, der Onkel hat gedacht, er würde es ihm bei Gelegenheit mal heimzahlen, und der Förster hat ihn beneidet. Er mochte Kinder.

Am nächsten Morgen kam Annie ungewohnt langsam auf die Beine. Sie wusch sich im Bach, zog lustlos ihre vier Sachen an, holte sich ihr Frühstück beim Bäcker ab und ging zur Scheune, um nachzusehen, ob die alten Stiegen noch taugten. Alles stand an seinem Platz: die Arbeitsgeräte, Kisten, Stroh und Heu. Sie horchte genauer – hier und da raschelte es, die üblichen Mäuse. Weit hinten in einer Ecke stapelten sich die flachen Obstkisten, in die sie früher die gepflückten Kirschen gelegt hatten, als das Pflücken noch Handarbeit war. Seit Jahren hatte sie niemand mehr angerührt, aber auch nicht fortgeräumt, um Platz zu schaffen; Annies Mutter warf nicht mal den letzten Dreck weg, Opa ebenso wenig. Annie kletterte bis zu den Kisten und prüfte ihren Zustand, sie waren zwar staubig, aber funktionstüchtig. In manchen waren Löcher, doch die ließen sich mit frisch gerupftem Gras oder Blättern stopfen. Die Ernte droht zu verderben, ging ihr durch den Kopf. Sie wollte wenigstens pflücken, was möglich war, nahm so viel Stiegen, wie sie tragen konnte, und brachte sie zur Plantage.

Die Stare fraßen inzwischen an jeder Ecke, in allen Bäumen. Annie schrie nicht mehr dagegen an, sie wusste nicht mal, wo die Trommel stand. Es war Kinderkram gewesen, wurde ihr klar. Sie hatte mit dem Krach keine einzige Kirsche gerettet. Nette hatte sie losgeschickt, damit sie beschäftigt war, sich an monotone Arbeit gewöhnte und auf keine dummen Gedanken kam. Dieser Plan war aufgegangen, Annie war mit den Kirschen eins geworden und nun ebenso wie sie in aussichtsloser Lage.

Einzig Galle half ihr, machte sich tapfer an die Arbeit und pflückte wahrhaftig knapp sechs Kilo. Ermüdet setzte er sich schließlich mit seiner Ernte in den Schatten unter einen Baum. Wieder hatte er so einen herrlichen Platz gewählt, die Blätter schützten ihn vor der Sonne, die sauren Kirschen löschten den Durst. Annie bot ihm die Zeitung an, vielleicht verlegte er sich doch aufs Lesen, besser, als immerzu seinen Film zu gucken und sonst nichts. Er nahm das Feuilleton und benutzte es als Kopfkissen, aß im Liegen weiter, döste, träumte, aß und spielte Kirschkernspucken.

Annie dagegen arbeitete, wie sie es gelernt hatte, griff beim Pflücken in den Baum, als spielte sie Geige, die vier Finger gespreizt, den Daumen um den Ast gelegt, als wäre er der Steg. So packte sie zu und zog die Früchte mit, als würde sie mit der Hand die Lagen wechseln. Die Stiele blieben am Baum hängen, während die Kirschen zuhauf in einen Eimer fielen, der vor ihrem Bauch baumelte. Viele waren schon überreif, der Saft blutete heraus, tropfte ihr den Arm herunter, und weil sie sich wieder und wieder nach den höheren Ästen ausstrecken musste, lief ihr die Fruchtsoße bis in die Achselhöhle.

Ab dem nächsten Tag würden die Kirschen massenweise fallen, eine Woche später wäre alles verfault, Vögel und Würmer vernichteten den Jahreslohn, und sie konnte es nicht verhindern, das war ihr nun klar.

Galle hatte während der langen Pause unter seinem Baum seine gesamte Ernte aufgefuttert. Sein Körper würde sich rächen, das wusste Annie nur zu gut. Im Moment aber schlief er im Schatten des Baumes, der alte liebe Narr. Sie streichelte ihm über die Haare, stand auf und klopfte sich den Staub von der schäbigen Hose.

Fritzi kam zwischen den Baumreihen auf sie zugestöckelt und winkte.

»isch helf dir eh«, bot ausgerechnet sie an.

»Bei was?«

»ernte ne.«

»Wie willst du das denn machen, du allein?«

»du und isch sind zwei, und galle, sind wir zusammen vier.«

Annie schüttelte den Kopf und fragte sich, was aus diesem Mädchen noch werden sollte.

»flashmob, schon haste alles, leute und so online ne.«

»Ich kenne mich nicht aus.«

»community is besser als alles, da mammer jets ernte als act.«

Annie begriff nicht, wovon diese Miss Worldwide wireless redete, weder ihre Worte noch deren Sinn. Dabei hatte der Bäcker berichtet, dass ausgerechnet Fritzi neben den Schularbeiten bereits einen Haufen Geld verdiente. Wer war wirklich die Ahnungslose von beiden?

»Fritzi, verrat mir mal, wie verdienst du dein Geld?«

»leischt, inne firma auf vierhundert-euro-basis, fake-sms, bin immer andere tusse ne.«

Annie schüttelte genervt den Kopf und bat: »Erklär mir jetzt mal ganz langsam, was du da machst.«

Fritzi schaute wieder so, den Kopf schräg gelegt, und konnte Annie nur für unterbelichtet halten. Ihrer Meinung nach hatte diese Gymnasiastin eine Unterstützung von *Aktion Mensch* nötig und nicht sie selbst, mit so einer musste man Geduld haben, Lernhilfen anbieten und mal Kleider spenden, und nicht für sie!

»sms, klar?«

»Kenne ich.«

»jetz typen, sex, alles, nee, fraun auch, is egal, klar?«

»Okay?!«

»schicken die sms, kriegen die antwort. oh, isch 17, blond

und so, ab jetz kostet, heißmachen, hin und her, ficken, blasen, alles wollen, laber von treffpunkt, aber nie da, mutter krank, wein, heul. jede sms drei euro, isch hab fuffzig kunden, bin immer wer anders, frau, mann, alt, jung. alles lüge.«

Annie fühlte sich wie eine Außerirdische, die solch kryptische Mitteilungen in ihre eigene Sprache übersetzen musste: Fritzi arbeitete allem Anschein nach für eine Firma, die Flirtvermittlung per Textnachricht anbot. Den Nutzern wurde suggeriert, sie hätten einen Liebeskontakt gefunden, eine Frau, einen Mann, egal. Sie zahlten für jede Nachricht, die sie mit dem neuen möglichen Geliebten austauschten, und sie hofften, denjenigen oder diejenige bald kennenlernen zu dürfen, würden ihn aber niemals sehen, weil es ihn oder sie gar nicht gab. Es war immer Fritzi, die spielte alle Partner, ob junge oder alte, Männer oder Frauen, sie log das Blaue vom Himmel herunter, vertröstete, solange es ging. Das Ganze höchstwahrscheinlich sogar legal und versteuert. Und die Sehnsüchtigen da draußen büßten mit horrenden Rechnungen.

»Das ist gemein.«

»is scheisegal, muss auch leben. was is nu mit helfen?«

Fritzi lächelte breit.

»Willst du mir wirklich helfen?«

Fritzi tippte sich an die Stirn: »ja nu, was sag isch hier immer? helfen, sag ich, un du fragst: helfen, eij? weist du was, du checkst nich gut, blöd im hirn, aber sonst korrekt.«

Annie fragte zur Sicherheit noch einmal: »Du kannst genug Pflücker besorgen?«

»jep, online.«

»O.k., bitte hilf mir.«

Fritzi stöckelte unternehmungslustig davon, ihr Handy bereits am Ohr.

»Und danke schön noch mal«, rief Annie hinter ihr her.

Sie glaubte ihrer Freundin kein Wort und würde trotzdem die Obstkisten in die Plantage fahren, falls ein Wunder geschah und Fritzis Pläne tatsächlich glückten. Es war Annies letzte Chance – noch konnte man die Kirschen in die Safterei bringen.

Galle war inzwischen aufgewacht und hielt sich den aufgeblähten Bauch. Leise sang er ein Lied von Richard Wagner über Schwangerschaften, wahrscheinlich aus seinem Film.

GÄSTE

Am nächsten Morgen forderte Annie beim Bäcker neben ihrer üblichen Portion zwei Stücke Butterkuchen mit Mandeln. Die Brötchen aß sie im Gehen und befahl sich selbst, den herrlichen Kuchen für den Nachmittag aufzubewahren. Daheim kletterte sie zum zweiten Mal über den rostigen Pflug und die Egge und schob ein paar Säcke in der Scheune beiseite, bis sie die Rückwand erreicht hatte. Nun begann sie mit der mühseligen Aufgabe, die zahlreichen Obstkisten aus dem hinteren Teil der Scheune herauszuzerren und vor das Tor zu stellen. Später würde sie diese Ladung mit einem Anhänger zur Plantage fahren, obwohl sie nicht glaubte, dass Fritzi etwas erreichen würde. Viele Male kletterte sie hin und wieder her, die Luft war trocken, sie bekam Durst, unterbrach ihre Arbeit und öffnete zögernd und so geräuschlos ihre eigene Haustür, als wäre sie eine Einbrecherin. Ohne das übliche Spektakel ihrer Erwachsenen war es hier drinnen beklemmend leise. Die Fenster waren verschlossen, die Luft stand staubig in den Räumen, einige Zimmerpflanzen waren bereits verdorrt, Fliegen schwirrten umher. Annie ließ den Wasserhahn laufen, bis die Leitung durchgespült schien und das Wasser kühl war, füllte ein Glas und trank, nahm sich ein zweites und schnaufte durch.

Der Briefkasten war voll, Annie zog Rechnungen und Werbebroschüren heraus, legte den Stapel auf den Küchentisch; nichts war an sie adressiert, keiner der beiden Geflüchteten hatte sich Zeit genommen, ihr wenigstens eine Karte zu schreiben. Sie hätte heulen können, fühlte sich wie damals, als sie auf der Treppe auf ihre Mutter gewartet hatte. Sie hatte nicht übel Lust, zum Jugendamt zu gehen und sich über ihre Erzieher zu beschweren. Doch was würde dann mit ihr geschehen? Man würde eine Betreuung für sie suchen – womöglich Onkel Hans.

Das Telefon blinkte, sie drückte auf den Startknopf des Anrufbeantworters und hörte vielerlei Gründe, weshalb ihre Mutter das Weite gesucht hatte: Eine Versicherung wollte kündigen, Vorwürfe der Sparkasse, all solches Zeug, der widerliche Kauer, Termine, Mahnungen, so klangen die Probleme der Erwachsenen. Aber dann: »Hallo Annie, hier ist … na, du weißt schon. Der Opa und du, ihr werdet euch gewiss um die Ernte kümmern. Entschuldige, ich brauche einfach noch etwas Erholung. Ich danke euch beiden, machs gut.«

Die Stimme klang weich und lieb. Ihre Mutter war ein abgefahrener Reifen, so verstand Annie das, und sie brauchte ein neues Profil, damit sie weiterfahren konnte, in letzter Zeit war sie gewaltig geschlittert.

Nächste Nachricht: »Hallo Nette, hier ist dein Vater, Ninotschka und mir gehts gut. Ich wünsche dir eine gute Ernte. Kopf hoch, und grüß das Mädchen von uns. Wiederhören.«

Annie sank auf einen Stuhl und hielt sich am Tisch fest vor Schreck, ihr war regelrecht schlecht. Opa war sich gar nicht im Klaren darüber, dass sie immer noch auf sich gestellt war, er hatte ernsthaft damit gerechnet, dass Nette schnell zurückkam. Keiner der beiden ahnte, dass sie hier völlig allein war, also würde auch so schnell keiner von ihnen zurückkommen! Hauchzart weiß-rosa war ihre Stimmung draußen im Feld gewesen, trotz aller Niederlagen, weiter hoffnungsvoll wie zur Blütezeit. Hier im Haus erwischte sie nun unerwartet der Schlag. Ihre Familie war fortgeweht, sie hing noch am Stängel, so gerade eben. Wie lange würde sie sich halten können? Sie atmete flach, ganz anders als am Waldrand, suchte sich zu trösten, es waren doch bloß ein leeres Haus und zwei Telefonanrufe zu viel. Das Gewohnte wird weitergehen, tröstete sie sich selbst, irgendwann kommen meine Leute wieder. Sie wischte sich die Tränen aus den Augen, als sei es Schweiß oder Regen, seufzte tief, griff zum Kuchen und wollte sich mit Süßem von innen streicheln. Sie hatte schon den Mund geöffnet, da hörte sie die Geräusche. Sie waren eindeutig im Haus, die Schritte direkt über ihr. Augenblicklich erstarrte sie. Ein Tier wird sich eingenistet haben, irrte sie sich. Mäuse machen nicht solche Geräusche, das da oben hat wohl Tatzen. Sie schlich in den Flur, lauschte hinauf, hörte nichts weiter. Eines der Stücke Kuchen hielt sie noch immer in der Hand, legte es nun auf die Flurgarderobe unter den Spiegel.

»Hallo?«, rief Annie tapfer, sie hätte jetzt gern einen Knüppel in der Hand gehabt, oder ihre herrliche Knarre, aber die lag leider in der Hütte.

Mutig schlich sie die Treppe hoch, wie sie es in Krimis gesehen hatte, lauernd, blickte hektisch um sich, öffnete das Zimmer ihres Opas – leer. Im Zimmer ihrer Mutter dagegen roch es fremd.

»Ist da jemand?«

Tatsächlich bewegte sich etwas unter der Decke, ein oranger Menschenkopf hob sich, die Fremde glotzte wie Galle, schnaufte heftig, tat aber nichts weiter. Annie ging vorsichtig auf sie zu, berührte sie leicht an der Schulter, wie zur Begrüßung oder um zu prüfen, ob sie keine Gespenster sah, da schlug dieses Biest mit einem Mal derart um sich, dass sie von einer Faust an der Wange getroffen wurde. Beinahe hätte sie sich heftig gewehrt, doch ihr Gegenüber sah zu entkräftet aus, und der Schlag war schlapp gewesen. Annie brauchte keinen Kampf zu fürchten, selbst für eine Flucht schien die Gestalt zu erschöpft.

Auf dem Fußboden und unter dem Bett lagen jede Menge geöffnete Dosen verstreut, Appetit schien sie zu haben, hatte wohl reichlich von den Bohnen und Pfirsichen gegessen.

Die Fremde holte Atem, seufzte und rappelte sich nun zu einem Wort auf: »Hunger.«

»Ich hab Gebäck. Soll ich's holen?«

Sie nickte. Annie flog regelrecht die Treppe hinunter, eilte mit dem Gebäck wieder hoch und reichte es ihr.

Allein der Duft von gebackenem Hefeteig ließ das Mädchen zittern vor Freude, sie verschlang es in Sekunden, während Annie ihre Mahlzeit freudig verfolgte. Warmer Butterkuchen ist für jemanden, der seit Tagen kalte Konserven gegessen hat, sicher ein schönes Geschenk, dachte sie. Und das Feindliche, das der Fremden noch immer im Gesicht stand, würde man schon zu bändigen wissen, wenn man sie weiter verwöhnte.

Mit einem Mal genoss Annie die Gesellschaft des neuen

Menschen, von einem Moment auf den anderen war ihr Leben viel schöner geworden.

»Wo kommst du denn her?«

»Mehr.«

»Noch mehr vom Kuchen? Oder lecker Bohnen?«

»Kuchen.«

»Da muss ich zum Bäcker, aber nicht weglaufen, ja?«

Das Mädchen im Bett blickte sie nur müde an. Annie verließ den Raum, ging allerdings noch einmal zurück und beteuerte, in der Tür stehend: »Musst keine Angst haben, hier ist sonst keiner. Ich komme bald wieder.«

Die andere hatte ihre Augen inzwischen geschlossen und reagierte nicht.

Annie rannte durchs Dorf, wählte den kürzesten Weg quer über den Fußballplatz, sprang über Zäune und Hecken, trat in einem fremden Garten in ein Salatbeet, der Nachbar schimpfte hinter ihr her, sie lief unbeirrt weiter zur Bäckerei und forderte dort atemlos eine neue doppelte Portion. Er schaute missmutig: »Hab ich Alzheimer? Du warst doch eben erst hier.«

»Ich wachse gerade, ein Schub.«

»Das war nicht so abgemacht.«

»Wir können tauschen, ich hab Bohnen. Wollen Sie welche?«

Selbst die Bäckerin stöhnte auf: »Großer Gott, bloß nicht die!«

»Dann will ich einfach so Gebäck!«

Lachend packte ihr die Bäckerin neuen Butterkuchen ein, Annie nahm ihn: »Sie sind der Hammer!«, und lief zurück nach Hause.

Dort schnappte die Fremde regelrecht nach der Tüte, verschlang den Inhalt in null Komma nichts, dankte mit einem kurzen Nicken, sank zurück in die Kissen und schlief in wenigen Sekunden ein. Annie beobachtete das alles atemlos, näherte sich und betrachtete ihr Gesicht. Sie musste etwas älter sein als sie selbst. Wie war sie bloß hierhergekommen? Annie kam es vor, als hätte sie einen jungen Vogel gefunden und versuchte nun, ihn großzuziehen. Doch manchmal bangt man, solch ein empfindliches Tier am Morgen tot im Käfig aufzufinden. Und genau so fürchtete sie, diese Fremde würde auch eingehen, weil sie einige Male im Schlaf so schrecklich seufzte, dass es Annie durch Mark und Bein ging.

Annie verfiel der Schwachheit ihres Gastes regelrecht, die Kirschernte war mit einem Mal gleichgültig und die Abwesenheit ihrer Erwachsenen eine Nebensache geworden. Draußen im Hof stand eine halbe Ladung Obstkisten, die zur Plantage gefahren werden sollte, damit Fritzis Ernte möglich wurde, aber Annie ließ sie stehen. Das Blatt hatte sich gewendet. Ein Mensch war ihr anvertraut, sollten die Früchte doch fallen. Jetzt erst verstand sie ihre Mutter, ihren Opa, alle miteinander hatten sie die Schattenmorellen satt, und jeder hatte seinen eigenen Grund dafür.

Fritzi hatte nicht ahnen können, welche Bewegung ihre kleine Idee in der Community auslösen sollte. Ihre virtuelle Welt war buchstäblich überbevölkert mit ähnlich kruden Hirnen wie dem ihren, die sich weniger durch einheimische Vokabeln als durch international verständliche Zeichen mitteilten, die als *grins, *zweifel oder *staun zu übersetzen wären. Dass tatsächlich wesentlich mehr Fritzis im zentralen Mittelfeld Deutschlands existierten, als vermutet, sollte nun erstmals real sichtbar werden. Das interaktive Menschenkind verschickte Mails und SMS, postete und twitterte dazu Aufrufe, die sich exponentiell verbreiteten und derart gut ankamen, dass man sich als analoger Mensch nur wundern konnte, wie schnell dadurch eine Menge Leute mit einem Mal das Gleiche vorhatten.

So geschah es, dass an dem verabredeten Tag zu bestimmter Stunde geschätzte eintausendfünfhundert Individuen aufbrachen, um sich offline auf Annies Plantage als ein sogenannter Flashmob zu versammeln. Flash, weil sie schnell wie der Blitz da waren, und Mob, weil diese Volksmenge sich tatsächlich als aufgewiegeltes Gesindel zeigte.

Fritzi hatte sich zusammengereimt, ihr Netzwerk käme als Erntehelfer, Arbeitsbienen gewissermaßen, die in Ruhe und gebotener Umsicht empfindlich-saftige Sauerkirschen pflücken würden – falsch gedacht. Stattdessen torkelten die virtuellen Freunde bekifft und angetrunken heran und nahmen zuerst mal belustigt den Zaun ins Visier.

Zu ihrer Unterhaltung hatten sie Lastwagen an den Rand der Plantage gestellt, bestückt mit Lautsprechern, die so groß waren wie die Flachbildschirme der Ortsbewohner. Die Bässe wummerten, dass man ihre Wucht im Magen spüren konnte. Sie ließen Geräusche dröhnen, wie sie hier nie zuvor gehört worden waren. Der Flashmob machte sich schließlich wie ägyptische Heuschrecken über die Plantage her, es sollte nur fünfzehn Minuten dauern.

Die Leute aus dem Ort waren von dem Verkehrschaos und dem Krach angelockt worden, nun glotzten sie staunend und schüchtern zugleich, fotografierten und filmten für daheim oder *YouTube*, prosteten sich zu und lachten laut.

Einzig die Bäckerin hatte an die Kirschbauern gedacht, trommelte nun panisch an deren Haustür, klingelte Sturm, rief, es geschehe was, ein Überfall von Vandalen. Das schwache Mädchen erwachte und erschrak ein zweites Mal. Sie solle liegen bleiben und keinen Ton von sich geben, bedeutete ihr Annie.

»Ich kann gerade nicht«, rief sie durch die Tür.

»Die Plantage geht drauf!«, schrie die Bäckerin. »Kind, deine Bäume sterben.«

»Ich habe mir die Kirschen abgewöhnt.«

»Wenn du nicht kommst, rufe ich die Polizei!«

Da sah sich Annie genötigt, ihren Gast kurz zu verlassen.

»Ich komme wieder.«

Paula starrte sie an, bald wahnsinnig vor Angst.

Als die beiden die Plantage erreichten, war der Anblick, der sich ihnen bot, verheerend. Der Zaun war in seiner gesamten Länge eingetreten, wahrscheinlich waren alle vier Abgrenzungen betroffen, kilometerlang. Die Fremden randalierten an jedem einzelnen Baum, sie rissen die reifen Früchte beliebig ab und warfen sie auf den Erdboden oder zerquetschten sie und bekleckerten sich und die anderen damit, Hemden, Haare, Münder oder Körper. Sie knickten die Äste oder brachen sie ab, rissen an den dünnen und traten die dickeren ein – und zwar nicht wenige, sondern alle.

Es war der erste und spektakulärste Flashmob, der in

dieser Gegend stattfand, und wer ihn nicht mit eigenen Augen gesehen hat, kann sich die Geschichte noch heute an Bushaltestellen erzählen lassen.

Annie betrachtete das alles und schwieg dazu, ja, man konnte glauben, sie lächele gar. Die Bäckerin dagegen brüllte die Meute an, aber niemand hörte ihr zu. Sie kramte nach ihrem Handy, wollte die Polizei verständigen: »Denk an die Versicherung, dafür brauchst du ein Protokoll!«

Doch das Mädchen schüttelte den Kopf: »So was haben wir schon lange nicht mehr, eine Versicherung.«

»Diese Leute haften, sie richten ja den Schaden an!«

Die Masse fremder Menschen verschwand so schnell, wie sie gekommen war, als hätte jemand ein Kommando gegeben. Sie haben sich vorher nicht gekannt und werden sich später nie mehr in dieser Konstellation begegnen.

Die Bäckerin packte ihr Handy wieder ein: »Zu spät.«

Die Einheimischen steckten ihre Köpfe zusammen und ließen sich von ihr erklären, was für eine Horde das gewesen war, die da die Ernte verdorben hatte. Die Bäckerin wusste zwar nichts, brachte aber dennoch Fritzi ins Gespräch.

Annie war, als werde sie in diesem Augenblick in Gedanken etwa hundert Meter in die Luft gehoben, um sich das alles von oben ansehen zu dürfen, wie aus einem Heißluftballon. Sie sah ihren Feldweg als gerade grüne Linie, die Äcker grau wie Schiefer mit verschmierten Flecken, auf manchen zeichneten winzige Linien die Spuren der Traktoren nach, und, kaum zu sehen, war da dieser eine kleine dunkle Punkt am Rand der Kirschplantage, wie Fliegendreck sah er aus. Den brachte sie nun in Bewegung, ein Gedankenspiel: Bisher, so wurde Annie klar, hatte sie sich wie ein Eisensplitter nach der Anziehungskraft ihrer Erwachsenen ausrichten müssen, nach ihren Launen, ihren Wünschen, ihren Vorstellungen, als wäre sie die Nadel eines Kompasses. Nun war das endlich vorbei, die Kirschen lagen auf dem Boden, Opa und Nette waren eh nicht da. Sie würde sich in Zukunft dorthin drehen, wohin sie wollte. Der Punkt zwischen den Feldern bewegte sich nach ihren Anweisungen, nach links, rechts und anschließend im Kreis, wie es ihr behagte. Dann fühlte es sich an, als würde sie vorsichtig heruntergelassen. Sie streckte sich und gähnte, stand wieder am Weg, neben der Bäckerin, zufriedener denn je.

Die Ernte war nachhaltiger zerstört, als der schlimmste Hagelschlag es zuwege gebracht hätte. Es sollte der einzige Tag in der Geschichte dieses vermaledeiten Ortes werden, an dem das Gewerbegebiet endlich mal zugeparkt war. Weitere Autos ließen auf dem Sportplatzacker Spurrillen zurück, die so tief waren, dass der FC Wolke Null Sechs eine lange Spielpause einlegen musste, der Rasen war nicht mehr bespielbar.

Fritzi fand als Erste ihre Worte wieder: »boh wahnsinn eh, nur noch kerne da.«

Im Netz wurde der Flashmob CHERRY-FLY-DAY genannt, Ziel dieser Aktion war es angeblich gewesen, der von »kommerzieller Ausbeutung bedrohten Kirschplantage« ein neues Gesicht zu geben. Fritzi begriff schon nicht, was das Wort *kommerziell* bedeutete, Annie musste beinahe grinsen: »Was hast du da nur angestellt?«

Sie ließ Fritzi bei der Länge ihrer Fingernägel, die ihr wertvoller waren als das Leben ihrer Großmutter, schwören, dass das nie wieder passieren würde.

Als eine engagierte Lokalreporterin bei dem Veranstalter von CHERRY-FLY-DAY nachfragte, wollte kein Verantwortlicher jemals etwas von einer Fritzi gehört haben, sie hatte demnach offiziell mit der Initiative überhaupt nichts zu tun, obwohl sie diese selbst initiiert hatte.

»also die kerne ne.« Fritzi atmete schuldbewusst tief durch: »kannste da was mit machen?«

»Ich kann sie verkaufen.«

»ja ne. wohin dann?«

»Wenn du sie allesamt aufsammelst.«

Fritzi ließ ihren Blick über die Plantage schweifen: »wie viel stück sinnen das?«

»Millionen. Das bedeutet für dich, Millionen mal bücken.«

»boh ey verdammt.«

»Man trocknet sie und näht sie in kleine Säckchen, dann wärmt man sie in einer Mikrowelle und legt sie sich in den Nacken oder auf den kranken Bauch.«

»kerne jetzt?«, stöhnte sie. »million mal.«

»Es gibt noch jemanden, der Kerne kauft.«

»wer nimmt se noch?« Fritzi schöpfte Hoffnung.

»Das Kernkraftwerk.«

»ach, echt? gibts gut kohle?«

»Strom.«

»aber isch million ma bücken, eh? nee!«

Annie ging den Weg von der Plantage zurück zum Haus, die Ortsbewohner stürmten auf sie ein, hielten sie auf und fragten, was geschehen sei und weshalb, wo eigentlich Nette hingefahren sei, und der Opa, und was nun werden würde. Der Kauer, der Bäcker, der mit der Bohne, Uli, sogar sein Sohn, der Onkel, alle. Annie ließ sie stehen. Nur der Apotheker fehlte, er war kein Gaffer.

Auf diesem Feldweg, den sie tausendmal gegangen war, fühlte Annie sich wohl, ihr Ziel war daheim, dort wartete jemand, der sie dringender brauchte als jede Plantage.

ANKUNFT

Sie gab keinen Ton von sich, und doch sah man ihr die Erleichterung darüber an, dass sie nicht länger allein sein musste.

»Ich heiße Annie, und wenn du mir deinen Namen nicht sagst, bekommst du keine Bohnen und kein Gebäck mehr.«

»Paula.«

»Wie alt bist du denn?«

»Sechzehn.«

»Und wo bist du zu Hause? Soll ich da mal anrufen? Oder du? Dass man dich abholen kommt?«

Die Fremde schüttelte bloß den Kopf und schloss die Augen.

»Aber dir gehts so weit gut, oder?«

Paula antwortete nicht. In den nächsten Stunden schien es ihr extrem wechselhaft zu gehen. Einmal hatte sie Schmerzen, dann plötzlich war sie ruhig, dann wieder unruhig. Annie erinnerte Paulas Zustand an das Hin und Her, das sie in ihrer Plantage Jahr für Jahr durchgemacht hatte: gespannt anschleichen, entspannt zurückmarschieren. Deshalb war sie lange unschlüssig, ob ihrem Gast etwas wehtat oder nicht, ob sie was wollte oder nicht, ob sie nun jemanden zu Hilfe holen sollte oder nicht.

Einmal jaulte die Fremde auf, dann plötzlich wollte sie etwas essen, einmal atmete sie gequält, dann plötzlich fragte sie ganz ruhig, ob man sie zum Bahnhof bringen könne.

»Ich würde mich an deiner Stelle abholen lassen. Wohin willst du denn?«

Doch Paula winkte nur ab. Später sagte sie in aller Ruhe, sie wohne im Osten, hielt sich gleich wieder stöhnend am Bett fest, ließ sich gehen und tat, als wäre Annie nicht da.

Die plauderte zur Beruhigung und Ablenkung von der Plantage, von ihrer Trommel, die ihr um den Bauch gebunden worden war, vom Hin und Her, das auch sie kenne, vom Flashmob und von Fritzi, womit sie ihren Gast wahrhaftig kurz zum Lächeln brachte.

Paula fühlte sich für Minuten nicht gut, murmelte selbst irgendwelche Zauberformeln, Heidnisches oder Göttliches, auf dass es irgendwie nütze. So ging es bis in die Nacht, irgendwann muss Annie in den Sessel gesunken sein, schlief dort ohne Träume, dann schreckte sie wieder hoch, wusste nicht, wie lange sie dort gelegen hatte.

Paula stand mit den Ellbogen auf die Fensterbank gestützt, ihre Beine waren gespreizt, ihr Kopf hing herab, sie schaukelte mit dem Hintern hin und her und stöhnte steinzersetzend.

Man stirbt ja nicht im Stehen, ging Annie durch den Kopf. Oder doch? Sie erkannte sich selbst kaum wieder, weshalb dachte sie so kaltherzige Dinge? Endlich sprang sie auf, wollte zum Telefon, sie würde vorsichtshalber mal einen Krankenwagen bestellen.

»Ich muss aufs Klo«, kam es da von ihrem Gast.

»Im Flur die nächste Tür links.«

Nun weinte Paula: »Ich schaffe es nicht allein bis dahin.«

All das forderte Annie zu viel ab, dies oder jenes tun? Diese völlig Fremde lästig finden oder ihr helfen wollen? Schließlich legte sie Paula den Arm um die Taille und schleppte sie ins Bad. Gleich danach würde sie anrufen. Wer war dieses Mädchen überhaupt, dachte sie, sich mit solch einer schweren Krankheit in ihr Haus zu verkriechen? Jetzt jaulte sie gar wie eine Katze, der man auf den Schwanz getreten hatte, hielt sich an Annies Hals fest, bis ihre Wirbel knackten, heulte: »Ich will nicht mehr, ich will das nicht, nein, nicht!«

Sie erreichten das Bad, da lief es Paula an den Beinen herunter, sie sank zu Boden, mitten hinein in das Malheur. Annie schloss die Tür, sie hatte genug davon. Was hier passierte, gehörte nicht zu ihrem Leben, sie wollte mit den Körpern und Flüssigkeiten anderer Leute nichts zu tun haben. Sie ging aus dem Haus, ja, sie rannte geradezu in den Garten, lehnte sich an den Süßkirschbaum, atmete durch. Die frische Luft tat ihr gut, sie wollte partout nicht an das denken, was gerade in der Wirklichkeit geschah, malte sich lieber aus, wie alles leichter wäre. Diesmal war es keine Windmühle, die ihr geholfen hätte, sondern sie stellte sich einen Oldtimer-Konvoi vor, an dem sie teilnehmen würde. Das taten auch die stolzen Leute, die manchmal bei ihren Ausflügen durch den Ort gefahren kamen. Sie nahmen meist den Weg zum Schloss, um sich dort im englisch anmutenden Park gegenseitig zu bewundern und zu fotografieren. Bei solch einer Fahrt wüsste sie genau, wohin es ginge, nämlich einfach mit genügend Abstand den anderen nach. Sie wäre stolz, dass ihr altes Auto lief. Sie hätte dann selbstverständlich eines, das sonst in einer Garage oder einem Schuppen stand, aufgebockt wegen der ewigen Reparaturen daran, jede einzelne Schraube ihres Wagens würde sie kennen.

In solch einem Konvoi hätte sie Jahr für Jahr dieselben Kumpels, irgendeinen Harald, der mit seiner Startnummer regelmäßig vor ihr wäre, und einen gewissen Gunther, der hinter ihr führe, immer mit Blick auf sie und ihr rotes Auto. Egal, wie sie hießen, zwischen zwei Freunden wollte sie fahren, zumindest ein Wochenende im Jahr wäre sinnvoll und geborgen verbracht. Davon träumte Annie, draußen an den Baum gelehnt. Sie hatte keinen angestammten Platz mehr in der Welt, die Plantage war verwüstet, und sie begriff schon gar nicht, was nun zu tun war, ein fremdes Mädchen war in ihrem Bad zusammengebrochen! Endlich holte sie sich selbst aus ihrer Starre, da war doch jemand in Not. Es war, als würde sie von kräftiger Hand zum Apotheker getrieben, als hätte ein guter Geist sie geschubst. Weshalb war sie nicht vorher darauf gekommen?

Sie klopfte, klingelte, rief. Aber niemand öffnete, er war bestimmt fortgefahren. Unruhig und besorgt ging sie zurück, stellte sich vor, daheim wäre wie durch ein Wunder Nette, die dem Mädchen in diesem Moment aufhalf, und Opa, der es anschließend ins Auto setzte und zum Krankenhaus fuhr. Es gibt schließlich Flugzeuge und Taxen, die ersehnte Menschen zurücktransportierten, und es gibt Ärzte und Schwestern, dachte Annie auf dem Weg und ging langsamer. Zu denen konnte man alles bringen, was man nicht im eigenen Haus haben und nicht sehen wollte: Krankes, Sterbendes, Risse in der Haut und Eiter. Sobald ein Körper nicht mehr funktionierte, wurde ein Mensch fortgeschafft, Tür zu. Den Rest erledigten in

Grün und Weiß Gekleidete. Es gab spezielle Häuser für zitternde Alte, die Unsinn redeten und ins Bett machten. Da fütterten fremde Leute für Geld die zeternde Mutter mit Gemüse, und man hatte keine Mühe mehr damit.

Annie hatte sich immer eine Freundin wie Paula gewünscht, allerdings gesund und zufrieden. Sprechend statt stöhnend. Andere Mädchen hatten doch auch Freundinnen, liehen sich gegenseitig Sachen und gingen gemeinsam ins Kino statt gemeinsam aufs Klo. Und wenn schon dahin, dann um sich zu schminken und über Jungs zu tuscheln. Annie schien es, als würde sie nie etwas Normales erleben, sondern immer nur großen Ärger haben oder besonderes Glück. Inzwischen war sie an ihrer Haustür angekommen, aber es widerstrebte ihr hineinzugehen. Sie könnte in der Hütte übernachten, das Mädchen war ja beinahe erwachsen und konnte den Krankenwagen selber rufen.

Annie fühlte sich so allein, dass sie in diesem Moment lieber nicht darüber nachdenken wollte, wie allein sie wirklich war.

»Was soll ich tun?«, murmelte sie.

Für die größten Nöte gab es die kürzesten Telefonnummern, eine von denen sollte sie nun wählen, doch sie zögerte. Man würde nicht nur die Kranke abholen, sondern auch sie selbst. Es gab jede Menge trauriger Häuser im Land, die Problemfälle sammelten, und Kinder ohne Erwachsene gehörten ohnehin in die Obhut anderer. Sie würde das Letzte opfern müssen, was sie hatte, ihre Freiheit, es nutzte nichts.

Annie ging ins Haus, das Mädchen war nicht mehr im Bad, es hatte sich inzwischen wieder zum Fensterbrett geschleppt, seine Haare glänzten feucht.

Zärtlich sprach Annie es an: »Hör zu, ich werde Hilfe holen. Einen Arzt, ja? Versteh das.«

Da packte Paula sie blitzartig und grub ihr die Fingernägeln ins Handgelenk, bis sie jaulte, nach Worten ringend: »Kein Mensch!«

Annie nickte schmerzverzerrt, in ihrem Unterarm waren vier kleine Löcher zu sehen, als hätte eine Raubkatze zugeschlagen, bestimmt würden Narben zurückbleiben, so tief waren deren Krallen eingedrungen.

Von nun an war es wie Seifenkistenrennen, es gab keine Bremse, keinen Rückwärtsgang, es ging nur immer weiter. Es gab keine Gelegenheit mehr für Annie, zum Telefon zu greifen. Keine Chance für Paula, es sich anders zu überlegen. Sie schrie und schrie, umschlang schließlich Annies Nacken mit beiden Armen, ließ sich langsam sinken und hängte ihr ganzes Gewicht an die andere. Die zitterte und weinte, weil ihr das Verhalten des Mädchens unheimlich war und sie ängstigte; zugleich hatte sie das Gefühl, ihr Hals werde brechen. Paula presste sich an Annies Körper, die jetzt erst fühlte, wie hart der Bauch der anderen war, wie groß. Nun sackte deren Gesicht an ihre Brust, Paula seufzte, ihr Atem war spürbar heiß, dann jaulte sie wieder herzerweichend vor Schmerzen. Sie schnappte tief nach Luft, schrie ein letztes Mal unfassbar laut, ließ Annies Nacken los und sank mit ihrem ganzen Körper auf den Boden, klappte regelrecht zusammen und bat wimmernd um Hilfe, um Entschuldigung.

»Bitte bitte, bitte!« Mit einem Mal weinte sie nicht mehr, hörte auf zu betteln, lag beinahe erleichtert da und schnaufte. Plötzlich war alles ruhig.

Annie hätte staunen können oder fluchen vielleicht, oder irgendeinen Mist machen, kichern oder an ihren Haaren spielen, etwas, das sie sonst immer so machte in Momenten, die sie überforderten. Doch sie tat nichts dergleichen. Sie schaute hin, sie sah es und kapierte es nicht.

Das blutig feuchte Etwas neben Paula hätte sich bewegen sollen, so wie es gebaut war, es bewegte sich aber nicht. Annies Augen erkannten deutlich jedes Detail, dunkelblau war es mit schmierigen Flecken und Gliedmaßen. Das Bild von einem kleinen Körper, der nicht atmete, kam oben in ihren Furchen und Windungen nicht an. Stattdessen spuckte ihr Gehirn die Textaufgabe von Ulis Sohn heraus, exakt den Ansatz $2x + 4y = 96$ und $x + y = 35$, dazu eine Liedzeile von ihrer Konfirmation: *Kommet zuhauf. Psalter und Harfe, wacht auf.* Beinahe eine ganze Minute dauerte ihr Schock, sie starrte bloß weiter, ohne zu begreifen, dass sie kurz vor einer Katastrophe stand, wenn sie nicht handelte.

Dann kniete sie endlich nieder, berührte den feuchten Leib mit der Spitze des Zeigefingers, nahm ihn in beide Hände, drehte die knapp drei Kilo um, wie betäubt, ohne jede Angst. Der Schäfer hatte es getan, der Milchbauer auch, sie hatte es bei Kätzchen gesehen, doch dieser Winzling hier regte sich nicht. So legte sie diesen leblosen Packen mit der Brust nach unten auf ihren linken Unterarm und klopfte mit der rechten Hand kräftig zwischen die Schulterblätter, noch mal, noch und noch mal. Da fühlte es sich nicht mehr nur nach Fleisch an, sondern rasselte, zuckte erschrocken, nun ein gieriges Schnappen, und endlich krähte es schlaff wie ein junger Hahn. Ein zweiter, ein dritter Atemzug, seine Lungen füllten sich mit Luft, dann schrie es auf Teufel komm raus – Annie lachte, bis ihr die Tränen kamen.

Ihr Leben lang wird sie nicht mehr vergessen können, was sie getan hat: den Menschen erkennen, anfassen und klopfen, bis dessen Leib sich regt. Sie wird das jeden Tag wieder und wieder durchmachen und sich grauen müssen bei der Vorstellung, was gewesen wäre, wenn der kleine Mensch nicht nach Luft geschnappt hätte, wenn er in ihren Händen verreckt wäre.

Sie hätte sich nicht umgebracht deswegen, aber doch so beunruhigt leben müssen bei dem Gedanken, das Falsche getan zu haben oder das Richtige nicht, dass sie von einer Krankheit in die nächste gefallen wäre, wie zur Strafe. Sie war einem fürchterlichen Unheil entkommen, verflixt noch mal, und der Kleine auch und Paula dazu.

»Hey, schau her, es lebt!«, rief sie der jungen Mutter mit bebender Stimme zu.

Annie hielt das Neugeborene hoch, aber Paula drehte den Kopf weg. Sie atmete erschöpft, war fertig mit der Welt. Das Kind war ganz still, atmete mit. Das haben die beiden also schon mal gemeinsam, dachte Annie. Das Kleine war am ganzen Körper schmierig, blutig, glich einem frisch geschlüpften Lamm. Sah zugleich aus wie ein Drogenboss: schwarze lange Haare, buschige Augenbrauen, flacher Hinterkopf, platte Nase, eng zusammenstehende Augen, pralle Backen – es war kein bisschen süß und friedlich, sondern jetzt schon zu allen Untaten bereit. Ein Kerl, sie blickte ihn zärtlich an: »Du bist verhaftet, lebenslänglich kriegst du von mir aufgebrummt.« Sie nahm ihn etwas hoch, streichelte mit den Fingerspitzen seine winzige zarte Wange.

Annie hatte viele Tiere auf die Welt kommen sehen, die Muttertiere bissen in solchen Momenten die Nabelschnur ab, aber dazu würde sie Paula wohl nicht überreden können. Die arme Mutter lag noch immer auf dem harten Boden. Annie musste wieder schnell handeln, dachte nach, legte dann den Säugling auf Paulas Bauch, holte im Bad zwei Wäscheklammern, lief blitzschnell zurück, klemmte die Schnur an zwei Stellen ab, zog das Schweizer Messer aus ihrer Hosentasche, klappte es auf und schnitt das Ding durch, machte zwei Knoten rein, wischte sich nun die Hände an der Hose ab und kapierte endlich, weshalb sie in Filmen immer nach heißem Wasser riefen, wenn eine Frau ein Kind bekam. Sie wickelte den nackten Körper in einen breiten Wollschal, nun war er kugelrund eingepackt und sicher.

Dann nahm sie sich Paulas an, zog sie mit aller Kraft hoch und legte sie ins Bett. Die drehte sich auf die Seite und schien leise zu weinen.

»Paula?«

Sie hob ihren Arm etwas, als winke sie ab, wolle in Ruhe gelassen werden. Es war darum nicht sie, sondern Annie, die das Baby nun zärtlich im Arm hielt und in Augenschein nahm: Der Junge war so neu und klein und hatte doch, so schien es ihr, zugleich den Blick eines alten Mannes, als erinnerte er sich, wo er gerade hergekommen war. Sie betrachtete ihn genauer, wenn er wahrhaftig ein Drogenhändler gewesen war, würde er noch die zahlungskräftigen Kunden kennen oder vermochte sich an die verdeckten Ermittler zu erinnern, die ihm auf die Schliche gekommen waren. Zugleich hatte er die wohlwollende Autorität eines Bundespräsidenten bei der Weihnachtsansprache oder die von Opa, wenn er aus Kirschen und

Bäumen eine Philosophie machte. Ansonsten war er nichts weiter als ein bisschen Haut und kleinste Knochen mit Lunge und Herz und allem sonst, was man zum Leben brauchte, aber dieser Blick, fand Annie, der war das eigentliche Wunder. Das Leben zeigte sich in den Augen, wurde ihr klar, wenn jemand tot war, schaut gar nichts mehr, selbst wenn seine Augen noch offen standen.

Wenn er in diesem Moment hätte sprechen können, hätte der Kerl Annie alle Fragen beantwortet, ob es Himmel oder Hölle oder Gott gab oder einfach nichts, ob im Universum Außerirdische existierten, ob er früher wirklich schon mal gelebt hatte und nun zum zweiten oder dritten Mal unterwegs war, ob es für die Märtyrer Jungfrauen zur Belohnung gab, alle Rätsel der jenseitigen Welt hätte er in diesem Augenblick verraten können, wenn es überhaupt irgendetwas von alldem gab, aber er sprach nicht. Annie hielt sich für eine ähnlich gute Frucht wie eine Kirsche, sie wuchs als Knospe, sie blühte auf und würde weiter gedeihen, reifen, vielleicht jemandem nutzen, sich darüber freuen und vergehen, ganz einfach. Nichts Besonderes davor und nichts danach.

Der Junge lag derweil einfach in Annies Arm und sah seine Hebamme ungeduldig an, als würde er auf etwas Entscheidendes warten.

»Worauf wartest du denn?«, fragte Annie und schlug sich gegen die Stirn. »Ja, richtig, du wartest darauf, dass ich auf die Uhr gucke, brauchst ja die genaue Geburtszeit, wegen dem Horoskop.«

Annie wandte sich an Paula: »Weißt du, wie spät es ist?«

Aber die hielt ihre Augen geschlossen und keuchte erschöpft.

Also richtete sich Annie wieder an das Kind: »Horoskope sind eh Schrott, alles Mumpitz. Die Leute haben Glück und Pech, immer abwechselnd, unterschiedlich oft das eine und das andere. Komm, mein kleiner Verbrecher, deine Zukunft wird beschissen werden, das sage ich dir gleich. Sieh in die Zeitung, dann weißt du, weshalb. Hier, Paula, nimm erst mal dein Kind, halt es fest, ich bereite alles vor, werde es baden, was meinst du, soll ich? Halt hier fest. Und schau doch, wie er guckt, er guckt wie ein alter Mann, schau dir das an, das ist ein Hammertyp.«

Sie legte ihn in Paulas Armbeuge, ließ die beiden allein, um im Nebenzimmer nach frischen Handtüchern zu kramen, da hörte sie ihn aufschreien. Sie stürmte hin, er lag auf dem Boden – glücklicherweise noch in den Wollschal gewickelt –, regte sich nicht. Annie fühlte einen Schlag in der Magengrube, krümmte sich und hätte beinahe erbrochen.

»Großer Gott, du hast ihn fallen lassen!«

Sie würde diese Fremde zermalmen, so eine würde sie ohne zu zögern mit einem Schlag umbringen. Vor Erregung schwirrten silbrige Fische zu Tausenden vor ihren Augen, Magensaft brannte ihr im Hals, ihre Hände hatte sie zu Fäusten geballt. Endlich bei ihm ein leichtes Aufschlucken, er berappelte sich, gluckste sogar, atmete. Annie richtete sich auf, löste ihre Faust. Er hatte sieben Leben, dessen war sie sich nun sicher, landete immer auf den Füßen, Nette nannte so was gutes Karma.

Annie schauderte, sie hätte der jungen Mutter wehgetan, würde das Baby jetzt nicht leben; sie hatte nicht gewusst, zu was sie imstande war. Nicht nur trommeln und schreien konnte sie, sie konnte gewalttätig werden, wenn es um was ging.

»Schau ihn dir an«, schluchzte sie und hielt Paula den Kleinen zitternd hin. »Du musst ihn nur waschen, dann gefällt er dir vielleicht.«

Aber Paula bäumte sich im Bett auf, stöhnte schwer, stellte ihre Beine auf. Annie war schockiert, es gab doch kein gutes Ende, sie hatte es zu leicht genommen, dachte: Nun ist es vorbei mit ihr. Sie legte den Neugeborenen schnell in die Ecke, auf den Boden, zur Sicherheit. Auch wenn er hilfsbedürftig war, er musste warten.

Sie hob die Bettdecke hoch, zwischen Paulas Beinen lief Blut auf das Laken, da war etwas Schwammiges, Großes, eine Qualle mit noch mehr Blut. Hatte sie einen Zwilling geboren – oder was war das sonst, fragte sich Annie und schaute genauer hin. Es war platt wie ein kaputter Handball, hatte dicke Adern, dunkelrot oder lila gefärbt, war glibberig, ohne Augen, ohne Mund. Sie stupste es mit dem Finger an, aber es gab keinen Ton von sich, rührte sich nicht, war hässlich und tot, nichts daran erinnerte an einen Menschen.

Hört das hier nie mehr auf, soll es immer so weitergehen? Hält Paula das überhaupt noch aus? Wie soll ich alles der KTU erklären, was hier passiert, fragte Annie sich. Ist das ein Kriminalfall? Im Haus lag ein zerrissener Körper, es roch nach Blut. Wenn jetzt die Polizei kommt, was geschieht dann mit mir, mit den beiden? Man wird mich sicher verhaften.

Paula hatte die Augen geschlossen und wimmerte leise. Annie holte die leichte Federdecke ihres Opas, legte sie über die erschöpfte junge Frau, streichelte ihr freundlich die Wange, sah die eingefallenen Augen mit dunklen Rändern, die blutleeren Lippen, den schief hängenden Kopf, und es schien ihr, als könnte er fortkullern.

Annie hatte schon viele Leichen gesehen, verbrannt, mit Kugeln im Bauch, aufgehängt oder aufgeschlitzt oder in den See geworfen oder in Beton versteckt, das gab es alles vor acht im Ersten. Aber hier, wo sie lebte, gab es das nicht. Das einzig Tote, was sie bis jetzt hier gesehen hatte, waren Vogelkadaver, platt gefahrene Igel und von Fallen zerfetzte Füchse. Was, wenn Paula nun bei ihr starb?

Ich werde ins Gefängnis kommen, weil ich niemanden geholt habe. Keiner wird bezeugen können, dass Paula es mir verboten hat. Ich werde nicht zur KTU kommen. Ich werde darum im Garten ein Loch graben und sie dort verstecken müssen, niemand weiß von ihr, Zeugen gibt es nicht. Ja, und das Kind? Es ist doch da. Also kann man das Geschehene nicht vertuschen! Gut, dass ich keinen eingeweiht hab, gut, sehr gut. Schlecht ist das, alles schlecht.

Annie war von Angst und Sorge erfüllt, ihre Gedanken wanderten hin und her, als laufe sie in der Plantage den Staren nach, hinauf wurde alles gut, und herunter hatte sie keine Chance.

FÜRSORGE

Es war wie Weihnachten, der Kleine schien auf seine Weisen aus dem Morgenland zu warten, die bepackt wären mit Geschenken, und war anständig still. Paula schwieg, Annie saß auf der Bettkante und hielt ihre Hand, lauschte wie das Kind Chören, Halleluja und Gloria, Glockendröhnen und Orgelspiel, als gäbe es das tatsächlich, atmete tief ein und fest wieder aus, schlief in Gedanken gemütlich zwölf Stunden durch, ließ sich von Sonnenstrahlen wecken, duschte und verspeiste ein kräftiges Frühstück, Speck und Eier, Opa hatte den Tisch gedeckt, Nette stand am Herd und trug eine Schürze, man glaubte es fast nicht, mütterlich sah sie darin aus und lachte lieb. Dann schwand die schöne Vorstellung, in Annies Magen war nur Leere, die Familie war fort. Sie hatte nur Sekunden geträumt und sich doch dadurch erholt. Niemand würde hier sterben, kein fremdes Mädchen begraben werden. Die Fußballer vom FC Wolke Null Sechs hatten nach jedem Spiel ein Motto, dass Annie sich nun zu eigen machte: Mund abwischen, weitermachen!

Das blutige Etwas mit Schnorchel hatte Annie in eine Schüssel gelegt und in die Waschküche getragen. Nun holte sie ein neues großes Bettlaken, breitete es auf dem Fußboden aus, schlug die Decke zurück, legte Paulas Leib auf dem Boden ab, ging ins Bad, tauchte ein ganzes Handtuch in warmes Wasser und reinigte sie damit, tupfte nur vorsichtig, nutzte einen Waschlappen als Vorlage über ihre Wunden, zog die verschmutzte Wäsche ab, hob das Mädchen zurück ins frische Bett. Paula stöhnte leise und ließ alles mit sich geschehen.

Annie wurde beinahe ohnmächtig vor Müdigkeit, sie musste sich an der Sessellehne abstützen, nahm sich noch vor, das Baby zu baden, nur kurz ausruhen, bloß eine Minute, Paula dabei fürsorglich im Blick.

Schon nach wenigen Augenblicken schreckte sie wieder hoch und vermutete, Stunden geschlafen zu haben. Sie stürmte zum Fenster, riss es auf, sog die Nachtluft ein. Diese verdammte Fremde, was war geschehen? Wo war das Kind? Annie hielt sich am Fensterbrett fest, heulte vor Erschöpfung und Anstrengung, es triefte aus Nase und Augen, Speichel floss ihr aus dem Mund, sie suchte nach einem Taschentuch, schluchzte ohne Hemmungen und wischte sich endlich das Gesicht mit der alten Gardine ab. Sie ersehnte den Winter und ihre Couch, wollte eine Decke über sich ziehen, die Augen schließen und schlafen, ohne zu träumen. Was war in den letzten Tagen nicht alles geschehen! In dem Moment quäkte was, ja, Herrgott noch mal, es dämmerte ihr. Endlich dachte sie wieder vernünftig, hielt sich den Bauch, massierte ihren Rücken, drehte sich um, da lag er in der Ecke, und sie war eingeschlafen, wie konnte sie nur!

So ein Winzling war einzigartig, da waren die Plantage und die Ernte ein idiotischer Dreck gegen. Aber nun, wie gehts der Mutter? Das fragte man doch zuerst nach einer Geburt: *Wie gehts Mutter und Kind?* Paula lag im Bett, die

Augen geschlossen, dieses prima Mädchen hatte Unglaub-
liches durchgestanden!

»Liebe Paula, wie geht es dir?«

Paula schlief, das war gut, und atmete ganz ordentlich.
Annie hob die Bettdecke, dort war keine neue Blutlache,
also war so weit alles in Ordnung. Oder etwa nicht?, zwei-
felte sie.

Es musste schrecklich sein, malte sie sich aus, wenn im
eigenen Körper was drinsteckte, das wuchs und nach draußen drängte, ohne dass man es wollte oder was dagegen
machen konnte. Welche Frau hatte sich je gegen eine Geburt wehren können? Selbst wenn sie eine Vollnarkose
wünschte, hatte sie danach eine Narbe und ein Kind. Und
selbst wenn sie das Baby weggeben würde, blieb sie doch
immer eine Mutter. Es war dann wie beim Bonanza-Rad,
kam Annie in den Sinn: Ich hätte eines haben können, wie
würde es nun aussehen, was wäre daraus geworden, was
hätten wir Spaß miteinander gehabt. Hätte, wäre. Da
tropfte die Möglichkeitsform ein Leben lang wie chinesische Tropfen und folterte die Frauen verrückt. Die, die
kein Kind bekommen haben. Die, die ihres weggemacht
oder weggegeben haben, und die, die es behielten. Hätte
ich, hätte ich bloß, hätte ich nicht.

Ohne Schwangerschaft wäre Paula jetzt woanders, in
der Disco, am Strand oder daheim im Bett. Sie hätte keine
Schmerzen und auch kein Baby. Irgendwann vor neun
Monaten war kurz was passiert. Das ging schnell wie ein
Messer ziehen und zustoßen, schon steckte jemandem eine
Klinge in der Leber. Eben war man noch angeln und gleich
danach bereits erstochen oder bekam ein Kind. So stellte
sich Annie das vor und fragte sich, ob schwanger werden

eine Körperverletzung war oder nicht, ob es dabei freundlich zuging oder kriminell. Was davon hatte Paula hinter sich? Sie selbst fürchtete sich enorm, dass einer sie quälte, ihr Ohren oder Finger abschnitt. Ein Verbrecher brauchte sie nur einsperren und konnte schon loslegen. Der Körper eines Menschen war so schrecklich empfindlich, so leicht zu entstellen. Würde sie mal solches Pech haben oder nicht? Wen würde es stattdessen treffen, und weshalb? Ihre Mutter hatte die letzten Jahre herumgebrüllt, ohne ein Messer im Bauch zu haben, der stach irgendwas gewaltig im Gefühl, solche Schmerzen waren schwerer zu lindern als Schnitte im Fleisch. Insgesamt, zu diesem Schluss kam Annie, tat das Leben weh.

Sie ließ warmes Wasser ins Waschbecken laufen und packte den Neugeborenen vorsichtig aus. Er hatte riesige Hoden und ein winziges Ding, an seinem Bauch baumelte noch der Rest der Nabelschnur. Annie hatte keine Ahnung, wie er die loswerden wollte.

Sie fragte sich, wieso Paula sich hier versteckt hatte. Weshalb hatte sie ihr Kind nicht im Krankenhaus gekriegt, wie andere auch? Oder vorher verhütet mit Pille oder Kondom, das konnte heute doch jeder. Wo war der Vater, wo waren ihre Eltern – vielleicht war sie ja ganz allein auf der Welt.

Dem Kleinen gefiel das warme Wasser gut, er verhielt sich still, ließ seine Beine vom Wasser tragen, freute sich, der Enge des Bauches entkommen zu sein.

Vielleicht, erträumte Annie sich, hatte Paula doch Eltern, und die waren reich und würden ihr ein Leben lang danken, eine Heldin würde sie sein und sogar Patentante werden.

Ein Fahrrad würde sie geschenkt bekommen oder eine Reise hinter ihrer eigenen Mutter her, um sie zurückzuholen.

Allerdings, räumte sie ein, wenn Paula vermisst wurde, dann wäre die Polizei längst mit Hubschraubern über die Ortschaft gekreist, ein brauner von der Bundeswehr oder ein Polizeihubschrauber in Grün-Weiß, und hätte mit Wärmekamera gesucht, solche Dinge standen zumindest immer in der Zeitung, wenn jemand vermisst wurde. Aber nichts davon war passiert, niemand schien Paula zu suchen. Es gab keine Plakate oder Flugblätter mit ihrem Foto, und auch in der Zeitung hatte nichts gestanden von einem verschwundenen Mädchen. Sie war nicht wichtig genug, bestimmt kein bisschen reich und mutterseelenallein, so was landete immer in dieser Gegend. Sie wird kein Fahrrad zur Belohnung bekommen und auch keine Reise.

An dem winzigen Körper klebte milchiger Dreck, den Annie nicht vollständig abwaschen konnte. Also beendete sie das Bad, trocknete den Kleinen ab und wickelte ihn in das ein, was sie im Kleiderschrank fand, T-Shirts und eine Decke. Sie würde Sachen für ihn brauchen, dachte sie, während sie ihn in den Arm nahm, und Windeln.

»So, jetzt gehen wir Mutti besuchen, ja? Schau mal, da ist sie ja. Da ist die Mammili, sag Hallo Mammi.«

Sie reichte ihn Paula, doch die reagierte nicht.

»Schau ihn dir an, er ist deiner.«

Er schmatzte mit den Lippen.

»Dein Junge, er hat Hunger.«

Die junge Mutter lag bewegungslos da, die Augen offen, die Lippen aufeinandergepresst.

»Du wirst irgendwo mit irgendwem was gehabt haben.

Hast im Leben nicht an ein Kind gedacht, sondern nur ans Fummeln. Hast du dich denn nicht gewundert, was da in dir wächst?«

Paula zog sich die Decke über den Kopf.

»Es dauert nicht mehr lange, dann bist du wieder schlank.«

Annie könnte sie ärgern und ihr erzählen, dass die Muttis bei ihnen im Ort dick blieben und von Kind zu Kind immer fetter wurden, doch sie ließ es lieber. Das Baby begann zu jammern, hier gab es keine Flasche, keine Milch, nichts.

»Du, zeig her. Hast du eine Brust mit was drin? Pack mal aus, bei dir ist ganz automatisch was zu trinken drin, dein Kleiner braucht was hinter die Kiemen.«

Das Kind brüllte jetzt gotterbärmlich, aber seine Mutter reagierte nicht darauf. Annie könnte ihr mit Gewalt das Hemd ausziehen und die Hände hinter dem Rücken fesseln und ihn dann an die entblößten Brüste halten. Er würde sich bestimmt schnell festsaugen und kräftig nuckeln. Babys können schlucken und atmen gleichzeitig, das konnte sonst niemand, nur noch der Kauer von der Sparkasse.

Ob das Stillen auch mit Gewalt ging? Annie hatte ihre Zweifel, es musste wohl freiwillig laufen, sonst kam da sicher nichts getröpfelt. Selbst die Kühe vom Bauern machten Schwierigkeiten mit der Milch, wenn sie schlechte Laune hatten.

Sie lief mit dem brüllenden Kind im Zimmer herum, wiegte es hin und her, versuchte es zu beruhigen. Sie steckte ihm ihre Fingerspitze in den Mund, konnte es täuschen, es nuckelte, für Sekunden war Ruhe, bis es den Betrug bemerkte, den Finger ausspuckte und weiterbrüllte.

Was sollte sie bloß mit ihm machen? Sie wollte den Kleinen sicher nicht behalten, und Nette würde sie ihn nie und nimmer anvertrauen. Jetzt schrie er so laut, als wolle man ihn umbringen. Annie hielt ihn hoch, wie einen Hauptgewinn an der Losbude, und rief zu Paula hinüber: »Schau mal, du bekommst Kindergeld dafür.«

Keine Reaktion.

»Später wird er dir nützlich sein, du kannst ihn für dich arbeiten lassen, staubsaugen und so!«

Ich werde ihn ihr aufzwingen müssen, dachte Annie, legte das Kind einfach neben die junge Mutter, so werden sich die beiden näherkommen. Mütter taten ihren Babys nicht weh, bei denen kam die Liebe automatisch. Mit diesem Gedanken rannte sie los. In der Schublade lagen die Autoschlüssel, in der Gefriertruhe das Geld.

»Ich kaufe Milch für ihn und eine Flasche, pass solange auf, bitte.«

Je schneller sie fuhr, überlegte sie, desto früher würde sie mit dem Nötigen zurück sein. Vor der Garage kam es ihr vor, als habe sie von oben ein quiekendes Geräusch gehört. Ängstlich schlich sie zurück und stellte sich vor, Paula wäre eine bissige Ratte, die ihr Kleines packte oder schüttelte. Wie viele Eltern taten das, auch das konnte man in der Zeitung lesen! Doch Mutter und Kind lagen noch immer im Bett, das Baby weinte leise, oder war es Paula? Annie wusste es nicht genau. Sollte sie ihr sagen, dass sie das Kind nicht behalten musste, dass sie sich kümmern würde, wenn's nötig wäre? Dass sie dem Gangster nicht wehtun durfte, selbst wenn das Schreien sie nervte. Sie hätte all das erklären müssen. Vielleicht stillte Paula den Kleinen ja, wenn sie Ruhe hatte.

Annie lief also wieder hinaus und setzte sich ins Auto. Sie kannte die Schleichwege zum Parkplatz des Einkaufszentrums in der nächsten Stadt, es war die Strecke, auf der Opa ihr das Autofahren beigebracht hatte. Nur dort konnte sie um diese Zeit einkaufen. Babykleidung gab es da zwar nicht, dafür aber einen großen Teddy im Angebot, der einen dunkelroten Strickpullover und eine karierte Latzhose trug, den nahm sie mit. Ihr fiel ein, dass auch Paula etwas zu essen und zu trinken brauchte. Also kaufte sie Säfte, Cola, Süßes, Chips und Nüsse, Tütensuppe, Gurken und Mäusespeck, was Mütter eben so essen, wenn sie fertig mit den Nerven sind. Es dauerte, bis sie den ganzen Kram beisammenhatte, schließlich fuhr sie beim Ausparken vor Ungeduld gegen einen Laternenpfahl und verpasste dem Ford eine Beule.

Während der Rückfahrt gingen ihr schreckliche Geschichten durch den Kopf, es gab doch diese Menschen, die ihre eigenen Kinder in Blumenkästen legten oder in die Tiefkühltruhe, aus Verzweiflung, Angst oder Irrsinn. Wer war diese Paula?

Das Auto stand noch nicht richtig, da sprang Annie schon heraus, lief mit ihren Tüten ins Haus, die Treppe hoch: Da lag das Baby bewegungslos im Bett, Paula aber war fort. Die Tüten fielen Annie aus der Hand, sie verlor das Bewusstsein und sank zu ihren Einkäufen auf den Boden.

Galle war mitten in der Nacht aufgewacht, hatte sich angezogen, ohne sich zu fragen, weshalb er das tat, es gab allem Anschein nach keinen erkennbaren Grund. War mit einer Taschenlampe quer über die Felder gelaufen, als wäre er von jemandem alarmiert worden. Sein Lichtkegel glitt über den Acker. Womöglich hatte er genau für diesen wichtigen Moment naiv werden müssen, vernünftige Leute wären einem solchen Drang nicht nachgegangen, nach Mitternacht ohne Grund loszuziehen. Er dagegen hatte Paula tatsächlich so entdeckt. Sie lag in einem Graben, Haare und Hände schmutzig, und jappte wie eine, die sich müde gelaufen hat.

Er glotzte das Mädchen an und begriff, wer es war: die Frau von der Himbeerhecke, die in der Grillhütte geschlafen hatte. Ihr Schnaufen wurde heftiger, als sie ihn sah, aber sie blieb reglos liegen und konnte anscheinend vor Erschöpfung nicht mal ihre Augenlider offen halten. Galle berührte sie leicht an der Schulter, als wolle er sie begrüßen oder sichergehen, dass sie überhaupt noch lebte. Da hob sie mühsam ihren Arm, wollte ihn verscheuchen oder sogar schlagen, doch der Arm plumpste kraftlos zurück ins Gras. Erstes Licht dämmerte, die Sonne ging auf.

Die Wiese neben dem Graben war Tage zuvor gemäht worden, es duftete nach Tau und Heu. Das Getreide auf den Feldern ringsherum stand aufrecht, die Ähren warteten auf die unerbittliche Hitze, matte Menschen dagegen sollten nicht an einem solch schattenlosen Ort bleiben. Galle begriff das ganz genau, die junge Frau schien bereits ebenso erschöpft wie der Postbote, kurz bevor er beerdigt wurde. Dieser Gedanke verweilte eine Minute in ihm, verdorren, sterben – genug davon. Er wandte sich Paula zu, streckte seine Arme aus, stand minutenlang da wie die Skulptur eines Selbstlosen, die nur Ernst Barlach hätte gestalten können. Sie sollte Zeit haben, Galle zu betrachten. Er hörte sie flach atmen, die Vögel begannen zu singen, endlich zitterten ihre Lippen: »Hilfe.«

Da legte er einen Arm unter ihre Kniekehlen, den anderen um ihre Schultern, jedoch mit solch ausgestreckten Armen, dass Paula ihn selbst eng umschlingen musste, um Halt zu finden, sie krallte sich förmlich rechts in seinen Nacken, links in die Schulter, es tat ihm weh, aber er beschwerte sich nicht.

Die Kranke klagte bei jedem seiner Schritte, der Weg zurück war weit und beschwerlich. Als er sie einmal ablegen musste, um Kräfte zu sammeln, sah er frisches Blut an ihren Beinen. Nun zog er sie näher an seinen Körper und brachte sie schnell zur Apotheke.

Annies Augen öffneten sich, ihre Gedanken warfen vieles durcheinander, sie fragte sich, ob sie womöglich verschlafen hatte und nun zu spät zur Schule käme und weshalb sie auf dem Fußboden lag, inmitten ihrer Einkäufe. Sie musste in der Nacht aus dem Bett gefallen sein. Langsam dämmerte ihr, was wirklich geschehen war, da sprang sie auf und stürmte zum Kind. Es lebte, schien jedoch zu erschöpft, um nach Milch zu schreien. Annie suchte nach der Verschwundenen, rief laut ihren Namen, fand sie weder im Bad noch sonst irgendwo. Sie ertrug all diese Schrecken kaum mehr. Keine Zeit zu zittern, bläute sie sich ein, jetzt nicht nachdenken, sondern sofort eine Flasche zubereiten, der Kleine verdurstete sonst. Sie studierte die Anleitung auf dem Milchpulver – die Buchstaben verschwammen beim Lesen –, kochte Wasser, hörte den Kleinen jammern, er war aufgewacht. Umso eiliger hantierte sie mit Messbechern, ließ sie in der Aufregung fallen, jetzt klang sein Weinen wie ein unglaublich zähes Quäken, das sie nahezu wahnsinnig machte und ihr klipp und klar zu machen schien: Wenn du dich jetzt nicht um mich kümmerst, erschlage ich dich, sobald ich kann.

Sie kühlte die Flasche trotzdem sorgfältig unter laufend kaltem Wasser, mischte und schüttelte und wusste nicht mal, weshalb ihr das so mühelos gelang. Sie zitterte nämlich vor Angst, etwas falsch zu machen, und hatte doch die Flaschen und die Sauger vorher abgekocht, ihre Hände waren überdies so sauber wie sonst nie. Sie tropfte etwas von der Milch auf ihren Handrücken, sie war lauwarm.

Dann nahm sie das Baby in den Arm, setzte sich mit ihm in den Sessel und träufelte ihm ein paar Tropfen auf die Lippen, stupste den Nuckel an seine Wange, da verstummte es endlich und schnappte zu wie ein Fisch.

Mit offenem Mund und voller Konzentration staunte Annie, es war schließlich seine erste Mahlzeit: »Futtern kannst du, das muss man dir lassen.«

Irgendwann wurde der Unterdruck in der Flasche zu stark, und er bekam keine Milch mehr heraus, doch er ließ vor Gier den Nuckel nicht los, saugte einfach weiter, starrte seine Ernährerin böse an. Annie war gezwungen, die Flasche aus seinem Mund zu zerren, damit der Unterdruck entweichen konnte, im Glas gluckerte es, sie musste diesen Moment abwarten, obwohl sein wütender Blick sie zur Hölle schickte, weil sie das Essen unterbrach.

Sie selbst war seit vielen Stunden nicht dazu gekommen, etwas zu sich zu nehmen, jetzt erst spürte sie ihren eigenen Hunger. Sie legte den Kleinen vorsichtig mit dem Bauch an ihre linke Schulter, klopfte ihm sanft auf den Rücken und ließ ihn aufstoßen, bettete ihn sicher. Dann stürzte sie sich auf die Chips und schlang sie hinunter wie nichts, vergaß das Kauen, kippte Cola hinterher, rülpste auch, schluchzte und lachte zugleich. Die Mutter war fort, abgehauen. Sie hatte ein Kind gekriegt. Wahnsinn.

Annie legte ihrem Drogenboss eine Windel um, zog ihm die hässlichen Klamotten des Teddys über, er sah herrlich bescheuert darin aus, war aber endlich versorgt. Nun saß sie wieder mit dem Baby im Sessel, hielt es im linken Arm, machte freundliche Fratzen und ploppte ihm etwas vor. Dazu steckte sie ihren Zeigefinger zwischen die Lippen und drückte ihn am linken Mundwinkel so wieder heraus, dass es dabei leise knallte, wie ein Sektkorken. Das hatte ihre Mutter ihr beigebracht, die konnte sogar mit allen zehn Fingern rechts und links hintereinander ploppen, das hatte Opa bei Michael Schanze aus dem Kinderfernsehen abgeguckt, als Nette noch klein war. Gewisse Dinge sollte man eben von Generation zu Generation weitergeben, die wichtigen jedenfalls.

Der kleine Junge war in ihren Armen eingeschlafen, atmete regelmäßig. Annie konnte sehen, wie die Fontanelle pulsierte. Die winzigen Nasenflügel gingen auf und zu, er sog die Luft tief ein, pustete sie kräftig hinaus, das würde er tun bis zum letzten Atemzug, hundert Jahre lang vielleicht. Annie atmete in seinem Rhythmus mit, dann langsamer in ihrem eigenen, schnupperte an ihm, besonders die feinen Härchen dufteten herrlich wie sonst nichts auf der Welt.

DER MENSCH

Wenn er schlief, schlief sie ebenfalls, wenn er wach war, bewachte sie ihn. Sein erstes großes Geschäft war nicht kotig braun, sondern eine Art teerfarbene Spur. Hat einer geahnt, dachte Annie, dass ein frisches Baby schwarz kackt? Es wird ein Zeichen sein, später würde der Gangster schwarzfahren und schwarzarbeiten, das war also auch alles angeboren, drum war ja Fritzi blöde und sie nicht.

Was sind gut drei Kilo warmes Menschenfleisch ohne eine Person, die es versorgt? Ein Neugeborener beherrschte zu Beginn nichts, Tiere waren besser dran, fand Annie. Vögel konnten fliegen, sobald die Federn getrocknet waren und die Winzlinge sich trauten, das Nest zu verlassen. Ein Mensch würde nie von allein fliegen können, und wenn er sich noch so anstrengte. Wenn ein Kind vom Nestrand fiele, wäre es zerschmettert, ein Vogel dagegen flügge. Ein Mensch konnte auch nicht von Anfang an schwimmen, er musste es erst mühsam lernen, wenn er im Wasser überleben wollte. Die kleinsten Fische, kaum waren sie geschlüpft, schwammen los, als sei das nichts, und Enten pickten sich eben aus dem Ei und huschten schon sicher über das Wasser.

Mit dem Laufen war es bei den Tieren ähnlich, ein frisches Kalb zwang sich gleich nach der Geburt auf die Beine, musste sich so früh wie möglich zur Flucht bereit machen, auch wenn es zu Beginn noch wacklig war. Wenn es nicht von allein stehen wollte, stupste die Mutter es mit der Schnauze hoch, damit es vom ersten Tag an irgendwie zurechtkam. Den Kleinen hier könnte Annie lange stupsen, er würde doch nicht stehen.

Ein Mensch musste sich auf seine paar Instinkte wie Nuckeln oder Greifen verlassen.

Eigentlich sollten Babys ein Jahr länger im Bauch der Mutter bleiben, überlegte Annie. Währenddessen könnten sie da drin in Ruhe ihre Muskeln trainieren und den eigenen Händen beibringen, den Weg zum Mund zu finden, damit sie nach dem Essen grapschen konnten, sobald sie draußen waren. Der Mensch vertrug zu Anfang nur Milch und Tee, ein Babyfisch dagegen futterte bereits dasselbe wie die Großen, bloß in kleineren Portionen.

Während seines zusätzlichen Jahres im Bauch könnte der Mensch auch in Ruhe Zähne kriegen, das Gejammer dabei würde man auf diese Art nur als Tonstörung im Bauch hören, und die Eltern hätten draußen ihre Ruhe. Man müsste keine teuren Gläschen kaufen oder Gemüse zerdrücken. Nachteil der Geschichte war, dass der weit entwickelte Fötus mit seinen Zähnen von innen in die Bauchdecke beißen könnte, aber Mütter hielten ja ohnehin viele Schmerzen aus, die paar Bisse gehörten dann halt zu den Schwangerschaftsqualen automatisch dazu.

Zwei Jahre Schwangerschaft wären allerdings noch besser, so könnte das Kind gleich nach der Geburt laufen. Es hätte bereits genug Kraft, selbst zum Kühlschrank zu gehen und herauszuholen, was es brauchte, und die Eltern hätten nicht mehr so viel Arbeit. Am besten aber wären sechs Jahre: Das Kind würde geboren und ginge gleich in die Schule, kein Geschrei und keine Windeln mehr, kein Schuhbinden-Üben im Kindergarten und keine teuren Bilderbücher, die ganze Familie sparte Geld und Arbeit. Man bräuchte nicht mehr ständig aufzupassen, keinen Babysitter zu bezahlen, keinen Kinderwagen und all die kleinen Klamotten, die sowieso nur kurz passten, die Eltern wären viel entspannter, und ihre Ehen hielten länger – auch ein Vorteil.

Allerdings war sich Annie nicht sicher, ob die Frauen zwei oder gar sechs Jahre Schwangerschaft aushielten. Den Armen würde der Bauch ausleiern, und das wäre mit bester Gymnastik nicht mehr wegzukriegen. Wenn man dieses kosmetische Problem in den Griff bekäme, gäbe es sogar noch eine bessere Lösung: Das Kind würde gleich mit Schulabschluss in die Familie aufgenommen oder als diplomierter Ingenieur.

Die Tiere können zwar früh das Wichtigste, aber sie haben keine Wahl, sie müssen bleiben, was sie sind. Die eine Art gräbt ihr Leben lang Höhlen, weil ihre Gliedmaßen wie Schaufeln sind, die andere baut sich jedes Jahr ein neues Nest im Baum, weil sie Flügel hat. Mit Flossen nutzte das Laufenlernen wenig, die Körpermerkmale bestimmen die Lebensweise. Ein Fisch fliegt auch nie, es sei denn als Lachs gebraten bei der Lufthansa.

Die Menschen dagegen hatten keine Schaufelhände, keine Federn und keine Flossen, sie waren im Grunde so schlecht in Schuss, dass man sie als Mangelware zurückgeben müsste.

Diese Unfähigkeit macht den Menschen erst zum Alleskönner, er ist gezwungen zu lernen, um zu überleben; deshalb gräbt, fliegt und schwimmt er, wohin und wie lang es ihm beliebt.

Annie betrachtete ihr Mängelwesen gern, es war freundlich, beruhigte sich in ihren Armen, schlief gut und schaute mit jeder Stunde noch schöner aus als davor. Es schien ihren wohlwollenden Blick zu genießen. Hatte Nette sie ebenso angeschaut?, fragte sich Annie skeptisch. Kein Kind kann sich aussuchen, in welche Familie es kommt. Eines etwa kriegt einen qualmenden Vater mit dem Verstand eines Schiffsschaukelbremsers. Der grinst es über der Wiege an, hat schon mit dreißig alle Zähne voller schwarzer Löcher, dazu einen mächtigen Bierbauch und im Leben nichts gelernt und kaum was getan. Und der soll nun fast zwei Jahrzehnte lang die Erlaubnis haben, einem neuen Menschen Manieren beizubringen. Kauft er Windeln, guten Brei, Kinderwagen? Hinbringen, wegbringen, schlafen legen, Arzttermine, Fieber, Grippe, Husten, Heulen, Trösten. Bewältigt er das, kümmert er sich? Falls also ein Mensch solch eine Familie überlebt, macht er schließlich den Führerschein, fährt den Wagen seines Vaters zu Schrott und wird deswegen gnadenlos aus dem Haus geworfen. Ist ohne Arbeit, putzt seine Zähne nicht, bald werden sie schwarz und fallen aus, er bekommt einen Bierbauch und macht jemandem zufällig ein Kind, und der ganze Mist geht von vorn los. So ungefähr funktioniert das, glaubte Annie, schaute ihr Baby freundlich an und sagte: »Na gut, du armer Wicht. Herzlich willkommen!«, und gab ihm einen Kuss. »Du bist auch ein Windbefruchter, was? Vielleicht ist das in unserer Familie so üblich. Hunger hast du bald wieder? Und an die Luft willst du mal? Okay, das können wir morgen machen, dann bist du groß genug dafür. Ich muss schlafen, einverstanden? Hundemüde bin ich, verdammt. Komm, leg dich zu mir. Puh, bist du anstrengend. Hast du das gehört? War da nicht ein Geräusch? Das Knacken eines Astes? Ging irgendwo bei uns eine Tür?«

Sie setzte sich auf, horchte, vernahm nichts weiter und legte sich zurück: »So, und jetzt kommt der Hammer – schläfst du schon? –, was glaubst du, was ein Mensch wert ist? Ich sag es dir: sechzig Cent. Wir sind bloß Wasser und etwas Chemie, kosten fast nichts. Aber wenn ich dich so anschaue, bist du teurer als alles andere, bist viel mehr wert. Und ich würde sonst was tun, damit du es gut hast.«

Annie konnte sich nicht erklären, was nun geschah. Sie kümmerte sich um das Baby, saß am darauffolgenden Morgen mit ihm in der Küche und ernährte es, wie es sich gehörte. Sie hatte in den letzten Tagen auf alles verzichtet, auf die frische Luft zum Beispiel, war nicht mehr mit bloßen Füßen durch den Bach gelaufen oder auf einen Baum geklettert, weil sie sich verantwortlich gefühlt hatte für ihre sechzig Cent. Sie hatte das Gefühl gehabt, sie werde beobachtet, aber wer sollte das tun? Hier war doch keiner.

»Wie kann dieses Mädchen sich ein Kind im Bauch wachsen lassen, es mühsam kriegen und dann liegen lassen? Wie kann meine eigene Mutter sich davonmachen? Und Opa. Erklär mir das!«

Auch dem Kleinen fehlten die Worte.

»Weißt du, was ich später mal mache? Jetzt bekommst du einen Schreck, ich geh zur Polizei.«

Annie stand auf, holte ein Päckchen aus dem Schrank

und setzte sich wieder, noch immer den Kleinen behutsam im Arm.

»Willst du mal sehen, was ich habe? Eine Knarre hab ich, das wird dich interessieren, du alter Bandenchef, damit schieße ich Raketen ab, die über die Plantage pfeifen. Hier kommt die Munition rein, siehst du? Dann entsicherst du hier, nicht anfassen. Das kann gefährlich sein, Achtung mit der Waffe, ich trage die Verantwortung dafür.«

Sie nahm die Pistole und hielt sie sich zum Scherz an die Schläfe, wie sie das in Krimis gesehen hatte. Aber nie im Leben würde sie wirklich abdrücken, es war halt cool, mehr nicht. In diesem Moment jedoch sollte das jemand missverstehen, der es von draußen sah und Alarm schlug.

In schwierigen Zeiten half Annie die Vorstellung, dass es noch viel schlimmere Umstände gab. Etwa, wenn sie einer besonders unbeliebten Lehrerin beim Möbelkauf helfen und berechnen müsste, wie viele Regale und Seitenteile sie brauchte für eine so und so lange und so und so breite Wand. Diese Lehrerin, die ihr da vorschwebte, existierte nicht mal, und ihr Wunsch nach Regalen demnach ebenso wenig. Dieser Gedanke half Annie bloß, sich mit dem Leben abzufinden, sobald es für sie unverständlich wurde.

Und jetzt gerade berechnete sie eine enorm lange Wand! Denn sie war nicht mehr daheim, auch nicht in ihrer Plantage, sie war nicht draußen, sondern eingesperrt, das Kind war ihr weggenommen worden, und von all dem war ihr so elend, dass sie weiter und weiter lieber Regale berechnete und in Gedanken hinter der bescheuerten Lehrerin hertrottete, als zu schreien.

Plötzlich waren alle da. Erst hatte Annie tagelang die ganze Arbeit allein am Hals gehabt, dann war Paula unerwartet gekommen und plötzlich wieder gegangen, dazwischen deren Schmerz, der leblose Mensch, ihr Klopfen auf seinen Rücken und der Gedanke, was geworden wäre, wenn sie das nicht gemacht hätte, und nun waren mit einem Mal lauter Leute um sie herum. Als würde hier ein Krimi gedreht, bloß die Kamera fehlte. Zugegeben, sie saß mit einer Browning und einem Baby in der Küche. Klar, wird sie später eingestehen müssen, das sah blöd aus. Extrem gefährlich sogar. Annie hatte sich das alles auch nicht ausgesucht. Was sollte sie machen? Das Baby war geboren und nun mal da. Die Knarre hatte schon immer herumgelegen, sie hatte sie oft auseinandermontiert oder an ihre Schläfe gehalten, das mag man albern finden. Die Kombination aber, Kind und Knarre, war ein Skandal. Das war wie in der Zeitung: Kind und Kühlschrank waren getrennt keine Zeile wert, doch wenn das eine sich im anderen befand, lag ein Verbrechen vor. Kind und Knarre waren zusammen offenbar ähnlich aufsehenerregend.

Die Polizei hatte das Haus vor dem Zugriff weiträumig abgesperrt, die Bewohner des gesamten Ortes standen herum und glotzten. Annie hätte für diese Show Eintritt kassieren können wie Opa damals bei den fliegenden Dosen.

Zwei Beamte in Zivil hatten vorsichtig die Tür geöffnet, waren Annie nicht zu nah gekommen und hatten mit ihr gesprochen, wie man Blockflöte bläst, mit einem geflüsterten »Dü dü« im Ton: Wie das Baby denn heiße, wo es herkomme und wie es ihm gehe und wie es ihr gehe und wie sie heiße und wo ihre Eltern seien und weshalb es überall so stinke.

Annie fühlte sich überrannt von den vielen Worten, so lange war nichts gesagt worden, und sie fühlte sich angegriffen, weil die Fremden meinten, es stinke bei ihr.

Sollen sie doch daheimbleiben, dachte sie, wenn es ihnen nicht passt. Hatte sie etwa Zeit, hier zu putzen? Sie hatte absichtlich nicht gelüftet, damit der Junge sich nicht erkältete, so war das, wer liebte frische Luft mehr als sie?! Aber vor Schreck sagte Annie erst einmal gar nichts, sondern betrachtete die Frau und den Mann genauer, die da in ihre Küche lugten, sie hatte sie noch nie gesehen. Sie werden die Haustür aufgebrochen haben, dachte sie, vernünftig geklingelt haben sie nicht, und schon gar nicht gegrüßt.

»Können wir das Baby mal halten? So ein süßes Ding.«

»Wer sind Sie denn?«

»Ich bin der Schorschi.«

»Und ich die Ludmilla, von der Polizei sind wir.«

»Polizei? Ist was passiert?«

Annie hatte sich nichts vorzuwerfen. Sie zeigte ihren gut versorgten Banditen her, da packten sie ihn rücksichtslos, rissen ihn ihr regelrecht aus dem Arm, warfen sich dann auf sie, andere kamen dazu, griffen sich die Waffe und führten Annie hinaus zu einem Streifenwagen, legten eine Hand auf ihren Kopf und drückten sie so hinein. Das tat man nicht mit Freunden, dachte Annie, sondern nur mit Verhafteten, da fuhren sie schon los. Erschrocken sah sie aus dem Fenster. Auch Fritzi stand dort, presste ihre Hände vor den Mund. Was machte sie bloß hier? Galle glotzte noch toller als sonst, und der Apotheker schaute ernst, nickte ihr tröstend zu. Weshalb waren sie nicht allesamt reingekommen? Sie hätte sich doch über Besuch von Freunden gefreut. Annie erkannte andere Leute aus dem Dorf, plötzlich kam ein Blitzlicht.

Dann war sie unterwegs, keine Küche mehr, kein Kind. Alles mit K, fiel ihr auf: Knarre, Kühlschrank, Kind, Kirsche, Kriminalpolizei, Kacke.

POLIZEI

Die Polizei hatte einen anonymen Notruf empfangen, der nicht besonders brisant klang: Eine Heranwachsende sei mit der Versorgung eines Kindes belastet und brauche Unterstützung. Als die beiden Streifenbeamten bald darauf eintrafen und durchs Fenster spähten, schien die Lage dagegen dramatisch: Die Zielperson hantierte mit einer Feuerwaffe und hielt zugleich einen Säugling im Arm. Also verhielten sie sich still und forderten unmittelbar Verstärkung an, die weder die Sirene betätigen noch durch Blaulicht Aufmerksamkeit erregen sollten. Doch schon beim bloßen Anblick von Polizeiwagen ließen die Leute im Ort ihre Arbeit freudig ruhen, schlossen ihre Geschäfte ab und gingen glotzen. Gelegenheitsberichterstatter schossen Fotos und verbreiteten ihre ersten Eindrücke vom Ort des Geschehens im Netz.

Der Zugriff lief dann glimpflich ab, Leib und Leben des Neugeborenen und der sehr jungen Mutter konnten gerettet werden. Man brachte beide in ein Krankenhaus, wo sie untersucht werden sollten. Der kleine Junge war bei bester Gesundheit. Ein Reporter befragte Uli, ob er bemerkt habe, dass die Betreffende schwanger gewesen war? Da antwortete er: »Mein Sohn braucht meine Hilfe in Mathematik, ich kann mich ja nicht um jeden kümmern.«

»Ich hab doch das Kind nicht gekriegt!«, beteuerte Annie und musste trotzdem ihre Beine auseinanderklappen wie damals die Frau mit dem Dackel. Jetzt verstand sie, weshalb Paula vermeiden wollte, dass jemand da unten an ihr herummachte. Die Ärztin schüttelte den Kopf: »Du bist ja noch …, wie können die …?« Nun streichelte sie Annie ein wenig an der Schulter: »Deine Mutter ist fortgelaufen?«

Das Mädchen schaute die fremde Frau bitterböse an: »Fassen Sie mich nicht an, und lassen Sie mich runter!«

»Du hast jemandem den Säugling weggenommen«, mutmaßte die Ärztin. »Verständlich, wenn man so einsam ist.«

So also war das, dachte Annie. Jetzt werden mir auch noch Vorwürfe gemacht, obwohl ich alles hergegeben habe: meine Zeit, meine Kirschen, meine Plantage. Ich habe eine Beule im Ford und das ganze Haus voll mit dreckigem Blut. Haben die das noch nicht gesehen, hat die KTU den Bericht noch nicht fertig?

»Stell dir vor, wie verzweifelt die Mutter ist, wie sie leiden muss ohne ihr Kind?«

Hast du eine Ahnung, was das für eine Mutter ist!, grollte Annie innerlich und verriet Paula trotzdem nicht.

Ludmilla und Schorschi brachten sie ins Polizeipräsidium der Stadt und führten sie dort in einen Raum, der Annies Erwartungen ganz und gar nicht entsprach. Sie hatte geglaubt, sie würde verhört, wie im Krimi, doch dieser Raum war nicht kahl, kein Geruch nach Zigarettenqualm und Schweiß, keine Gitter vor dem Fenster, kein großer Spiegel an der Wand, der in Wirklichkeit ein Schaufenster fürs Nebenzimmer war. Stattdessen musste Annie auf einer gemütlichen Couch Platz nehmen, eine riesige

Kaffeemaschine stand in einer Ecke und brodelte lästig geräuschvoll für jeden Anwesenden vor sich hin. Unter anderen Umständen hätte Annie einen Ausflug zur Polizei sicher genossen, am Tag der offenen Tür zum Beispiel, wenn sie das hätte erleben dürfen, wenn ihre lahme Mutter mit ihr mal so was unternommen hätte. Hatte sie aber nicht! Annies Laune wurde immer schlimmer. Sie fühlte sich grauenhaft unwohl in ihrer Haut, von außen war das nicht zu erkennen, doch ihr kam es vor, als würden ihre Knochen unter der Haut regelrecht zittern. Wer hatte ihr das eingebrockt, die Polizei gerufen? Paula?

Nun setzten ihr diese Menschen ungefragt Essen in Pappe und Papier vor, das nach Kadaver stank, vor Fett triefte und grünlich schimmerte.

»Greif zu!«

»Was ist das, Hundefutter?«

Ludmilla starrte sie verunsichert an, aber Schorschi erklärte sich bereit, das Menü zu übernehmen, wenn sie es nicht wolle. Sie nickte und beobachtete dann angeekelt, wie er es innerhalb von wenigen Sekunden verschlang und seine Finger anschließend an der Hose abputzte. Ihre zwei Kommissare schienen für Kinderfälle zuständig zu sein und benahmen sich zumindest dementsprechend. Schorschi zappelte herum, zugleich leckte er weiter seine Lippen ab, obwohl er bereits fertig gegessen hatte, scheinbar verdaute er auf diese Art. Der ganze Kerl war für Annie eine Zumutung. Mollig, fettige Haare und kahle Stellen auf dem Kopf. Über seiner Schulter und dem Bierbauch hing ein schmuddeliger blauer Pullover, auf dem an der Brust ein Logo aufgestickt war mit einem Doppeldecker-flugzeug in Grün und Gelb. Er roch nach altem Schweiß und hatte Wurstfinger, in billigen Filmen hätte er als Würger mitwirken können.

»Was isst du denn so?«, fragte Ludmilla.

Annie schaute sie verwundert an, und antwortete: »Lebensmittel.«

»Ja klar, aber was genau?«

»Brot.«

»Und zu trinken?«

»Wasser.«

Schorschi musste grinsen: »Und das bei uns, hihi.«

Ludmillas Blick vernichtete ihn, doch er bemerkte es nicht, sondern gluckste kindisch weiter. Dann brabbelte er monoton Fragen und Behauptungen vor sich hin, aber Annie konnte nicht aufmerksam zuhören, weil sie entdeckt hatte, dass an seinem linken Arm Haare um seinen Ellbogen herum wuchsen, die Haut wucherte dort enorm und wölbte sich wie ein Mittelgebirge; es sah beinahe so aus, als hätten sich ausgerechnet an dieser Stelle bei ihm zwei weitere Hoden entwickelt. Schaudernd wandte sich Annie ab und betrachtete Ludmilla, die auch nicht anziehender war. Sie hatte Hamsterbacken, einen rot angemalten Schmollmund und pechschwarze kurze Haare. Ihre Augenbrauen waren so gezupft und nachgezogen, dass es aussah, als würde sie ständig über etwas staunen. Sie trug eine rote durchsichtige Bluse, durch die man ihren Busen im schwarzen BH baumeln sah. Riesige Ohrringe aus zwei übereinanderhängenden schwarz-weißen Plastikreifen schwankten in die Gegenrichtung, beobachtete Annie genau. Wie ist das physikalisch zu erklären?, fragte sie sich, es leuchtete ihr nicht ein. Diese Beamtin steckte ihr gerade ein Wattestäbchen in den Mund. Echte Kommissare hatte sich Annie anders vorgestellt, die im Fernsehen waren viel schöner als diese beiden.

Sie musste mal, aber hatte noch nie in ihrem Leben bitten müssen, auf Toilette gehen zu dürfen, und die Frage beschämte sie so sehr, dass sie nun einhielt, bis ihr ganz elend davon wurde.

»Weshalb bist du eigentlich daheim allein?«

Also gut. Ihre erschöpfte Mutter sei in Kur – aha –, der Opa habe eine neunzehnjährige Freundin – oho –, und sie selbst sei schon seit einiger Zeit auf sich gestellt.

Schorschi kaute an seinem Stift und notierte nach kurzem Nachdenken: Vernachlässigung Minderjähriger Paragraph sowieso.

»Und die Waffe?«

»Die ist zum Stareverjagen da und erschreckt alte Männer aus dem Zweiten Weltkrieg.«

»Ja, was ist das denn wieder für eine Geschichte?«

»Mein Opa sagt, es geschieht ihnen recht. Und mein Vater ist übrigens Chinese, wenn Sie es genau wissen wollen, oder aus Arizona, das ist mir aber beides recht.«

So ergaben die Ermittlungen der Streifenpolizisten ein desolates Bild: Die Schutzbefohlene war allein zurückgelassen worden, ihre Erziehungsberechtigte befand sich laut Aussage eines Bäckers in Urlaub, der im Haushalt lebende Großvater war nach Mutmaßung eines Friseurs in die Ukraine ausgewandert. Der Filialleiter einer ansässigen Bank bestätigte, dass er nach »Auffindung der Vernachlässigten«, wie er sich gegenüber der Polizei ausdrückte, nun auf einen Randalierer namens Galle aufmerksam machen wolle, der schon seit Jahren »nicht ganz richtig« sei und in staatliche Betreuung gehöre. Er bot sich an, den

Verkauf von dessen Schweizer Haus zu initiieren, der Erlös ergäbe einen guten Grundstock für die Kosten, die solch eine dauernde Pflege mit sich brachte.

Die Polizei hatte bei Annie zu Hause Haare aus den Kämmen gezogen und untersucht, die blutige Wäsche eingesteckt, eine Speichelprobe von ihr hatten sie ja schon, Annie kannte sich damit aus, KTU und DNA, sie verkündeten ihr das Ergebnis.

»Wir sind verwandt?«, fragte Annie scheinbar staunend. Sie wollte diese Leute verblüffen, mit Geschichten unterhalten, sonst wurde ihr diese Sache zu ernst.

Die beiden Kommissare schauten sie lange schweigend an. Schorschi antwortete schließlich auf eine Art, als sei das Mädchen bei der Schluckimpfung zu dumm zum Schlucken: »Jahaa, du bist verwandt mit deiner Mutter, und mit deinem Großvater übrigens auch. Ist das eine Überraschung für dich?«

»Ich dachte, wir sind Windbefruchter.«

»Windbefruchter?«

»Sauerkirschen sind das.« Annie wunderte sich, dass sie diesen Krachern von Ermittlern alles erklären musste. »Und Maria sowieso, die Bekannte von Gott, ne.«

Sie brauchte dieses unsinnige Gerede, um sich zu erholen, in der Schule hatte ihr diese Methode oft Atempausen verschafft.

»Du und unbefleckt?« Ludmilla wieherte, was wohl als Lachen gemeint war, aber wenig mit Fröhlichkeit zu tun zu haben schien. Annie zog das Herbarium aus einer Akte und wedelte damit.

»Unschuldig sieht es hier nicht gerade aus, was ist das bloß für ein versautes Zeug?«

Annie war empört und beschämt. Diese Person hatte sich an ihren Forschungen vergriffen, das war schändlicher noch, als Tagebücher anderer zu lesen.

»Man wühlt nicht in Sachen fremder Leute.«

»Wir sind die Polizei«, winkte Ludmilla ab. »Wir tun das täglich. Das lag in deinem Zimmer. Wer hat dir denn so was gegeben?«

»Wieso gegeben?«

»Dein Großvater«, drängte Schorschi. »Hat er solche Dinge beobachtet und notiert?«

»Wieso denn mein Opa?«

»Wir haben bei ihm ein Nachtsichtgerät gefunden.«

Annie blickte die beiden erstaunt an. Opa kannte das Herbarium nicht mal.

»Hat er dir diese Ferkeleien gezeigt?«

»Mein Opa? Was für einen Mist erzählen Sie denn?«

Sie hatten nicht nur keine Ahnung von Paula, sie begriffen auch sonst nichts. Annie würde nicht mit der Polizei über Paula sprechen, machte sich aber große Sorgen, wie es ihr ging.

Weil sie beharrlich schwieg, folterten diese perfiden Polizisten sie mit Schokolade, einer hellbraunen Vollmilch-Nuss in mundgerechte kleine Stücke gebrochen. Speichel sammelte sich in ihrem Mund, ihr Blutzuckerspiegel lechzte, ihre Poren öffneten sich, der Magen jubelte, ihre Nase kostete wenige schwebende Duftmoleküle, die sich gelöst hatten, sie meldete Glück, Lust und Zufriedenheit.

»Du kannst davon nehmen, so viel du willst, die ganze Tafel, wenn du magst.«

Das hatten sie geschickt eingefädelt. Jemandem Schokolade anzubieten, gehörte zu den Foltermethoden, die am

Körper keine Spuren von Gewalt hinterließen, genau wie die chinesischen Tropfen. Doch Annie trotzte diesen Qualen tapfer und hielt der Verführung heldenhaft stand. Darum folgte nun Plan B.

»Willst du nach Hause? Vielleicht Galle helfen?«

Ludmilla riss ihre Augenbrauen bei der Frage so hoch, dass sie beinahe den Haaransatz erreichten. Sie wusste zumindest, an wem Annie besonders viel lag.

»Er ist außer sich geraten, als wir dich mitgenommen haben. Ihr seid Freunde, nicht wahr?«

Jetzt war Annie ernsthaft besorgt: »Was ist passiert?«

»Als du abgeholt worden bist, ist er wie verrückt durch die Straßen gerannt, in die Häuser eingedrungen und hat die Schuhe der Bewohner herausgeholt, er hat sie in der Kirche gestapelt und geschrien: *Was kann ihr denn passiert sein? Was weiß ich? Vom Winde verweht.* Zwischen die Schuhe hat er Zeitungspapier gestopft und anschließend versucht, den Haufen in Brand zu stecken. Ein Banker und ein Bäcker sind mutig eingeschritten, haben ihm die Streichhölzer abgenommen und ihm die Handgelenke hinter dem Rücken festgebunden. Als die Kollegen sich ihm näherten, hat er geschrien: *So, wie jetzt die politische Situation in Berlin aussieht, muss man mit allem rechnen, jeden Augenblick.* Erst Brandstifter und dann auch noch politisch werden.«

Annie schlug mit der Hand auf den Tisch: »Sie begreifen das nicht, es ist aus einem Film!«

Schorschi schüttelte den Kopf: »Er hat laut gerufen: *Ja, mein Führer!* Das geht ja in Deutschland schon mal gar nicht.«

Annie musste ihm das erklären: »Das sagt die amerikanische Ehefrau zu ihrem Mann sogar mehrere Male, das soll witzig sein. Er ist dieser Coca-Cola-Chef in *Eins, Zwei, Drei!*«

Galle hatte keine Vorstellung davon, was es bedeutete, wenn man in der Bundesrepublik das F-Wort sagte, dabei sollte man hier in Gegenwart der Obrigkeit nicht mal das Wort *Führerschein* gebrauchen.

Und tatsächlich drohte Schorschi jetzt: »Man sollte ihn einsperren.«

Ludmilla stellte Annie Milch mit Honig vor die Nase, platzierte dann ein Mikrofon auf dem Tisch, startete das Aufnahmegerät. Endlich antwortete das Mädchen anstandslos: »Also gut, wenn ihr es unbedingt wissen wollt, es ist von Beate, das Baby. Sie hat es gekriegt, und ich war dabei.«

»Beate wer?«

»Keine Ahnung, die hatte sich in unserem Haus versteckt. Ich meine, seit Tagen schon.«

»Sie war schwanger?«

»Wie sonst soll sie ein Kind bekommen haben!?«

»Hast du sie vorher schon einmal gesehen?«

»Nein.«

»Wie sieht sie aus, Größe, Haare und so weiter?«

»Genau wie ihr Kind, dunkle Haut, schwarze Haare. Etwas größer als ich, irgendwie ausländisch.«

»Eine andere Sprache.«

»Ja, Rumänisch vielleicht.«

»Wie klingt das?«

»Oder Vietnamesisch, keine Ahnung.«

»Eine osteuropäische Asiatin namens Beate hat bei euch daheim entbunden?« Die beiden Polizisten schauten sich an, besorgt, zweifelnd: »Wie alt?«

»So zwanzig oder dreißig, schätze ich.«

Ludmilla fragte: »Ihr gehts gut?«

»Ich hoffe.«

Nun Schorschi: »Wo ist sie jetzt?«

»Abgehauen.«

»Wann, wohin?«

»Gleich nach der Geburt. Sie war nicht sonderlich an ihrem Baby interessiert, wenn Sie mich fragen.«

»Woher kennst du ihren Namen?«

»Den hat sie mir gesagt.«

»Was weißt du noch über sie?«

»Nichts.«

»Hast du sie denn was gefragt?«

»Nein.«

»Weshalb denn nicht?«

»Ihr war nicht nach Reden.«

»Hatte die Frau einen Ausweis dabei, oder Geld?«

»Ich wühle doch nicht in fremden Sachen wie Sie!«

Eigentlich eine gute Idee, dachte Annie. Weshalb war sie nicht darauf gekommen? Neugierig genug wäre sie gewesen, und Skrupel hätte sie nie und nimmer gehabt. Man hätte Paula mit einer Adresse eine gepfefferte Rechnung nach Hause schicken können wegen der Bohnen.

»Wie war die Geburt?«

»Schnell.«

»Warst du anwesend, hast du etwas davon mitbekommen?«

»Mitbekommen?« Sie fühlte sich in ihrer Ehre gekränkt. »Ich habe es gemacht!«

»Was gemacht?«

Nun ereiferte Annie sich: »Na, es rausgeholt und die Nabelschnur durchgeschnitten und das alles.«

In den Blicken der beiden war zu lesen, dass sie ihr nicht glaubten.

»Weshalb hast du keinen Krankenwagen gerufen?«

»Beate wollte das auf keinen Fall.«

»Seit wann verstehst du Rumänisch oder Vietnamesisch? Du hättest einen Arzt verständigen müssen!«, sagte Schorschi vorwurfsvoll. »Gesetzt den Fall, das verhält sich alles wirklich so, was du berichtest, hast du diese Frau in Lebensgefahr gebracht.«

Ludmilla ergänzte nachdenklich: »Wenn sie nicht zu Schaden gekommen ist. Es weiß ja keiner, wo sie ist, wie es ihr geht.«

Annie fühlte sich angegriffen: »Hab ich mir das vielleicht ausgesucht? Bin ich Hebamme?«

Sie würde ihnen nichts erzählen von den drei Kilo, die sich nicht gerührt hatten, bis sie den kleinen Jungen auf die Welt geklopft hatte: »Sie sollten mich lieben für das, was ich getan habe, und nicht behandeln wie einen Verbrecher. Verleihen Sie mir eine Medaille für gute Taten.«

Schorschi schüttelte seinen Kopf: »Ich kann mir das nicht vorstellen.«

»Was?«

»Dass du das gemacht hast.«

Annie setzte sich wieder an den Tisch und faltete ihre Hände auf der Platte: »Da kam noch was raus, sah aus wie eine Qualle.«

»Ein zweites?« Nun waren die Polizisten schockiert.

»Es hatte nicht mal ein richtiges Gesicht, bloß eine Art Schnorchel.«

Sie tuschelten, dann fragte Schorschi mit Kinderstimme: »Wo ist denn das zweite jetzt?«

»Ich hab es in die Waschküche gestellt. Täterwissen, ne?« Annie war stolz auf sich, sie musste schließlich darauf achten, hier keine Vorstrafe wegen unterlassener Hilfeleistung zu kassieren, sonst konnte sie ihre Bewerbung bei der KTU vergessen.

Eine Polizistin in Uniform brachte sie in einen anderen Raum zu einer Frau mit Pferdeschwanz, die drauf und dran war, mit ihr Karten zu spielen. Annie lehnte ab, entdeckte nebenan eine Toilette, konnte sich dort erleichtern und war endlich einige Minuten allein.

Sie bemerkte, dass ihre Fingernägel sich ihren Stimmungen anzupassen schienen. Mal waren sie fest und konnten wunderbar kratzen, dann wieder, wie in diesem Moment bei der Polizei und an den mühsamen Tagen ohne Schlaf, brachen sie alle gleichzeitig ab. Dieses Phänomen fand Annie seltsam. Sie fragte sich, ob andere Menschen ähnliche Erfahrungen machten, ob also tatsächlich nur besonders traurige oder überforderte Leute ins Nagelstudio gingen. Es gab so viele ungeklärte Fragen, die konnten unmöglich allesamt auf dem Klo gelöst werden, und doch war das ein guter Ort zum Nachdenken.

Ich muss wieder zurück in die Plantage, dachte sie, sonst bricht an mir noch mehr als bloß Nägel.

Sie beendete ihren Toilettenbesuch und ging in den Warteraum zurück. Die Luft im Polizeipräsidium kam ihr sehr schlecht vor, darum bat sie ihre Aufpasserin, spazieren gehen zu dürfen, aber sie durfte nicht mal die Fenster öffnen.

»Was habt ihr alle gegen frische Luft?«

»Die Klimaanlage funktioniert nicht bei geöffneten Fenstern.«

Annie schnupperte genervt die aufwendig gereinigte Ersatzluft, die sie hier atmen musste, ohne sich erfrischt zu fühlen.

Die Beamten waren in drei Polizeiwagen mit Blaulicht losgefahren, hatten das Zweitgeborene in der Waschküche gefunden und untersucht. Nach zwei zähen Stunden wurde einer inzwischen sehr ermatteten Annie mitgeteilt, es sei nie lebendig, sondern ein Kuchen gewesen.

Sie runzelte die Stirn: »Das kapiere ich nun überhaupt gar nicht, wie einer so was futtern kann, ja, hör mir auf!«

Der Tag hatte sich grauenhaft lang hingezogen, all die Gespräche kamen Annie wie Vorwürfe vor, sie war ja nicht mal vierzehn – großer Gott! Sie hatte es ganz vergessen –, erschrocken fragte sie: »Was haben wir heute für einen Tag?«

»Das weißt du nicht?«

Nun hielt man sie endgültig für verwirrt. Annie schüttelte den Kopf, sie wollte keine Diskussion über ihr Gedächtnis und ihre Stimmung.

»Hatte zu viel um die Ohren, welches Datum, bitte.«

»Heute ist der siebte August.«

»Ein Geburtstagskuchen!«, schrie sie da und sprang auf, lief von einer Wand zur anderen und wieder zurück. Sie hätte jetzt wahnsinnig gern getrommelt und geschrien. Wie konnte sie ihren eigenen Geburtstag vergessen, dazu so einen wichtigen?

»Ich bin heute vierzehn geworden! Habt ihr ein Geschenk für mich?«

Die Polizisten verweigerten die Aussage. Annie lachte sich unterdessen krank, weil sie so allein war und müde und den sonderbarsten Geburtstagskuchen hatte, den man sich vorstellen kann, und weil keine Nette, kein Opa, kein Apotheker, kein Galle, keine Bäckerin und keine Fritzi mit ihr feierten.

Sie setzte sich zurück an den Tisch und musste sich eilig entscheiden zwischen Weinen und Witze reißen.

»Ich kannte mal einen«, beim Erzählen gestikulierte Annie jetzt wild mit Händen und Füßen, »der ist von einer Kuh erschlagen worden, wie gesagt, nicht totgetreten, sondern im wahrsten Sinne des Wortes erschlagen.«

Sie betrachtete ihre beiden Kommissare, die die Stirn runzelten. Hätte ein Schauspieler diese Geschichte auf einer Bühne unter Scheinwerfern präsentiert, sie wären entzückt gewesen. Annie aber kam ihnen komisch vor – das war der Unterschied, je nachdem, ob man für eine gute Geschichte Eintritt bezahlte oder nicht.

»Von einer Kuh erschlagen«, grölte Annie. »Das muss man sich mal bildlich vorstellen! Der ganze Kuhkörper drauf, von oben. Und hat ihn platt gemacht, tot, sofort. Klar.«

Da fragte Ludmilla skeptisch: »Seit wann fliegen Kühe?«

»Auch die russische Polizei stand vor einem Rätsel«, gluckste Annie. »Es war ein Bauer aus Sibirien, und darauf lag die Kuh. So hat man beide Leichen vorgefunden. Die Frage ist, wie konnte das passieren?«

Ludmilla hob ihre künstlichen Augenbrauen und tat so, als hörte sie weiter aufmerksam zu. Doch Schorschi griff zum Hörer, behielt das Mädchen im Auge und wählte zugleich eine Nummer.

»Am Ende haben sie es rausgekriegt. Ein russisches Frachtflugzeug hatte fünfzig lebende Kühe geladen. Die sind auf dem Transport unruhig geworden, haben sich losgerissen und im Laderaum getobt, das Flugzeug kam in Schieflage.«

Freundlich legte Ludmilla Annie eine Hand auf die Schulter, um sie zu beruhigen: »Herzlichen Glückwunsch zum Geburtstag, mein Kind.«

Aber es zeigte keine Wirkung: »Der Pilot musste handeln, Menschen sind schließlich wichtiger als Tiere, er hat also die Ladeluke im Flug geöffnet und die Kühe einfach über Sibirien rausfallen lassen. Fertig! Flugzeug gerettet, Tiere weg. Aber eine Kuh, zack, zufällig genau drauf auf den Bauern in der Steppe.«

Im Flur war Unruhe zu hören, Schritte näherten sich, es schien mehr als eine Person zu sein. Das Geburtstagskind redete unermüdlich weiter: »Stellen Sie sich vor, die Witwe. Woran ist denn Ihr Mann gestorben, das fragen doch alle, weil sie sonst nichts zu fragen wissen, wenn einer gestorben ist. Der hätte auch im Lotto gewinnen können, mit dieser unwahrscheinlichen Wahrscheinlichkeit, oder den Präsidenten zum Schwager haben können. Ne? Das hätte ihm genutzt, aber dieser Bauer hatte sich mit seinem Zufall einen Riesenmist ausgesucht.«

Nun kamen zwei Polizistinnen in Uniform herein und packten Annie unter den Armen, zerrten sie regelrecht weg, sie wehrte sich und rangelte mit ihnen.

»Und die fliegende Kuh erst, wann fliegt schon eine Kuh?«, rief sie Schorschi und Ludmilla zu, die beharrlich schwiegen.

Niemand hatte ihr gedankt, dass sie ein oder gar zwei Leben gerettet hatte. Annie war außer sich darüber, abgeführt zu werden. Und wie konnte man sich so beschissen anmalen wie Ludmilla? Nie im Leben wollte sie später so aussehen wie diese zugetünchte Frau, sagte der das keiner? Nette schminkte sich, wenn sie sich gut fühlte, aber sie vermalte sich nicht dabei. Annie brauchte ihre Mutter zurück, und sie musste Galle beistehen, der Schuhe verbrannte. Sie wollte heim: »Mutti!« So hatte sie Nette noch nie genannt, aber nun schrie sie verzweifelt im Flur: »Mutti! Muuuutti.« Doch Nette hörte sie nicht. Wie sollte sie auch? Sie befand sich mit Depression in Griechenland.

HEIM

M an brachte Annie zu Leuten, die beim ersten Handschlag auf Freundschaft machten, obwohl man sich
nicht kannte; in ein Haus, in das man sie einsperrte, ohne
dass ein hoher Zaun dafür nötig war, sondern einzig straffe
Regeln. Sie bemerkte, dass hier hübschere Möbel standen
als in der Schule, dass in den Toiletten Seife und Handtücher waren, die Räume hell und aufgeräumt. Eine Verschließmaschine war das, und man pferchte sie hier ein mit
dünnen Bohnenstangen, sie durfte sich nicht frei bewegen,
Deckel drauf, kein süßer Pfirsich weit und breit. Sie musste
dreimal täglich zu festgesetzten Zeiten essen, durfte nichts
spontan unternehmen, geschweige denn mit Pistolen über
Felder ballern, brüllen, trommeln und nach Hühnerkacke
stinken.

In ihrem aufgeräumten Zimmer ohne Tarnnetz würde
sie nicht bleiben können, das war Annie vom ersten Augenblick an klar. Es war halb so groß wie ihre Hütte in der
Plantage, wenige Meter vor ihrem Fenster war die kahle
Wand eines anderen Gebäudes. Sie hatte keinen Ausblick,
dabei war sie gewohnt, kilometerweit ins Grüne sehen zu
können.

Die Luft im Haus stank künstlich und giftig, nach frisch
gestrichenen Wänden und Böden aus der Chemiefabrik.

Es gab weder singende noch fressende Vögel hier, keine raschelnden Mäuse, kein Moos und nirgendwo summende Fliegen oder Bienen. Kein Wurm oder Käfer kroch oder krabbelte die Tapete hinauf, kein Bach gluckerte, und kein schaukelnder Ast. Die dahinziehenden Wolken konnten sie nicht beruhigen, weil ihr der freie Blick gen Himmel verstellt war. Die Ordnung überall verstörte sie und die klinische Sauberkeit.

Sonst war sie jeden Tag viele Kilometer marschiert, jetzt lief sie nur vom Zimmer über den Flur zum Klo und zurück. Man hatte ihr zum Ausgleich ein Laufband vor einem riesigen Spiegel angeboten, dort war Annie einige Kilometer gelaufen und hatte sich selbst betrachtet wie einen Hamster im Rad. Deshalb stoppte sie den Motor schließlich und hätte vor unterdrücktem Übermut beinahe die Tapete abgekratzt oder sonst wie randaliert. Wenn sie nicht aufpasste, würde sie bald so schief gewickelt sein wie alle hier, ins Klo kotzen, sich in die Haut ritzen oder die Fingerkuppen verbrennen. Lieber klopfte sie mit dem Hinterkopf gegen die Wand, damit ein Mitgefangener von ihr erfuhr, falls er die Flucht plante: Ich bin hier, ich bin hier, ich bin hier, ich bin hier. Das beruhigte sie erstaunlicherweise tatsächlich. Also dachte sie weiter über alles nach und schlug mit ihrem Kopf gemütlich den Rhythmus dazu: Net-te, Net-te, Net-te.

Eine Erzieherin wollte sich um sie kümmern, doch das war Annie nicht geheuer. Sie ließ sich auf kein persönliches Gespräch ein, sondern registrierte lediglich, dass das ihr zugewiesene Zimmer die Nummer 116 hatte, ihr Schlüssel für den Spind hielt der Hausmeister bereit, Sprechzeiten 15-17 Uhr. Frühstück um acht, Mittag um eins, Abend um sechs. Wir wollen uns die Hände reichen, piep piep piep, guten Appetit. Jeder esse, was er kann, nur nicht seinen Nebenmann. Zicke zacke, zicke zacke, heu heu heu.

Annie kooperierte gut, integrierte sich, malte mit bunten Farben, sie spielte in der Musikgruppe das Xylophon. Trommeln wollte sie nicht – je leiser, desto besser, das wurde Annie hier drin.

Sie sollte in den dritten Stock, dreimal die Woche. Das Zimmer dort war noch kleiner als ihres, eine Couch stand darin, auf der sie nicht liegen sollte, obwohl sie es gern getan hätte, weil es sie an zu Hause erinnerte, im Winter vor dem Fernseher. In der Ecke des Zimmers lag ein Haufen kleinerer Steine in verschiedenen Schattierungen und Oberflächen.

»Welcher Stein bist du?«, fragte die Pädagogin. Man saß sich gegenüber und musste sich anschauen, was Annie nicht mochte. Von dem Baby hatte sie sich gern direkt anschauen lassen, von Galle auch, aber sonst von niemandem.

»Ich bin kein Stein, sondern ein Mädchen.«

Ein Satz nur, und schon lächelte die Frau, dafür wurde sie also bezahlt, dachte Annie. Sieben Worte für vielleicht hundert Euro oder mehr. Sollte das Arbeit sein? Bloß Worte statt mit Händen mühsam geerntetes Obst? Sie fühlte sich innerlich tatsächlich verhärtet an, da hatte die Frau mit den Steinen gar nicht so falschgelegen, doch ausführlicher wollte sie darüber nicht sprechen. Zugleich so schwer, als wäre sie in die Knie gegangen, k.o. geschlagen worden, zumindest sah sie in Gedanken einen Ringrichter über sich, der abzählte, er war schon bei sechs oder sieben angelangt. Darüber hätte sie sprechen können. Dann hätte die Pädagogin fragen können, weshalb sie auf einen Box-kampf kam und gegen wen sie angetreten war. Ihr fiel kein Gegner ein. Was konnte man hier noch sagen? Vanille-pudding kann versehentlich mit Salz zubereitet sein, diese Aussage hätte der Erzieherin zu denken gegeben. Weshalb ausgerechnet Pudding? Sie wusste es nicht, sie sagte nichts.

Diese Frau konnte unglaublich lang schweigen, ohne dass es sich unangenehm anfühlte, das war gut an ihr, sie verdiente ja prächtig, sogar dafür, nichts zu sagen! So fand Annie endlich die Gelegenheit, über alles Geschehene für sich im Stillen nachzudenken.

Was war passiert? Die Kirschbäume waren zerstört, die Früchte heruntergefallen, viele Irre waren gekommen. Zum ersten Mal hatte sie sich nicht um die Ernte geküm-mert, sondern stattdessen ein Baby gepflückt.

»Du hast ein Kind auf die Welt geholt?«

»Hm.«

Und Fritzi, wo war die? Wo hatte sie um Himmels willen so viele zerstörerische Freunde hergeholt? Fritzi würde sich nicht einsperren lassen, die hätte diesen Leuten hier schon längst die Finger gebrochen. Vielleicht sollte sie das auch mal üben. Ihr Gegenüber fragte nun, ob sie manchmal mit ihrer Mutter was unternommen hatte. Wenn die Frau weiter so nervte, könnte sie ihr das Maul stopfen. Annie wurde unruhig, wie vermisste sie ihren leise singenden Bach, die Sonnenstrahlen im Gesicht, warm wie eine streichelnde Hand, die weiten grünen Felder. Die Pädagogin quatschte weiter von Nette, doch Annie wollte das nicht hören, lief ein wenig im Zimmer auf und ab, was ihr guttat, schaute sich genauer um, lief nun schneller, ihre müden Knochen kamen in Gang, sie nahm Anlauf und sprang hoch, war schon an der nächsten Wand, streckte das Bein aus und trat dagegen, lief zurück, trat auch dort gegen die Wand und hinterließ deutlich sichtbare Schuhsohlenabdrücke, tat das einige Male, immer hin und her. Die Pädagogin schien sich zu erschrecken, aber Annie brauchte Bewegung, unbedingt! Deshalb lief sie aus dem engen Zimmer, weg von den Steinen, raste durch die Flure, trommelte mit den flachen Händen gegen die Türen.

»Weg, ihr Scheißdrecksvögel, weg!«

Sie brüllte, wie sie in der Kirschplantage gebrüllt hatte, war endlich aus der Puste. In der Teeküche standen Säfte, die riss sie an sich, trank, verschüttete sie, begoss sich damit, als wäre es frisches Wasser aus dem Bach oder Kirschsaftblut. Endlich tropfte es auf sie herab und verklebte ihr Haar. Nun griff sie sich einen Löffel, einen Topf, schlug wieder los, lärmte, um die schädliche Sehnsucht nach ihren Leuten zu verscheuchen. Pädagogenhände wollten sie stoppen, schlugen ihr beim Wettlauf durch den Flur ins Gesicht, runter den Flur und wieder hoch. Doch da kamen sie, Himmel, Arsch und Zwirn, dicke fremde Männer stürzten sich auf sie, zwei gegen eine, Arme hinter den Rücken, Kopf nach unten, und machten ihrem Tumult ein Ende. Annie meinte, in diesem Moment sogar einen Piks im Oberarm gespürt zu haben.

Sie war die Nummer 116, ihr Spind hatte Sprechzeiten von 15-17 Uhr. Bitte halte dich an die Steinzeiten, piep piep lieb.

Annie konnte ihre Zahnbürste nicht finden. Auch sonst suchte sie dauernd nach etwas: Stickstoffdüngersäcke, den Schleifstein für die Sense, die Gewichte für die große

Waage, ihre Baumwollhose mit Reißverschluss oder Pfirsiche. Sie rief nach ihrer Mutter. Sie weinte, hatte Husten mitten im Sommer. Und sie träumte vom Papst, der in einer kleinen Kirche war, sie wusste nicht, wo. Er hat lange blonde Haare, hinten hochgesteckt mit zwei Stäbchen drin, wie die Chinesen. Und er hatte Jeans getragen. Ihre Mutter flüsterte ihr zu, dieser Papst sei bekannt für »schnelle Kirche«. Sie fragte nach, was »schnelle Kirche« sei.

»Na, der macht immer schön schnell, *Vater unser* in zwei Sätzen und fertig.«

Dann kündigte er an, man singe die 965, sie hatte noch versucht, das Gesangbuch aufzublättern, da wurde sie wach, was sie bedauerte. Annie hätte gern gemeinsam mit Nette und dem Papst gesungen, aber ein Weckruf beendete den Traum. Sie quälte sich schwerfällig aus dem Bett, auch hier trug sie T-Shirt, Slip, Hose und Sandalen, doch brauchte sie inzwischen ganze sieben Minuten, um sich anzuziehen.

Man beschnitt hier die jungen Menschen, begriff sie, wie man es mit Bäumen tat: die alten Triebe ab, den Pilzbefall heraus. Dagegen konnte sie nichts sagen, Bäume und Menschen lebten davon auf. Doch zugleich wurden die Äste gebogen, gezerrt und gezurrt, bis sie kerzengerade standen und besonders viele Früchte trugen, die herrlich leicht zu erreichen waren und schnell gepflückt werden konnten, man machte Menschen zu Spalierobst, sie sollten funktionieren und ansonsten das Maul halten. Es gab sicher bereits eine Kinderschüttelmaschine, fiel Annie ein! Nette hatte sie zumindest nicht eingeschränkt, sondern sie zeitlebens einfach wachsen lassen. Gutes Essen, ein sauberes Bett, viel frische Luft, bei sich daheim hatte sie scheinbar

von ganz allein ihren eigenen Kopf gefunden. Ihre bekloppte Mutter hatte doch nicht alles falsch gemacht. Darum kam Annie zu dem Schluss, dass es für ein Kind selten
so etwas Gutes gab wie eine einigermaßen schlechte Mutter.

Da sie nicht beschnitten werden wollte, stellte sich Annie
in diesem Haus selbst unter Naturschutz. Diese Idee hatte
die Pädagogin mit den Steinen, zu der sie weiterhin ging.
So erklärte sich Annie feierlich zu einem vom Aussterben
bedrohten Trommelpfeifer oder Brüllspecht und würde
nun entsprechend gut auf sich achten. Sie gewöhnte sich an
die aufgezwungene Bewegungslosigkeit und lernte hier, so
lange still zu sitzen wie noch nie, darum las sie nicht mehr
nur kurze Zeitungsartikel, sondern auch stundenlang in
dicken Lexika, die man ihr gab. Wenn sie darin vertieft
war, hielten die Erwachsenen ihren Mund, tuschelten vor
Freude und machten sich Notizen für ihre Konferenzen.

Paula war noch nie so erschöpft gewesen, ihr Unterleib
schien gerissen zu sein, brannte schrecklich. Nie hatte sie
das erleben wollen, ihre Stimmung war so dumpf, dass sie
am liebsten hätte sterben wollen. Dazu dieses schrille Fle-
hen des Kleinen, es war ihr unerträglich geworden, sie
hatte das Kissen ja schon in der Hand gehabt, war drauf
und dran gewesen, für Ruhe zu sorgen! Erst im letzten
Moment hatte sie sich selbst aus dem Haus geworfen, war
geflohen, komme, was wolle, damit er vor ihr sicher war.
Es sollte das Beste sein, was sie je schaffen würde im
Leben: ein anderes Wesen vor ihr selbst in Sicherheit zu
bringen. Sie schleppte sich fort, so weit es eben ging, im
Dunkeln querfeldein, bis sie im Graben zusammenbrach.

Das alles nahm sie in Kauf, wollte bloß vergessen und nur noch schlafen.

Doch es war wieder jemand gekommen, der für sie dachte, ein Mensch mit großen Augen, der mitfühlte und tatkräftig half. Sie aufhob und zu einem anderen forttrug, der sich ihres Körpers annahm, ihr eine wohlige Spritze gab, von der sie entspannt in einen angenehmen Schlaf fiel. Hygiene, eine lauwarme gute Suppe, heiße Dusche und saubere Kleidung, ein Bett. So waren ihre Wunden bald geheilt.

Sie hatte ihrem Gastgeber geschworen, sich etwas anzutun, wenn er sie den Behörden meldete, was er schweren Herzens akzeptierte, brachte so er seine Existenz in Gefahr. Und obgleich sie einen ganzen Monat an jenem fremden Tisch aß und trank, im komfortablen Bett schlief, fühlte sie weder Befremden noch Dankbarkeit. Sie bemerkte nur das gute Ergebnis, nicht allein die Heilung ihres Körpers, sondern zugleich die Linderung jeder Erregung durch ihr beharrliches Schweigen. Keine schlechte Laune mehr, keine großen Sorgen, auch keine Freude. Paula mied jedes Gespräch, zog die inneren Rollos für immer herunter.

Da die Schrecken aber so nicht erkannt und gelöst, sondern nur verdrängt wurden, wird sie sich zum Ausgleich in Zukunft darauf kaprizieren, andere Marotten zu pflegen, etwa einen Tick entwickeln, sich vor Spinnen fürchten oder Menschen kalt gegenübertreten. Es findet sich meistens etwas, womit man Seelenqualen bannen kann, was man jedoch an anderer Stelle mit Empfindungslosigkeit oder Hysterie bezahlt. Paulas Trauer wird darum sanft sein, wenn einmal in Zukunft ein Geliebter sie verlässt. Soll er gehen, wird sie beinahe gleichgültig wissen, der Nächste kommt bestimmt. Selbst ihr Glücksgefühl wird dumpf bleiben, sie wird nie etwas richtig genießen können, aber auch nicht mehr völlig verzweifelt sein. Auf diese Weise ausgestattet, wird sie genau da hinpassen, wo ihre Eltern sie haben wollten, in eine Sphäre, wo man keine Zicken macht, nicht zimperlich sein darf, wo die Folgen des Handelns harmlos sind, weil nur die anderen darunter leiden, nie die Verursacher selbst. Wo man seine Dinge in trockenen Tüchern hat statt das Herz am rechten Fleck.

»Wo gehörst du hin, wer wartet auf dich?«, fragte der Apotheker.

Sie antwortete lange nicht auf diese Frage. Galle kam jeden Tag, um mit ihr Karten zu spielen, dem steckte sie irgendwann endlich eine Adresse aus Dresden zu.

Sechs Wochen später fuhren die beiden Helfer Paula heim. Der Apotheker hielt den Wagen unterhalb einer wunderschönen Hängebrücke an, Galle reckte seine Gliedmaßen, die von der langen Reise steif geworden waren. Paula stieg aus, sie öffnete die hintere Klappe des Wagens und nahm ihre Reisetasche heraus, hängte sie sich über die Schulter, wandte sich um und ging ohne ein weiteres Wort die schmale Straße am Ufer entlang. Der Apotheker starrte ihr fassungslos nach, er hatte wenigstens einen Abschiedsgruß erwartet, ein paar Worte nur. Galle dagegen lächelte freundlich, er hielt ihr seine ausgestreckte Hand hinterher und rechnete fest damit, dass sie umkehrte, einschlug und sich bei ihm bedankte, doch sie dachte gar nicht daran. Da ging der Apotheker ihr nach.

»Lass dich verabschieden, mein Kind.«

Er legte ihr die Hand auf die Schulter: »Wir sehen uns im Frühjahr wieder.«

Paula blickte zu Boden, zeichnete mit den Füßen ein unsichtbares Muster auf den Bürgersteig, kaute auf einer ihrer Haarsträhnen, schaute ihren Helfer eingeschüchtert von unten herauf an.

»Muss das sein?«

»Ja, das war die Bedingung. Datum und Zeit kennst du.«

»Wenn nicht?«

»Stehen wir alle vor deiner Tür.«

Ihr Schlüssel passte noch, ihre Eltern brachen zusammen, als sie da plötzlich in der Tür stand. Ihr Vater küsste wahrhaftig ihre Füße, Paula beugte sich hinab und weinte nun doch ein wenig. Sie wird ihnen nie verraten, wo sie war, noch, was sie in dieser Zeit getan hat. Es war ein langer, nötiger Urlaub ohne Eltern, und er war gut gewesen. Sie wolle gern in ein Internat, teilte sie ihnen mit, und vor allem wolle sie keine einzige Zeile in der Zeitung, kein Interview nirgendwo, sonst würde sie wieder fortlaufen, diesmal für immer. Ihre Eltern waren mit allem einverstanden, sie hätten ihr eine Reise zum Mond ermöglicht, wenn dann nur wieder alles gut war.

Den Jungen mit den dunklen Augenbrauen von der Fete in Cottbus hat Paula nie wiedergesehen. Sie hätte ohnehin nicht begriffen, was sie miteinander verbindet.

Anfang September kam Ludmilla ohne Doppeldecker-Schorschi und zeigte Annie Fotos von vermissten dunkelhaarigen Frauen um die dreißig.

»Ist sie darunter?«

»Wie gehts dem Baby?«, fragte Annie.

Dazu könne man wenig sagen, das Verfahren laufe noch.

»Ich meine keine Aktendeckel«, antwortete sie der Polizistin, »sondern den kleinen Lebendigen mit Beinen und Armen dran, erinnern Sie sich?«

Dafür seien andere Beamte zuständig, gab Ludmilla monoton Auskunft, nicht die Kripo. Annie ließ sich diese Antwort nicht gefallen, sie rückte ihren Stuhl vom Tisch weg, verschränkte die Arme und guckte an die Decke. Die Fotos ließ sie unbeachtet.

»Man sucht Pflegeeltern.«

»Wann kann ich hier raus?«

»Wenn deine Mutter auftaucht, kannst du unter Auflagen nach Hause. Das Jugendamt achtet nämlich auch auf dich! Ich habe eine gute Nachricht. Dieser Schuhverbrenner bleibt unbehelligt, der Apotheker hat sich für ihn verbürgt.«

Annie nickte beruhigt und schaute sich nun die Frauen auf den Fotos an. Sie hatten allesamt jede Menge Make-up im Gesicht. Schließlich gab sie Ludmilla die Fotos zurück und schüttelte den Kopf.

»Zu stark geschminkt.«

»Wer, ich?«

Liebe Güte, sie hätte nicken sollen. »Ich kann diese Beate darauf nicht erkennen.«

Sie selbst würde sich auch mal schminken, dachte Annie. Aber anders, unauffälliger.

Ludmillas Ohrringe schaukelten, während sie ihre Unterlagen einpackte: »Das wars dann, ich wünsche dir, dass deine Leute bald wiederauftauchen. Alles Gute.«

»Und wie gehts hier mit mir weiter?«

»Solange du die Identität der Kindsmutter nicht preisgibst, passiert nichts.«

»Ich …« Annie fühlte sich entlarvt.

»Du weißt, wer es ist. Na ja, wenigstens lebt ja das Kind.« Ludmilla schaute sie ernst an: »Die Kindsmutter hoffentlich auch?!«

Annie nickte, ohne ihren Blick zu erwidern.

Die Beamtin hob die Hand zum Gruß: »Wenigstens das. Kleine Kollegin. Machs gut.«

Wochen später stand Nette im Büro der Heimleiterin. Sie schien gut erholt, ihre Haare waren gekämmt und glänzten, ihre Haut hatte einen hellbraunen Ton angenommen, ganz anders als die dunkelrote Farbe der arbeitsreichen Kirscherntesommer. Wie es in ihr drin aussah, konnte Annie nicht erkennen. Ihre Mutter schien trotz der vielen freien Monate immer noch müde zu sein. Nette ging auf sie zu und versuchte, sie umständlich in die Arme zu nehmen, ohne sie zu berühren, wie das ihre Art war. Sie brachte dabei kein Wort heraus, putzte sich die Nase und räusperte sich lange, bevor sie sprechen konnte: »Dann geh mal deine Sachen packen.«

Annie ließ sich Zeit, verabschiedete sich von denen, die ihr lieb geworden waren. Von einem Fenster aus sah sie, wie ihre Pädagogin und Nette im Garten miteinander sprachen.

Beim Abschied auf dem Parkplatz gab sie Annie dann ihre Telefonnummer: »Falls du Rat benötigst. Und ich komme mal vorbei irgendwann.«

»Wann?«

»Irgendwann, wenn es passt.«

»Unangemeldet. Zur Kontrolle?«

Sie lächelte: »Nein, zu Besuch.«

Als Annie neben Nette auf dem Beifahrersitz saß, ersehnte sie sich, dass alles gut würde, sie brauchten ja nicht unbedingt Ausflüge zu machen, vielleicht puzzelten sie einfach mal oder schauten sich gemeinsam ein Fußballspiel an. Noch hatte ihre Mutter die neue Beule im Ford nicht bemerkt, wenn es weiter so still bliebe, wäre das ein Glück.

Die Fahrt nach Hause führte an einer Stelle im Wald vorbei, wo das Wasser eines Baches nach oben zu fließen schien, eine optische Täuschung, die von Touristen und Rentnern bestaunt und fotografiert wurde. Annie kannte diese Stelle, weil auch jeder Schüler des gesamten Landkreises obligatorisch dort hingefahren wurde.

»Ich war noch nie hier«, meinte Nette.

»Vielleicht warst du krank an dem Tag?«

Ihre Mutter schüttelte den Kopf: »Wir haben bloß kilometerlange Wanderungen über Feldwege gemacht.«

»Du musst dich täuschen, jede Klasse fährt hier hin. Und danach zur Sababurg, durch den Urwald, erinnerst du dich?«

»Wir sind mit der Schule durch Birkenwälder gewandert. Und mein Vater hat keine Ausflüge mit mir gemacht, er hatte keine Zeit oder keine Lust.« Nun begann Nette zu jammern: »Er hat es mir immer versprochen, ich habe auf ihn gewartet, war schon angezogen, aber er ist nicht gekommen.«

»Wo hast du gewartet?«

»Auf unserer Treppe, ich habe Stunden dort gesessen.«

Annie glaubte, ihren Ohren nicht zu trauen. Ihre Mutter hatte wirklich einen Sprung in der Gehirnschüssel, hundertprozentig. Das Gejammer würde weitergehen, nichts hatte sich gebessert, in all den Wochen.

»Wir beide hätten doch diese Ausflüge machen können!«

Nette schaute ihre Tochter erstaunt an: »Haben wir das nicht?«

Annie atmete tief ein und aus, redete sich ein, sie fühle sich gut, wie sie es in einem der Kurse im Heim gelernt hatte.

»Hab ich dir eigentlich mal erzählt«, lamentierte Nette weiter, »dass ich im Kinderwagen schreien musste wie verrückt, und er hat mich nicht gehört?«

Tief einatmen, lange wieder aus.

Wenn man den Impuls spürt, seine Mutter zu erschlagen, sollte man, so empfahlen die Erzieher, wenigstens dreimal durchgeatmet haben. Das brachten sie einem beim Anti-Aggressions-Training bei, seitdem lebten die Mütter länger. Doch Nette quatschte gefährlich weiter, sie war jetzt beim Bonanza-Rad. Und dann kam der Hammer, sie musste sich das auf ihrer Reise zurechtgelegt haben: »Mit deinem Erzeuger, es war einfach nur eine geschlechtliche Betätigung.«

Annie wurde übel: »Eine was?«

»Er hat zur Geburt ein Foto von dir bekommen, mehr wollte er nicht. Aber wenn du willst ...«

»Nennst du Sex eine Betätigung?«

»Möchtest du ihn kennenlernen?«

Jetzt war es endlich raus, also gut: »Wie ist er denn so?«

»Ich habe ihn nur im Dunkeln gesehen.«

Kein Mensch wollte wissen, was die Eltern taten, wie, wo und wann. Annie schaute ihre Mutter entgeistert an: »Und heute?«

»Er verkauft irgendwas.«

»Wo?«

»In Minden.«

»Kenn ich nicht.«

»Muss man auch nicht.«

»Woher weißt du denn das alles? Hat er sich gemeldet in der Zwischenzeit? Hast du ihn besucht?«

»Er zahlt ja jeden Monat.«

Annie spürte diesen Satz wie einen Schlag in die Magengrube. Sie seien pleite, hatte Nette immer behauptet, gemeinsame Urlaube seien nicht drin, kein Fahrrad für sie, kein Taschengeld, nichts dergleichen.

»Jeden Monat?«

Sie war zeitlebens in einer kurzen Hose mit lächerlichem Reißverschluss herumgelaufen, in T-Shirt und Sandalen. Ihre Frisur sah aus wie die von einem Deppen. Paula und Fritzi besaßen Kleiderschränke mit was drin, sie nicht. Die hatten Kosmetik, um sich schön zu machen, sie nicht. Und diese niederträchtige Verwandte ersten Grades hatte ihr einen monatlichen Scheck verschwiegen, der für sie war! Annie erinnerte sich, wie eifrig sie all die Jahre geholfen hatte, sogar die Schule vernachlässigt, weil Nette behauptet hatte, sie fresse ihr die Haare vom Kopf. Sobald sie laufen konnte, hatte ihre Mutter ihr eine Trommel um den Bauch gebunden! Sie hatte zwar ihre Freude an der Plantage gehabt, nun aber vermasselte ihre Mutter selbst das, es war nämlich nie nötig gewesen! Es wäre Nettes Aufgabe gewesen, für sich selbst zu sorgen, für Annie hatte es immer genug Geld gegeben. Wenn sie nicht aufhörte, so herzzerreißend unglücklich und bitterböse zu sein, würde sie ihre Mutter doch noch erschlagen, genug geatmet hatte sie ja.

Leck mich am Arsch, was hat Nette mit dem Geld gemacht? Mit dem Geld für mich. Annie wollte danach fragen, aber ihre Stimme machte nicht mit. Ist es wichtig, dass es einen gibt, der mein Vater ist?, fragte sie sich. Er zahlte ja bloß, weil das Gesetz es verlangte. Oder tat er es gern? Minden musste einen Bahnhof haben, sie wollte dorthin, nie was gehört von dem Nest.

»Du hast Opa fast umgebracht mit dem Tiramisu.«

Nun heulte Nette schon wieder los, konnte bald den Gegenverkehr zwischen ihren Tränen kaum mehr sehen, hielt schließlich am Straßenrand an und schluchzte. Annie drehte den Kopf weg und schaute in den schönsten Eichenwald der Welt. Nichts war hier in ihrer Gegend los, dafür hatten sie die berühmtesten Bäume des Landes, super.

Nette ging mit keinem Wort auf ihre Frage ein, stattdessen entschuldigte sie sich, so lange fort gewesen zu sein.

»Ich wollte das nicht, es tut mir so leid, ich dachte, Opa wär bei dir. Er hätte doch für dich kochen können, oder Nin…« Sie konnte den Namen immer noch nicht aussprechen, würgte am Rest. »Weißt schon. Aber du armes Kind warst völlig allein, das habe ich nicht ahnen können.«

Sie startete den Motor und fuhr weiter.

Annie nutzte die Stimmung: »Ich möchte in Zukunft Taschengeld bekommen, die Hälfte von dem, was dieser Mann dir schickt.«

Ihre Mutter presste die Lippen aufeinander, bis sie blutleer waren, eine Antwort blieb sie ihrer Tochter schuldig.

Sie fuhren durch den Wald, Schilder warnten vor Wildwechsel, an zwei Stellen standen Kreuze am Straßenrand mit Plastikblumen davor.

»Wie ging es bei dir damals? Die Geburt? Erzähl mir

alles, ich weiß jetzt Bescheid. Wer hat die Nabelschnur durchtrennt, die uns verbunden hat?«, nahm Annie das Gespräch wieder auf.

Nette hielt ihr Lenkrad fest und war froh, auf die Straße achten zu müssen: »Ich war im Krankenhaus, Kaiserschnitt.«

»War er dabei?«

Sie schüttelte den Kopf: »Wieso?«

»Und ich?«

»Na klar warst du dabei.«

»Ich meine, hast du gestaunt? Hast du meinen Blick gesehen, war der nicht unglaublich? Hab ich auch so wunderbar geschaut?«

»Ich … war ja betäubt und danach sehr müde, ich weiß das alles nicht mehr.«

Annie stockte der Atem. Welche Mutter konnte denn ihre einzige Geburt vergessen? Und vor allem ihr Kind nicht in Augenschein nehmen?

In mutlosem Tonfall fragte sie nun: »Hast du mich gestillt?«

»Nein, das ging irgendwie nicht.«

»Hab ich gut verdaut, gerülpst, gelacht?«

»Was willst du von mir? Ich weiß das alles nicht mehr.«

Annie fühlte sich, als würde ihre Haut aufplatzen, ähnlich einer zweiten Geburt. Damals wurde sie vom Leib ihrer Mutter getrennt, nun entfernte sie sich weiter, es schien ähnlich schmerzhaft zu sein, nur rissen keine Körper mehr auseinander, sondern Seelen trennten sich, in beiden Fällen würden Narben zurückbleiben. Sie war als Baby nicht gründlich betrachtet worden – zeitlebens wird sie daran schwer zu tragen haben.

Als sie beim Hof ankamen, riss Annie die Autotür regel-recht auf und lief davon. Nette blieb hinter dem Lenkrad sitzen und versuchte sich noch immer an ihrem ins Stocken geratenen Satz: »Ich ...« Aber Annie hätte es ohnehin nicht mehr hören können, selbst wenn ihre Mutter die süßesten Worte der Welt über die Lippen gebracht hätte.

FROST

Ein Kirschbaum braucht den Winter«, hatte Opa oft erklärt. »Wenn sein Holz nicht für Wochen in der Kälte steht, wird er im Sommer keine Früchte tragen. So nimm auch du die Fröste hin, die dich erstarren lassen. Wer das Leid nicht kennt, wird nichts erschaffen von Dauer und Wert.«

Annie ging über die Straße Richtung Osten, am Sportplatz vorbei, am Container lag keine Zeitung, sie lief über den geteerten Feldweg in ihren Lebensraum, der ihr wie ein Lebewesen erschien, das sich zuverlässig gezeigt hatte – bis auf die Wettereskapaden. Doch immer hat die Natur sich selbst geholfen, Trockenheit mit Regen versorgt, Hitze irgendwann mit Kühlung, Täler aufgefüllt und Berge verkleinert. Mutter Erde, ging Annie durch den Kopf. Nennt man das nicht so? Wer war der Vater? Sie kannte Väterchen Frost, passt ja. Sie schlotterte vor sich hin, war kaum mehr abgehärtet.

Die Wiese war kahl gemäht. Die Pädagogenwochen, wie sie diese Zeit ohne viel Bewegung und Familie nannte, hatten ihre Muskeln schwach werden und ihre Lunge beinahe schrumpfen lassen, die Adern schienen ihr verstopft mit Tapetenstaub. Sie blickte entkräftet zum verhangenen Himmel hinauf und stellte sich vor, es sei Sommer und die vertrauten Stare würden in Scharen einfallen. Sie holte Luft, hob an zum Schrei, doch ihre Versuche klangen läppisch, die Stimme ungeübt, die Vögel waren längst weitergezogen, fraßen am Rhein gegorene Weintrauben und berauschten sich daran.

Da stöckelte Fritzi hinter ihr her: »da biste ja eh!«

Sie hatten sich lange nicht gesehen, andere hätten sich in dieser Situation wenigstens die Hand gegeben, sich gar geküsst, Neuigkeiten ausgetauscht, Fritzi aber kratzte sich am Hintern und fragte: »wie wars 'n so im knast?«

Annie räusperte sich: »Lauter coole Leute.«

»nä! krass, erzähl.«

Wenigstens diese Freundin hatte sich nicht verändert, das tat Annie gut, in Fritzis Gesellschaft fiel ihr sogar wieder Unsinn ein: »Da war einer, der ist mit seinem Motorrad bei voller Fahrt mit einer Ente zusammengestoßen.«

»oh-ooh!«

»Er konnte seine Karre gerade noch zum Stehen bringen, seine Nase war gebrochen, und auch das Visier von seinem Helm war futsch.«

»wie gehts der ente?«

Annie schüttelte grinsend den Kopf. *Wie gehts der Ente* – nicht zu glauben. Sie schaute sich um, Strohballen lagen verstreut auf den Feldern, rund gerollt, manche in weißes oder schwarzes Plastik gepackt, als hätten wundersame Riesen ihre Kaugummis aufs Feld gespuckt. Die Blätter rieselten Braun, Rot und Gelb, die Lagerfeuer, in denen die Kinder Kartoffel garten, qualmten nicht mehr, doch ihr herber Aschegeruch lag noch in der Luft. Annie war enorm froh, endlich wieder daheim zu sein. Hier im Feld war es schön, mit Fritzi und charakterstarkem Wetter, gleichgültig, dass diese Bekloppte schuld daran war, dass die Plantage zerstört daniederlag.

Fritzi hatte mit dem Rauchen angefangen, zupfte sich ein Blättchen Zigarettenpapier aus der Verpackung heraus, zerkrümelte den Tabak und drehte sich ungeschickt selbst eine Kippe, zweimal riss ihr Blättchen ein, beim dritten Versuch geriet die Zigarette zu dünn, dann endlich gelang es ihr, das Ergebnis sah allerdings aus wie eine winzige Schultüte. Vor Jahren hatten sie mal Kirschbaumrinde miteinander geraucht, und ihnen war schrecklich schlecht davon geworden.

»hör ma, problem: ich hör im fernsehn wetterdings ne. die sagen immer, dass wolken dichter wern.«

»Ja und?«

»hör zu. wenn jetzt wolken dichter werden, nehmen die arbeit weg von leute, die das sons immer machen. was ist mit den typen passiert? die andern dichtern jetze?«

Annie wunderte sich, was in Fritzis Hirn neuerdings vorging, bislang musste Fritzi davon ausgegangen sein, mit *Dichtungen* befassten sich einzig Handwerker. Auf der Plane des Kastenwagens eines ortsansässigen Installateurs stand nämlich neben Name und Adresse die Aufschrift: *Dichtungen aller Art.*

Annie fragte: »Weshalb hast du mich nicht mal besucht?«

Ihr Gegenüber tat, als habe sie die Frage nicht gehört, niemand konnte so perfekt weghören wie Fritzi.

»das können nu wolken besser. sehn die sache locker von ganz oben und finden bessere reimung als die dichter. kommen aber nich zu potte, immer meldet fernsehn, dass die wolken dichter *werden*, aber nich ne, dass sie nu endlich dichter *sind*. verstehste?«

Fritzi hatte noch nie solch lange Sätze hinbekommen.

»Jetzt sag mal, was waren das für Leute, die du auf die Bäume losgelassen hast?«

Nun reagierte die 2.0-Expertin heftig, ihre Augen weiteten sich: »ja, hammer, ne! voll huso.«

»Kanntest du diese Leute alle?«

Sie wackelte als Antwort so mit ihrem Kopf, dass es weder ein *Ja* noch ein *Nein* war, und fragte sich wohl, ob dieses Kirschtrampel immer noch nicht begriff, was ein Flashmob war, bei dem es ja gerade der Witz war, sich eben nicht zu kennen. Was sollte Fritzi dieser Hinterwäldlerin erläutern, die andauernd offline war. Besser sagte sie gar nichts.

Annie bedrängte sie weiter: »Die Kerne, eh. Haste sie aufgesammelt und verkauft?«

»nö aber!«

Fritzi zog so gierig an der Zigarette, als habe sie Haschisch mit hineingekrümelt und müsse dementsprechend tief inhalieren, hielt den Qualm in der Lunge und ließ ihn nach einer Weile langsam wieder raus: »bin inne saftfabrik un habse für mau gekriegt.«

»Kerne?«

Fritzi nickte: »million hammer gewaschen und so fertig.«

»Was fertig?«

»trocken gemacht. Haste selbs gesagt, weiste noch? meine alte und andere mit nähmaschine bieten das online in viereckig und herz und klein und lang un alles.«

Zur Bekräftigung ihres Kurzreferates über die Gründung eines Onlinevertriebs von Kirschkernkissen in unterschiedlichen Größen und Stoffen und mit putzigen Aufnähern, genäht von Hausfrauen der Umgebung mit russlanddeutschem

Migrationshintergrund, die Fritzis Mutter kannte, zog sie einen Geldschein aus der Tasche und reichte ihn Annie.

»simmer quitt?«

Sie bot ihr geschlagene zehn Euro an.

»Das Geschäft geht wohl noch nicht so gut?«, fragte diese verblüfft.

»kein stress ne.«

Fritzi drückte ihre Kippe in der feuchten Erde aus, lächelte breit und machte sich stöckelnd davon.

Annie betrachtete erneut all die zerstörten Bäume, so abgerissen, niedergedrückt von der Horde. Hier würde es, das schwor sie sich, wider Erwarten eine nächste Kirschernte geben. Was sagte Opa immer: »Am Abend werden die Hühner gezählt!«

Am folgenden Tag kramte sie nach Schulschluss und Mittagessen ihre Winterstiefel hervor. Annie zog sich warm an, fand Opas Arbeitshandschuhe, nahm die Säge und eine Baumschere und marschierte so den Feldweg hinunter. Ein radikaler Schnitt wäre eine Chance, mehr für sich selbst als für die Bäume. Anders als mit harter Arbeit war ihrer üblen Laune nicht beizukommen, sie hätte sonst vor lauter Streitlust und Kummer noch irgendwem geschadet, aber zum Glück hatte sie zerstörte Leidensgenossen, die alle nur das eine wollten: ihren heilenden Schnitt.

Annie knipste ab, brach und riss heraus, sie sägte Äste ab und zog sie auf die Ackerfläche zwischen den Baumreihen, sie holte verdorrte Zweige aus den Kronen, machte Platz für Licht und Luft. Verausgabte sich in jeder freien Minute, draußen war es eiskalt, doch die Plackerei wärmte sie. Wenn stürmisches Sägen und Schneiden sie dennoch nicht beruhigen konnten, schrie und fluchte sie während der Schinderei, brüllte und verwünschte Nette, Opa und einen Menschen, den das Gesetz Vater nannte, trat mit dem Fuß gegen die Bäume, bis ihre Zehen knackten, weil er nie hergekommen war. Die treuen Stämme hielten sie aus, der Schnee war sanft zu ihr, der Wind blies ihr Frische zu, von Tag zu Tag ging es ihr besser.

Nette hatte ihr schwer arbeitendes Kind in den ersten Tagen beobachtet, sie fürchtete zu Recht Einwände vom Jugendamt, ging nun durch die Baumreihen und wollte einschreiten: »Das ist tapfer von dir. Aber hör auf damit, die Plantage ist hin. Vielleicht kann man mit der Verwüstung was anderes machen.«

»Was denn?« Es passte ihrer Tochter gar nicht, hier draußen gestört zu werden.

Nette hob die Schultern: »Ich gucke gerade, was Brüssel so hat für mich.«

Annies Atem war heiß, die Luft eisig, und bei jedem ihrer Worte bildete sich eine Wolke vor ihrem Mund: »Was soll denn eine Stadt für dich haben?«

»Geld natürlich, vielleicht gibt es eine Prämie.«

»Prämie? Für was?«

»Für eine Rodung.«

Annie ließ die Säge sinken und schaute ihre Mutter fragend an: »Zuschüsse fürs Zerstören?«

»So ist die EU, was kann ich dafür?«, antwortete die.

Annie schüttelte nur den Kopf und ließ sich von Nettes Plänen nicht entmutigen, aus denen war bislang nie was geworden. Sie legte ihre Säge wieder an einen Ast und arbeitete weiter.

»Das Gesetz verbietet dir zu arbeiten.«

»Ich bin kein Kind mehr.«

»Aber …, wenn einer das meldet? Dann bin ich dran beim Jugendamt, denk doch einmal an mich, wie stehe ich dann da?«

»Lass mich in Ruhe, oder ich zeige dich beim Amt an.«

Ihre Stimme überschlug sich: »Du willst mich …? Weshalb das denn?«

»Weil du mich in dieser Kälte zur Arbeit zwingst.«

»Wie bitte?!« Nette raufte sich die Haare. Bevor sie aus der Plantage verschwand, drohte sie noch: »Mach bloß deine Hausaufgaben, sonst setzt es was, *das* kannst du dann ruhig melden, du!«

Annie schnitt die Bäume, solange es hell war, und lernte am Abend gern, was sie bis dahin nicht regelmäßig getan hatte. In der Schule schaute sie zwar so mürrisch drein wie üblich, machte aber zum ersten Mal mit und bewältigte unerwartet leicht ihre Tests und Arbeiten; die Noten wurden besser, obwohl sie gar nicht darauf aus gewesen war. Ihre Lehrer wollten mit ihr ins Gespräch kommen, doch sie antwortete immer noch verunsichert bloß das Nötigste.

Sie lese im Sommer Zeitung, im Winter nicht.

Nein, sie besitze keine Bücher.

Keinen Computer, aber Opa.

Nein, sie sei noch nie im Theater gewesen.

Nein, sie spiele kein Musikinstrument, sie trommle nur.

Ja, über einen eigenen Weltatlas würde sie sich freuen.

Der Erdkundelehrer hielt Wort, sie bekam tatsächlich ein dickes großes Buch ausgehändigt, das sie nicht zurückzugeben brauchte. Damit lag sie nun jeden Abend im Bett, blätterte, las und forschte, schwamm in Flüssen, kletterte über Gebirge, betrachtete Inseln, Höhenlagen und das Wattenmeer, prägte sich die Namen ein und machte erste Reisepläne. Ich werde nicht ewig hier bleiben, wusste sie, ich werde fortgehen, wenn ich erwachsen bin, ich werde reisen, wie Nette.

Die wiederum stocherte in Vokalen herum und fand so manchen Konsonanten dazu, um ihrer Tochter ein freundliches *Wie gehts denn* zu sagen. Annie sagte im Gegenzug auch mal *Schlaf gut*; mehr persönliche Kommunikation brachten die beiden nicht zustande, von Umarmungen ganz zu schweigen.

Es gab in diesem Winter drei Menschen, die Annie angenehm und nützlich waren und ansonsten die Klappe hielten: Galle, der heißen Tee zubereitete und den jeden Tag zur Plantage brachte, die Bäckerin, die sie weiter mit Gebäck versorgte, und der Apotheker, der nichts für Pflaster, Wundcreme und Behandlung verlangte, als sie ihn mit zerschundenen Händen aufsuchte.

»Wie hast du das um Himmels willen hingekriegt?«

»Ich schneide gerade die Bäume.«

Er schüttelte den Kopf: »Ich meine das Baby.«

Wieder spürte sie diesen Schrecken, der ihr immer noch die Sprache verschlug.

»Du hattest doch keine Ahnung, was in solchen Fällen zu tun ist.«

Sie schwieg, weil er recht hatte.

»Ich denke nicht, dass das so einfach vonstattengeht, du hast den beiden das Leben gerettet, der Mutter und dem Kind. Das hast du gut gemacht, das macht dir keiner nach.«

In diesem Moment empfand sie keinen Stolz, das Gegenteil war der Fall. Mit einem Mal, als hätte er freundlich einen Stopfen gezogen, brach es aus ihr heraus: »Es hat sich nicht gerührt, war blau am ganzen Körper. Ich habe lange nicht kapiert, was das ist, dann habe ich auf den Rücken geklopft, und erst da hat es nach Luft geschnappt.«

Er nickte: »Das muss ein schlimmer Moment gewesen sein.«

»Ich hab so Schiss gehabt, dass es totgeht, und die Mutter auch. War doch alles blutig da unten.«

»Weshalb hast du keinen Notarzt alarmiert?«

»Ich wollte ja, verboten hat sie's mir.«

»Ja«, sagte der Apotheker ernst. »So wirds gewesen sein. Ein Glück, dass niemandem etwas geschehen ist.«

»Wo ist sie bloß hin?«

»Sie wird nach Hause gegangen sein, mach dir keine Sorgen.«

»Weshalb will sie denn kein Kind?«

»Vielleicht, weil sie selbst noch eines ist.«

Annie fragte sich Stunden später, wann sie ihm erzählt hatte, dass die Mutter des Babys selbst sehr jung war.

SCHNITT

Annie schnitt die Schattenmorellen so zu, dass die Baumkronen Cognacgläsern glichen, in die von oben großzügig Licht hineinscheinen konnte, damit die Blüten den Wind spürten, um gewinnbringend befruchtet zu werden, und damit die Früchte viel Sonne bekamen, um anständig zu reifen. Sie hatte von ihrem Opa gelernt, eher wenige dicke Äste abzusägen, als an vielen Stellen dünne. Genau da, wo du Altes wegschneidest, werden neue Triebe kommen – so lautete die Regel.

Annie verbrauchte in diesen kalten Wochen viele Säge-blätter, ihre Muskeln taten weh, sie übte sich darin, mit der rechten und der linken Hand abwechselnd zu arbeiten, um sich zu entlasten. Doch je schmerzhafter und schwerer diese Arbeit war, desto lieber war sie ihr.

Fritzi tauchte alle paar Tage auf, blieb am Feldweg hinter dem Zaun stehen und beobachtete sie. Dann und wann hob sie ihre Hand zum Gruß, alles andere hätte Annie im Moment gestört, das schien sie tatsächlich zu spüren. Einmal nur rief sie etwas, es war Ende November: »musst nich mehr traurig sein.«

Annie schaute erschöpft und schwer atmend zu ihr hin.

Und Fritzi ergänzte: »noch eima duschen, dann is weihnachten.«

Nun musste Annie doch grinsen: »Du duschst nicht so oft?«

»amerikanisch schon.«

»Was ist eine amerikanische Dusche?«

»na, mit deo.«

»Und was ist mit Wasser?«, fragte Annie belustigt.

Fritzi brummte zurück: »was? wasser ist wasser, un?«

Sie schnitt sogar an Heiligabend, die Feiertage hindurch und an Silvester, an ihren Händen waren inzwischen dicke Schwielen. Der Apotheker quacksalberte an ihr herum und schwor auf eine Mischung aus Zitronensaft, Kamillentee und zerdrücktem Knoblauch, mit der er sie behandelte. Sie wünschte, er könnte mit dem Zeug auch ihre gesamte Innenseite pflegen, um ihre Laune zu verbessern.

An einem dieser Tage bat er sie, ein wenig länger zu bleiben. Er hatte Kaffee gekocht und einen herrlichen Apfelkuchen mit Mürbeteig gebacken, süße Sahne dazugestellt, es gab keine bessere Methode, Annie zu verwöhnen.

Während sie schlemmte, klagte er bitter, seine Regale würden zusammenbrechen von den vielen Büchern, er werde eine Menge davon wegwerfen müssen.

»Wegwerfen, Bücher?«, wandte sie ein.

»Was bleibt mir übrig?«, fragte er und verkniff sich ein Grinsen.

Beinahe schüchtern antwortete sie: »Ich lese eigentlich gern, Ihre Zeitung zum Beispiel.«

»Du liest sie tatsächlich? Ich dachte, in deinem Alter surft man lieber.«

»Sie legen sie mir doch hin, jeden Morgen.«

»Ach, ich bin das, ja, das hatte ich ganz vergessen.« Er lächelte sie an, beinahe stolz. »Sie ist dann allerdings einen Tag alt.«

»Das ist mir egal.«

»Zurück zu den Büchern, hast du denn Platz in deinem Zimmer?«

»Was wissen Sie von meinem Zimmer? Wollen Sie mich hier bloß zum Aufräumen zwingen?«, fragte sie misstrauisch.

»Gott bewahre, nein!«, lachte er.

Ein paar Momente später, nachdem sie das zweite Stück Kuchen aufgegessen hatte, fragte sie ernst: »Sie kochen und backen, obwohl Sie ein Mann sind.«

»Wieso *obwohl*?«

»Opa hat nie gekocht, und schon gar nicht gebacken.«

»Es gibt viele Männer, die das tun. Genauso wie es viele Frauen gibt, die Mathematik verstehen.«

»Ich kann Mathe.«

»Na bitte, quod erat demonstrandum.«

»Aber ich koche nicht.«

»So verschieden sind die Menschen. Jeder tut, was er will.«

»Wollen Sie was von mir?«

Sie fixierte ihn, als habe er schon zugegriffen. Er war sich nicht im Klaren, worauf sie hinauswollte, blickte Annie fragend an und erklärte: »Ich biete dir bloß meine Bücher und Kuchen an, aber sicher nicht mehr!«

»Weshalb haben Sie keine Frau?«, fragte sie streng.

Nun zog er seine Augenbrauen hoch: »Das geht dich nichts an.«

Annie ließ sich nicht einschüchtern, sie war mutig wie

nie zuvor: »Es ist nicht normal, dass ein alter Mann was mit Mädchen macht.«

Er schaute sie ernst an: »Da hast du recht. Und doch gibt es Lehrer, die dich mögen, weil du aufsässige Fragen stellst. Und Trainer, die dich über den Rasen jagen. Später werden Freunde hinter dir herwinken, wenn du mit dem Auto davonfährst – sofern du Glück hast! Andere werden kommen, die dir den Rücken frei halten, ein gutes Wort für dich einlegen. Und irgendwann welche, die ihren Weinkeller mit dir teilen. Das alles tut man unter kultivierten Menschen. Da liegt der Unterschied! Ich war meistens für dich da, wenn du mich gebraucht hast, richtig?«

Sie nickte.

»Solches Handeln nennt man Anstand. Es gibt auch zwischen älteren und jüngeren Menschen Freundschaften, ohne dass der eine den anderen ausbeutet. Nun nimm dieses Buch hier mit!«

Sie nahm es gern und ging davon.

Die kahlen Äste schlugen Annie ins Gesicht, Sägespäne rieselten ihr in die Augen. Sie hielt sich die Hände vors Gesicht und weinte, bis die Tränen den Dreck herausgespült hatten. Die Säge blieb oft in den Stämmen stecken, Annie musste an ihr zerren und rucken, trat vor Zorn gegen den Stamm, klemmte sich die Finger ein, stieß den Ellbogen an. Sie knipste mit der Baumschere so oft, dass ihre Sehnen sich entzündeten. Sie schätzte es regelrecht, wenn die Eiseskälte sie stach wie Nadeln, wenn sie abends vor Erschöpfung in den Schlaf fiel und sich nicht an ihre Träume erinnerte. Aus Nettes Sicht war sie kreuzunglücklich, aber das stimmte nicht, sie hatte sich selten so erleichtert gefühlt wie in dieser bockigen, eisigen Zeit.

Sie las das Buch des Apothekers und war erschüttert. Wie arm wäre ihr Leben gewesen, wenn sie nie von *Huckleberry Finn* erfahren hätte. Ewige Freundschaft schwor sie diesem Jungen, das Buch würde sie dem Apotheker nicht mehr zurückgeben. Er lächelte, als sie ihm das grimmig klarmachte, und schob ihr einen neuen Stapel Bücher zu.

Draußen stand die Natur im Frost still, Annies Körper aber explodierte regelrecht: Sie wuchs um einige Zentimeter, ihre Brüste entwickelten sich, als hätten sich sture Grasspitzen durch Beton gekämpft. Sie bekam endlich ihre Tage, eine Taille und zu ihrem Glück kaum Pickel, ihre Laune besserte sich auffallend, doch sie ließ es niemanden spüren. Sie wusch sich öfter als sonst, weil es in der heißen Wanne am Abend so gemütlich war und man das Badezimmer so herrlich abschließen konnte. Sie wog sich, maß ihren Umfang oben, in der Mitte und unten, cremte sich ein, kämmte ihre Haare und verkleidete sich mit allerhand Sachen ihrer Mutter. Betrachtete ihren Körper im Spiegel, von vorn und von den Seiten, stellte sich auf einen Stuhl, um auch ihre Knie zu sehen, und benutzte zuletzt den Handspiegel, um sich unten zu betrachten.

Wenn sie sich vorstellte, wie groß eine Scheide bei einer Geburt werden musste und wie klein die Öffnung bei ihr war, schien ihr unbegreiflich, wie so etwas gehen konnte. Sie hatte mal einen Kalenderspruch bei Fritzis Mutter in der Küche gelesen: *Besser einmal im Jahr gebären, als sich jeden Tag den Bart zu scheren.* Wer behauptete solch einen Quatsch? Männer hatten doch keine Ahnung. Weshalb musste die Mutter eines Kindes so leiden und der Vater nicht? Weshalb zahlten die meisten Männer bloß, und die Frauen kümmerten sich? Keiner hatte im Leben eine Wahl, was für ein Geschlecht er bekam. Ebenso nicht, ob er uralt endete, gesund oder krank war, gut aussehend oder hässlich, lahm oder schnell, verwöhnt wurde oder allein blieb, alles war dem Zufall überlassen, konnte das sein? Werde ich Kinder gebären wollen?, fragte sie sich. Das zumindest würde sie vorher genau überlegen, so was wie Paula würde ihr nicht passieren.

Aber wer sollte ihr so nah kommen, dass er das da unten sah, streichelte und mehr? Sie schüttelte den Kopf. Unbegreiflich, nie und nimmer oder doch so gern? Sie konnte es sich nicht vorstellen, es musste ähnlich peinlich sein, wie zu zweit auf der Toilette zu hocken. Sie war einmal eine Forscherin in dieser Sache gewesen, allerdings hatte sie nur Merkwürdigkeiten gesammelt, selbst die Liebschaft des Bäckers mit dem roten Schuh hatte nichts Zärtliches gehabt, war bloß ein schnelles Keuchen gewesen. Den richtigen Sex hatte sie weder gesehen noch davon gehört, wohl, weil zwei Liebende es ganz für sich tun und kein Aufhebens darum machen.

Sie nahm etwas Hautöl und rieb sich unten ein, wie man sich Gesicht und Hände eincremt, und bekam eine fabelhafte Ahnung, wie es werden könnte, wenn man das gemeinsam tat. Sie hätte in diesem befriedigenden Moment nicht gewollt, dass jemand das sah, Fotos machte oder es aufschrieb, es war ja gerade nur möglich und schön, weil man für sich war.

Die Pflegefamilie des Kindes besaß ein Reihenhaus in einem Ort im Knüllwald, der Vorgarten war geharkt, der Gartenweg gekehrt. Sie hießen Schmitt, hatten Kaffee gekocht und einen Bienenstich gebacken. Die Pädagogin hatte Annie vorgeschlagen, mit ihr und Nette dorthinzufahren.

»Wieso mit meiner Mutter?«

»Es wird euch beiden guttun.«

Der Drogenhändler war ungeheuerlich gewachsen, hatte einen Riesenschädel gekriegt; Annie nahm ihn auf den Arm und glaubte, seinen Bartwuchs bereits erkennen zu können, die Südländer fingen ja früh damit an.

Frau Schmitt war schlau, sie fragte: »Sieht Otto der Kindsmutter ähnlich?«

»Welcher Otto?«, fragte Annie zurück.

»Na, er, sein Name ist Otto.«

Die Pädagogin zog verlegen die Schultern hoch. Annie wandte sich zu dem Kleinen und schnitt Fratzen, lachte mit dem armen Kerl, der nun einen solch altmodischen Namen trug, und kitzelte ihn am Bauch.

»Wir müssen wissen, wer die Kindsmutter ist«, sagte Frau Schmitt. »Damit die Dinge geregelt sind, wir bekommen ihn sonst lange nicht zugesprochen. Eine gewisse Beate, sagt man?«

Annie hörte weg, schaute nur Otto an. Lieber Himmel, im ganzen Land stand dieser Name auf den Mülltonnen. Vielleicht kann man ja auch als Otto glücklich werden, dachte sie, reimt sich immerhin auf Lotto.

Nette stand recht lange unbeholfen herum, nun ging sie zu ihrer Tochter und schaute sich den Kleinen ebenfalls an.

»Der ist aber herzig«, lächelte sie. »Und schon so groß.«

Die Schmitt ließ nicht locker: »Es kommt doch keiner

einfach ins Haus und gebiert so mir nichts, dir nichts ein Kind, da stimmt doch was nicht!«

Nette drehte sich um und sprang für Annie in die Bresche: »Jetzt reichts aber, Herrschaften! Meine Tochter hat zwei Menschenleben gerettet. Das ist ja wohl genug. Die Kindsmutter ist abgehauen, keiner weiß, wohin, Annie auch nicht. Und jetzt Schluss mit der Geschichte, ein für alle Mal.«

Sie nahm den Jungen aus Annies Armen und gab ihn der Pflegemutter.

»Otto ist ein so hübscher Name, das nebenbei.«

Sie bat die Pädagogin: »Wir möchten jetzt gehen.«

Annie hatte jedes Wort ihrer Mutter genossen. Sie lächelte Nette an, so kurz, wie man es eben tat, wenn man noch gekränkt und schon versöhnt war. Man ließ den Bienenstich, die Schmitts und Otto zurück, sie wollten nur noch heim.

Einen Tag später lag Geld auf dem Küchentisch, mit einem Zettel von Nette, dass sie damit in Zukunft zu jedem Ersten rechnen konnte.

Dem Friseur hat Annie ein Foto aus einer Zeitschrift gezeigt, und dann tat der Bursche, wozu er da war. Er schnitt ihr die Haare und reichte ihr hinterher einen Föhn.

»Den kannst du sogar geschenkt haben, wenn du mir verrätst, wie dein Opa dieses Mädchen rumgekriegt hat. Ich frisiere ihn ja schon, seit ich denken kann. War es die Glatze? Bin ich also quasi schuld an seiner erotischen Anziehungskraft?«

Annie nahm den Föhn und nickte.

»Ich habe es gewusst!« Der Friseur war unglaublich stolz auf sein Werk: »Ich habe ihn begehrenswert geschnitten, so ist das.« Er nickte vor sich hin und erwog, seine Preisliste zu ändern.

Von ihrem neuen Geld kaufte sich Annie Kleidung, anders als Fritzi, anders als ihre Mutter, sie kaufte solche, die sie wollte und mochte, in den Farben ihrer Plantage und so locker, dass der Wind damit spielen konnte, wenn ihm danach war.

Wenige Tage später erledigte Annie kurz vor Sonnenuntergang ihren letzten Baum, es war Februar. In allen zwölf Lücken zwischen den dreizehn Baumreihen lagen die abgeschnittenen Äste etwa einen Meter hoch aufgehäuft, unglaublich viel Holz, das später gehäckselt und gemulcht werden musste. Die in kleine Stücke gehackten Äste bedeckten dann den Boden, schützten und düngten ihn. Darum würde sich Nette kümmern müssen. Annie hatte ihre Arbeit getan. Noch nie hatte jemand in ihrem Alter so viele Kirschbäume allein beschnitten.

Nenn mir einen, der das getan hat? Also!, sagte sie zu sich selbst.

Nun die zweite Sensation: Am Tag darauf bekam sie ihr Zeugnis in die Hand gedrückt, lauter Einser und Zweier. Nenn mir eine, die solche Noten hat.

Sie rannte hin zu dem, der es als Erster erfahren sollte, klopfte an seine Haustür, klingelte Sturm, aber er öffnete nicht. Enttäuscht ging sie nach Hause und legte dort ihr Zeugnis demonstrativ auf den Küchentisch. Als Nette einen Blick darauf warf, konnte sie nur staunen: »So gut war noch niemand aus unserer Familie, ich gratuliere dir, Kleines. Das ist alles auf deinem Mist gewachsen? Donnerwetter!«

Annie erwartete nun einen Satz wie: Wenn ich im Kinderwagen nicht so hätte schreien müssen, wären meine Noten auch so gut gewesen, und so weiter. Es kam aber nichts, stattdessen lächelte Nette weiter – bis sie zwei Minuten später die Postkarte aus dem Briefkasten zog, die Opa von Martinique geschickt hatte. Auf der schrieb er, dass diese herrliche Insel, auf der sie nun schon seit Längerem seien, genau genommen eigentlich zwei Inseln seien, eine ganz junge und eine uralte, was ja ausgezeichnet zu Ninotschka und ihm passen würde, drum hätten sie dort geheiratet.

Nette drehte und wendete die Karte.

»Was bedeutet das denn?«, fragte sie verstört.

»Du hast jetzt eine Stiefmutter, die aussieht wie Aschenputtel.«

Annie selbst musste nachdenken. Ninotschka war nun wahrhaftig ihre Oma – auch wenn sie so gar nicht ins Bild passte.

»Was ist, wenn die schwanger ist?«, fragte Nette weiter.

»Steht da was davon?«

»Nix, aber kann doch sein.«

»Dann bekommst du ein Brüderchen oder eine kleine Schwester, das wäre, glaub ich, meine Tante oder Onkel, je nach dem.«

Nette legte die Postkarte auf den Tisch, blätterte wie betäubt einige Briefumschläge durch, die ihr in letzter Zeit geschickt worden waren, und flüsterte: »Irgendwas muss ich machen.« Hilfe suchend schaute sie sich um. »Irgendwas, aber was?«

»Mach deine Post auf.«

Nette schüttelte den Kopf.

»Du wolltest doch was mit Brüssel machen?«

Sie winkte müde ab. Annie betrachtete ihre Mutter, wie sie da im Bademantel am Küchentisch saß, die Haare kreuz und quer. Diese Haltung kam ihr bekannt vor: »Heute ist wieder so ein Scheißtag, ne?«

»Genau!« Ihre Mutter blickte auf. »Woher weißt du das?«

Die Verdrossenheit musste eine neue Seuche unter den Erwachsenen geworden sein, Annie war überzeugt davon, dass Nette schon längst wieder auf Reisen wäre, wenn das Jugendamt sie nicht zum Erziehen und Versorgen ihrer Tochter zwingen würde. Seit sie selbst den Weltatlas studierte, verstand sie dieses Fernweh etwas besser. Unterwegs zu sein gab ihrer Mutter das Gefühl, dass sich wenigstens irgendetwas in ihrem Leben bewegte, und wenn es die Räder des Busses waren, in dem sie saß.

»Ich bin fertig mit der Plantage, alle Bäume geschnitten.«

Nette starrte sie an: »Ungeheuerlich, was du geschafft hast, die guten Noten und nun auch noch die Bäume!«

Zum ersten Mal war Nette eine von Stolz erfüllte Seele: »Und dieser Otto, der lebt, mein Gott!«

Sie wandte sich Annie zu: »Ich bin eine … grauenhaft also, das weiß ich ja, aber …«, sie holte tief Luft und hielt sie ein. »Ich hab nichts sonst im Leben hingekriegt, außer …« Sie atmete aus, weinte los und konnte nicht weiterreden. Annie setzte sich neben sie und legte ihr kurz den Arm um die Schulter.

DRESDEN

Der Bäcker besaß einen alten blau-weißen VW-Bus mit geteilten Scheiben vorn, noch von seinem Vater Ende der fünfziger Jahre gekauft. Nie und nimmer gäbe er den in fremde Hände, hatte er gesagt. Die Reisegruppe benötigte jedoch einen ausreichend großen Wagen für eine Fahrt nach Dresden, und aus diesem Grund waren Annie und der Apotheker in der Bäckerei vorstellig geworden. Der Mann blieb stur, niemand werde seinen Oldtimer anrühren, geschweige denn fahren. Seine Frau traktierte ihn: »Lass ihnen doch den Bus, dann kommt der mal rum, der hat ja im Leben nichts gesehen außer Mehl.«

»Aber in den Osten?«

»Das Gebiet gehört inzwischen zu uns! Jahrzehnte schon, gewöhn dich dran.«

»Nie und nimmer!«

Annie tat die Frau so leid. Wenn die wüsste, was ihr Bäcker für rote Schuhe hatte. Drum sagte sie: »Sie haben ja auch nichts weiter im Leben gesehen als Mehl.«

Die Bäckerin vermutete es: »Das heißt?«

»Lassen Sie Ihren Mann mal alleine backen. Sie steuern den Bus, dann bleibt er in der Familie.«

Wie vom Blitz gerührt starrte sie erst das Mädchen und daraufhin den Apotheker an: »Ich darf mit?«, fragte sie.

»Du hast wohl 'n Schuss!«, schimpfte der Bäcker.

»Klar«, antwortete der Apotheker freundlich und berechnete betrübt seine Kosten. Er wollte die Geschichte zu einem guten Ende bringen, aber das würde ihn teuer zu stehen kommen.

Die Bäckerin band sofort ihre Schürze auf und ließ sie einfach zu Boden fallen. »Das werde ich dir mein Lebtag nicht vergessen, Karl, mein Lebtag nicht.«

Sie brauchte nur wenige Minuten, um ihre Reisetasche zu packen, zusätzlich raffte sie Proviant für alle zusammen und plünderte zu guter Letzt die Ladenkasse. Der Bäcker fuchtelte fassungslos mit seinen Mehlhänden herum.

»Wozu brauchst du denn das ganze Geld?«, jammerte er.

Die Bäckerin fragte schnippisch: »Hab ich was anzuziehen für Dresden?«

Nun fuhr Annie giftig dazwischen: »Rote Schuhe wären schön!«

Der Bäcker warf ihr einen vernichtenden Blick zu und verschwand schimpfend in der Backstube. Seine Frau dagegen setzte sich beglückt hinters Steuer, betrachtete ihr Gesicht im Rückspiegel, schminkte ihre Lippen, setzte eine Sonnenbrille auf und steuerte als nächste Station Nette an. Annie und der Apotheker fühlten sich inzwischen wie Engel, die eine gute Überraschung verkünden konnten.

Nette blühte auf wie eine Kirsche, genauso weiß und rot, und duftete dazu herrlich. »Ich darf mit!?«

»Es war Annies Wunsch«, erklärte der Apotheker.

»Dein Wunsch?« Nette stand der Mund offen.

»Was? Warum denn, gibts einen Grund?«

Er blieb Nette die Antwort schuldig.

Nächste Station des Busses war Galles Haus, der als Einziger von der Reise wusste. Gut gekleidet, mit Koffer stand er am Wegesrand.

Nahe der Bushaltestelle wartete Fritzi mitten auf der Fahrbahn und zwang die Bäckerin zu halten: »nach wohin is egal. will isch mit.«

»Wissen deine Eltern Bescheid?«, fragte der Apotheker.

»schickisch sms. reicht.«

»Beruhige dich«, sagte Galle, der Karls Bedenken bemerkte. »Der Wagen ist Punkt fünf da. Ihr holt mich vom Büro ab, und ich bringe euch zum Flugplatz.«

Nette starrte ihn an und fragte sich, um wen sie sich mehr Sorgen machen musste, Fritzi oder diesen Bekloppten mit seinem Film: »Hoffentlich blamiert der uns nicht.«

Fritzi war derselben Ansicht: »der brauch 'n doktor.«

»Was für ein Arzt könnte dem helfen?«

»Brauchen wir nicht alle einen Arzt?«, warf die Bäckerin dazwischen.

»meine mutter hat 'n gesäßspezialist.«

Annie schaute Fritzi angestrengt an: »Gesäßspezialist? Sag mal, bist du bescheuert? Hat Galle was am Hintern?«

Fritzi wunderte sich: »habbisch was von aasch gesagt?«

Der Apotheker krümmte sich vor Lachen wie noch nie in seinem Leben, er lachte, bis ihm die Tränen kamen.

Auf der langen Fahrt sprach bald niemand mehr, jeder hing seinen Gedanken nach, Fritzi hatte Kopfhörer im Ohr, die anderen hörten Radio, Annie schaute wissbegierig aus dem Fenster, flüsterte Ortsnamen, die sie auf Schildern fand, Autobahnausfahrten, verglich die Route auf einer Straßenkarte, die die Bäckerin ihr gegeben hatte. Einmal nur suchten sie gemeinsam Spuren der alten Grenzzäune und Reste der Mauer, die Deutschland geteilt hatte. Es war nichts mehr zu erkennen.

Vor dem Hotel in der Innenstadt öffnete ihnen ein Herr in schmucker Uniform die Wagentür. Galle war der einzige Mann in ihrer Gruppe, der sich in einen schwarzen Anzug gezwängt hatte; sein starrer Blick, der heute autoritär wirkte, und seine unbeholfene Art, aus der Bustür zu steigen, ließen den Hotelportier glauben, er sei, schrullig, aber genial, mindestens der Präsident einer Handelsbank mit einem Faible für Oldtimer und Großfamilie.

Galle glotzte ihn natürlich an, drückte ihm einen Euro in die Hand und sagte: »Heute Abend teilen wir uns ein Schnitzel, und Sie geben mir wieder Umlautstunde.«

Der Portier tat, was solche Leute gelernt haben, er antwortete: »Ganz, wie Sie wünschen, der Herr«, öffnete anschließend die Heckklappe und lud ein paar Plastiktüten aus.

»Donnerwetter!«, meinte die Bäckerin, als sie sich das große, elegante Haus ansah. »Da drin würde ich nicht mal wagen, aufs Klo zu gehen, so nobel sieht das aus. Karl, hast du wahrhaftig hier gebucht?«

Das ganze Viertel glich einer eleganten Filmkulisse: Schloss, Oper, Zwinger und Museen, frisch renoviert und für die Touristen und die Bierwerbung hergerichtet, die Straße mit ebenmäßigem dunklem Kopfstein gepflastert.

Das Hotel war ein in Gelb und Weiß verputzter Palast mit Bogenfenstern aus dunklem Holz. Straße und Haupteingang wurden von einem schmiedeeisernen Zaun und einem kleinen Hof getrennt, in dem sich nackte Engel an Säulen klammerten. Dazu Brunnen, an denen sich Schlangen zwischen steinernen Weinranken wanden und das

Wasser aus Mäulern floss, festgehalten von Wesen, die oben wilde Menschen und unten dicke Fische waren.

Galle sprach jetzt sogar eine Passantin an, die am Hotel vorbeiging: »Tun Sie, was Sie können! Wir wohnen im Grandhotel Potemkin.«

Der Portier korrigierte vornehm, es handele sich bei ihrer heutigen Adresse um das Grandhotel Taschenberg-palais, eine Verwechslung könne aber leicht passieren, wenn man oft unterwegs sei.

Er führte sie in die Halle. Den Reisenden nahm dieses großartige elegante Haus jeden Mut, es schien für welt-gewandte Menschen gemacht, nicht für die Provinzler. Galle starrte, die Bäckerin duckte sich und zupfte an ihrer Kleidung herum, Fritzi sah sich mit offenem Mund die Brunnen vor dem Tor an, prüfte mit ihrer Hand die Was-sertemperatur, Nette rührte sich nicht, sondern lauschte bloß, und Annie streichelte mit ihren Fingerspitzen die herrlichen Steinwände und Säulen im Treppenhaus.

»Obama war hier«, flüsterte Nette.

»obama wer?«

»Na, der amerikanische Präsident!«

»in das hotel jetze?«

»Ja, war im Fernsehen.«

»ja hammer.«

Einzig Karl ging entspannt zur Rezeption, füllte den Meldezettel aus, fragte, wo was hingehörte und was zuerst und was danach passieren sollte. Er hatte eine Suite ge-bucht, die so schön war, dass die Bäckerin wie ein sturer Esel im Gang stehen blieb und sich weigerte, hineinzu-gehen.

»Nicht in meiner Dorfkluft, es wäre eine Schande.«

So verschwand sie auf der Stelle und kam lange nicht zurück. Fritzi dagegen scherte sich nicht um ihre quietschenden Klamotten. Sie lächelte den Pagen an, der ihre Aldi-Tüte trug, und schaute sich um, als sei sie in einer Schatzkammer gelandet. Der erste Raum war ein schönes Wohnzimmer mit riesigem dezent gelbem Sofa, großen Porzellanleuchten, einem Schreibtisch, prächtigen Teppichen und einem Spiegel. Fritzi lief in alle Ecken, hopste auf dem Sofa herum, sprang herunter, berührte staunend die Königswappen, mit denen die Betten verziert waren, tobte durch das angrenzende riesige und irrsinnig sauber polierte Bad. Im nächsten Zimmer entdeckte sie wieder ein Bett mit Bad, und so fort. Nette war besonders vom Glanz und von der Sauberkeit tief beeindruckt. Nur Fritzis Toberei behagte ihr nicht.

»Man muss sich ja für sie schämen!«

Annie bat ihre Mutter um Verständnis: »Lass sie doch.«

»Das Luxuriöseste an dieser Suite ist der Blick.« Sie hatte sich ans Fenster gestellt. »Da kannst du wirklich denken, du bist eine Königin, hier drin, und vor dir ist deine herrliche Stadt und daneben ein Garten, aber anders als bei uns, ohne Obst und Gemüse, klar?«

Dann fragte sie Karl verlegen: »Weshalb reicht nicht eine einfache Pension?«

Er lächelte: »Manchmal muss es etwas Besonderes sein, genieß es einfach.« Er wandte sich an Annie: »Gehen wir?«

»Wohin?«

»Zum eigentlichen Zweck der Reise. Ist gleich gegenüber.«

»Was gibts denn da?«, fragte Nette etwas eingeschüchtert, weil sie fürchtete, sich nicht anschließen zu dürfen.

»Komm mit, Kirschenbäuerin, das musst du natürlich auch sehen.«

Während die Leute im Sommer Kirschkerne achtlos wegspuckten, gab es hier in Dresden weltberühmte davon, die in der prächtigsten Schatzkammer Europas ausgestellt waren. Vor langer Zeit waren sie sorgfältig ausgewählt und von einem unbekannten Künstler gewaschen, getrocknet und dann mit einer winzigen Schnitzmesserspitze unter einer Lupe bearbeitet worden. Karl dozierte, der Künstler habe in eines der Exponate sage und schreibe 185 Gesichter hineingeschnitzt, über hundert davon seien mit dem bloßen Auge deutlich zu erkennen, die anderen hatten Forscher gezählt. Dieses kleine Wunder wurde vor über fünfhundert Jahren geschaffen und war in einen Ohrring eingearbeitet, den ein kleines Goldornament umrandete. Für Annie war dieser kleine Kirschkern mindestens so prächtig wie das große, herrliche Hotel.

»Wie traut man sich das?«, fragte sie den Apotheker. »Wenn bei uns einer sagt, dass er so viele Gesichter in einen Kirschkern schnitzen will, hält man ihn doch für bekloppt.«

Karl nickte: »Wer was Tolles macht, ist toll im Kopf, das ist immer noch das Wort für verrückt.« Lächelnd fügte er hinzu: »Mir fällt eben ein, es gibt ja auch Tollkirschen.«

»Giftig.«

»Nicht nur. Sondern eben auch toll. Es handelt sich um eine ausdauernde, krautige Pflanze, die seit der Antike medizinisch genutzt wird, unter anderem als Schmerzmittel.«

Annie schaute ihre Mutter an und grinste: »Deine Idee, Konserven herzustellen, war ja genauso toll.«

»Ja«, meinte Nette untröstlich, »und endete bombig.«

Karl hatte großes Vergnügen daran, den beiden Damen nun auch ausführlich das Hotel zu zeigen. Nie hatte sich Annie für Wände und Treppenhäuser interessiert, weil sie bloß Rigips mit Raufaser kannte. Hier wurde mit warmem hellem Stein gebaut, alles war breit und elegant. In einem Buch, das die Hotelleitung auf den eleganten Schreibtisch gelegt hatte, waren alte Fotos des Palastes zu sehen. Im Krieg waren sämtliche Mauern eingebrochen, in den folgenden Jahren in der Ruine Sträucher und später gar Bäume gewachsen. Jedoch hatte man es sorgsam wiederaufgebaut: Das Treppenhaus elegant mit kleinen Pfeilern unter dem breiten Handlauf des Geländers. Die Decken wurden von großzügigen viereckigen Säulen gestützt, die am oberen Rand Verzierungen hatten, Blätter und Schneckenmuster. Nirgendwo hing ein Bild, keine grellen Farben störten, nur der Stein sollte wirken. Annie kam es so vor, als habe man hier im Treppenhaus das Gefühl reproduziert, dass sie in ihrer Plantage hatte, wenn sie weit schauen konnte und genug Luft bekam. Sie schritt hier die Stufen langsamer hoch als sonst, ohne darüber nachzudenken, als sei sogar genügend Zeit mit eingebaut – auf diese wunderbare Art, dachte sie, müsste man Schulen gestalten.

Der Stein der Stufen war dunkler als die Wände, das Geländer mit seinen kleinen Säulen und die Decke schienen heller. Hoch oben hingen riesige Kronleuchter, rund und offen wie eine ordentlich geschnittene Sauerkirschbaumkrone, so kam Annie das vor, nur auf dem Kopf. Eisen oder Stein rankte wie Blätter, das Gold wirkte nicht protzig, sondern beinahe bescheiden.

Im Treppenhaus standen rote Sessel und Tische in Nischen, dort gönnten sie sich eine Pause mit Säften und

Nüssen, Galle gesellte sich zu ihnen. In anderen Nischen saßen weitere Gäste des Hotels, niemand sprach hier laut, zugleich dämpften die Steine die Geräusche, statt zu hallen, wie Beton das tat.

Und dann tauchte Paula ausgerechnet hier zögernd auf. Sie schaute die verblüffte Annie mit ihren hellblauen Augen still und verstört an, ihr Mund schmollte, als habe man ihr etwas angetan. Ihr Gesicht war weich und hell, der Blick wirkte kühl, doch wer sie kannte, sah nichts weiter darin, weder Glück noch Hass, leblos wirkte sie.

Was tat sie ausgerechnet hier? Annie schaute zum Apotheker und begriff erst jetzt, dass er sie kannte. Er musste auch Paulas Wunden versorgt haben. Ihr wurde mulmig. Er hatte das alles arrangiert! Deshalb waren sie hier, dafür bezahlte er das teure Hotel. Er hatte Paula viel lieber als sie gehabt, er hatte sich um die Fremde gekümmert, während sie im Heim vermoderte, alleingelassen von allen, Freunden und Familie. Großer Gott, war sie krank vor Eifersucht, regelrecht übel wurde ihr.

Schlank war Paula geworden, und grauenhaft hübsch, sie sah vollkommen anders aus als vor Monaten bei ihr im Haus, nicht mehr dick und schmutzig, sondern geradezu prinzessinnengleich. Sie selbst war nicht zart, hatte keine blauen Augen und orangene Haare, ihr Mund schmollte auch nicht so putzig, er brüllte zumeist. Noch nie hatte Annie sich so grob und zerlumpt gefühlt wie in diesem Moment, obwohl sie Gast in einem Palais war. Paula passte hier prima hinein, anders als sie, sie war ein Bauernfratz.

»Danke.« Das sagte Paula jetzt an sie gerichtet. Der Apotheker wird es verlangt haben, dachte Annie.

Galle hatte lange starren müssen, bis ihm klar wurde, wer da so verändert vor ihnen stand, dann stürzte er auf Paula zu: »Mein Schuh, mein Schuh!«, rief er, nahm sie in den Arm, drückte, küsste und streichelte sie. Und einzig in dessen Armen verlor sie ihre kühle Haltung, sie lehnte sich an seine Schulter und ließ wahrhaftig ein paar Tränen fließen.

Jetzt fielen Annie alle Schuppen von den Augen: Auch Galle hatte sich um die Fremde gekümmert. Die Enttäuschung brannte ihr regelrecht im Bauch.

»Also, danke«, wiederholte Paula, die sich aus Galles Umarmung gelöst hatte und nun mit ihren schlaksigen Armen fuchtelte. »Für die Bohnen, und alles.«

Die Bohnen, ausgerechnet!

»Ich wollte das nicht ...«

»Das?!«, flüsterte Annie bitter. »*Das* heißt Otto.«

Karl bat Paula, sich zu setzen, sie spielte mit ihrem Hemdsaum und lehnte ab. Annie schaute ihn streng an: »Woher kennt ihr euch?«

»Ich wollte bloß, dass du und das Baby in Obhut genommen werdet«, gestand er.

Sie spürte ihre Welt zusammenbrechen: »Wann?«

»Als sie dich geholt haben, ich war das.«

»Sie haben mich verpfiffen? Damals, an die Polizei?«, fuhr sie ihn so laut an, dass einzelne Gäste sich nach ihnen umsahen. »Ich denke, wir sprechen nicht mit denen. Sie hätten bei mir klingeln können!«

Er versuchte sich zu erklären: »Wir mussten uns um Paula kümmern. Du solltest mal zur Ruhe kommen, du hast es ja eh nicht leicht gehabt. Und das Kind brauchte ...«

»Ich bin doch meine Freiheit gewohnt!«, unterbrach sie ihn. »Und Galle hat mitgemacht?«

»Er hat sie im Feld gefunden, schwer verletzt.«

Nette fragte: »Was ist denn hier los?«

Niemand antwortete ihr.

Annie fragte Paula kühl: »Du wohnst auch hier?«

»Ja.«

»In diesem Hotel?«

»In dieser Stadt.«

»Und was soll aus dem kleinen Gangster werden?«

Jetzt antwortete Karl für Paula: »Es ist nicht ihr Kind, glaub mir das, nicht ihr Kind.«

»Nicht mein Kind«, plapperte die Mutter wider Willen nach.

Annie war sich sicher, dass er ihr das eingeredet hatte, damit sie sich leichter fühlt. Paula war diese Aussprache ganz offensichtlich unangenehm, man musste sie dazu gezwungen haben.

»Wissen deine Eltern davon?«, fragte sie nun. Paula schüttelte den Kopf.

»Darf ich jetzt gehen?«, bat sie den Apotheker.

»Ja. Danke, dass du gekommen bist, und vergiss nicht, was ich dir gesagt habe!«

So drehte sie sich um und ging durch das Foyer zum Ausgang. Annie war das zu schnell: »Wars das etwa?«

Karl nickte.

»Sehe ich die nie wieder?«

»Tja.«

Sie sprang auf, lief Paula nach, erwischte sie gerade noch im kleinen Hof bei den Brunnen, hielt sie am Arm fest: »Komm vorbei, wenn du ihn sehen willst, ich weiß, wo er großgezogen wird.«

Paula schüttelte den Kopf.

»Was wirst du denn machen?«, fragte Annie.

»Wann?«

»Na, immer, in deinem Leben?«

»Egal, irgendwas.«

Paula riss sich los in Richtung Straße.

Annie rief hinterher: »Geh viel spazieren.«

Paula drehte sich noch einmal um: »Wohin?«

»Na, an der frischen Luft.«

Paula schüttelte den Kopf: »Du bist so …«

»Was?«

Sie zögerte: »Ich weiß nicht, simpel.«

Dann ging sie davon.

Annie berührte die Hauswand des Palais, wieder ein herrlicher Stein – simpel wie sie, so war das. Aus Paulas Sicht war sie wohl eine Fritzi, machte sie sich klar, das Dummchen vom Dorf, eine nützliche Idiotin. Dabei waren sie sich so nah gekommen, Annie hatte alles an ihr gesehen, dazu ihr Blut und ihren Schweiß an den Händen gehabt, ihren Hunger und Durst gestillt, die Angst geteilt, Tränen getrocknet – und doch keine Nähe erlebt, kein bisschen Freundschaft genossen. Als Paula jemanden gebraucht hatte, war Annie ihr gut genug gewesen, danach nichts weiter. Otto wird immer seine Mutter suchen und sie nie finden, geschweige denn seinen Vater. Vielleicht war das gut so.

»Ich kriege keine Belohnung, oder?«, murrte sie, als sie zu den anderen zurückging.

Der Apotheker schaute sie erstaunt an: »Du hast zwei Menschenleben gerettet, das kommt dir später mal zugute.«

»Wann später?«

»Im Himmel oder als Karma, was weiß ich.«

Sie winkte ab: »Ich hab gedacht, da kommt mal irgend-wer und ist mir total dankbar für alles.«

»Ich bin dir überaus dankbar. Ich bezahle dieses sündhaft teure Haus, ist das keine Belohnung?«

»Sind wir deshalb hergefahren, um Paula zu sehen?«

»Und Dresden zu sehen, um das Hotel zu erleben, den Kirschkern, und mir zur Strafe, wenn du so willst.«

»Weil Sie mich verpfiffen haben.«

»Ja, irgendwie ja.«

»Apotheker verdienen gar nicht so schlecht.«

»Woher willst du das wissen?«

»Steht in der Zeitung.«

»Das hab ich nun davon.«

Nette saß aufgewühlt im Sessel: »Wer war das denn?«

Annie antwortete: »Erzähl ich dir später.«

Karl stand auf und reichte Annie die Hand: »Entschul-dige.«

Nette ließ nicht locker: »Ottos leibliche Mutter, nicht wahr? So jung, das arme Ding.«

Annie fragte den Apotheker: »Was haben Sie ihr denn gesagt, was sie nicht vergessen soll?«

»Sie soll sich eine Regenjacke kaufen.«

»Aha, wozu?«

»Um viel spazieren gehen zu können.«

Annie grinste breit.

Er lächelte: »Ich heiße übrigens Karl.«

»Jetzt auf einmal?! Auch für mich?«

»Es wäre mir eine Ehre.«

BLÜTEZEIT

Oben im Zimmer beobachtete Annie beeindruckt, wie die Zimmermädchen die Räume für die Nacht vorbereiteten, damit die Gäste kein bisschen Arbeit hatten, bevor sie zu Bett gingen. Sie öffneten den Fernsehschrank und drehten das Gerät so zum Bett, dass man von dort den Bildschirm perfekt sehen konnte. Die Fernbedienung wurde mitsamt einem aktuellen Programmheft ans Bett gelegt, frisches Obst auf den Tisch gestellt, Konfekt dazu, die Decke etwas aufgeschlagen, saubere Hausschlappen davorgestellt, auch noch einen Bettvorleger, damit die reichen Füße ja keinen Hauch schmutzig wurden.

Man wurde als reicher Mensch verwöhnt, als wäre man im Paradies. Doch wenn man das jeden Tag und jeden Abend hat, überlegte Annie, wird der Tag kommen, da man meckert, wenn der Fernseher nicht richtig hingeschoben ist oder mal ein Pantoffel zu viel bereitliegt. Besser, man ist reich für eine Nacht und dann nix wie weg.

Galle wurde von den Zimmermädchen angehimmelt, besonders nach seiner Bemerkung *Ich habe alles versucht, das können Sie mir glauben. Aber für heute Abend sieht es gut aus* waren sie ganz verrückt nach ihm, und bei *Das Flugzeug landet um 4 Uhr 30 – falls diese Dreckskommunisten es nicht abschießen* hielten sie ihn für einen Traumtypen.

Abends genoss die Gruppe ein tolles Essen, das Restaurant in Blau, die Bäckerin in Rosa, Fritzi in Weiß und Silber. Galle wurde die Serviette von den jungen Kellnerinnen mehrmals bewusst langsam auf den Schoß gelegt. Karl bemerkte das mit einem Schmunzeln und suchte vergeblich jemanden, der ihm Ähnliches antat.

Die Bäckerin hob ihr Glas und trank auf das Wohl aller. Parfüm hatte sie auch gekauft und sich mächtig eingesprüht damit.

»Ich möchte essen, was ich noch nie in meinem Leben geschmeckt habe«, wünschte sie sich und bestellte Austern.

Der Kellner fragte freundlich: »Welche Sorte möchten Sie, wir servieren französische und holländische.«

»Das ist mir gleich«, hat sie ihm lächelnd geantwortet. »Ich will ja nicht mit ihnen sprechen.«

Fritzi kippte ihre Suppe auf den Boden, woanders hätte es ein Theater gegeben, hier aber kamen schnell zwei Leute, entschuldigten sich bei ihr statt umgekehrt und wischten die Lache auf. Reiche Leute, dachte Annie, konnten sich benehmen, wie sie wollten, es machte gar nichts aus. Sie beobachtete die Gäste genauer: Die Stimmung an manchen gut gedeckten Tischen schien wie bei ihnen an der Bushaltestelle morgens um sechs bei Nebel. Ernst wirkten die meisten, manche gar unglücklich wie Nette nach einem Hagelschlag. Lachten wenig, sprachen kaum miteinander, guckten aneinander vorbei, insbesondere die Ehepaare; es wird etwas vorgefallen sein, mutmaßte sie, vielleicht war es die Steuer oder das steife Knie.

Fritzi genierte sich nicht, ohne jede Rücksicht und Anstand einen sehr alten Mann zu beobachten, der allein an einem Tisch saß und zu essen versuchte. Er zitterte stark, so als wolle er sich mit seinen Händen Luft zuwedeln. Mühsam nahm der Alte sein Weinglas mit beiden steifen Händen, der Rotwein schwappte zum Mund, spritzte aufs Hemd. Das Gemüse kullerte von der Gabel, mit den Fleischstücken passierte das Gleiche, er bekam das Essen nicht in den Mund. Das elegante Personal sah darüber hinweg, als sei nichts geschehen.

Fritzi stand auf und ging schnurstracks hin zu ihm, alle starrten ihr nach, und Karls Gesicht wurde gar schamrot. Annie zog den Kopf ein, sie wollte nicht zu der Doofen gehören, die sich gleich blamieren würde.

Fritzi sagte dem Opa kurz was, was sie nicht verstehen konnten. Der Mann nickte, er musste ihr Kauderwelsch tatsächlich verstanden haben, dann setzte sie sich neben ihn, der Alte schien sich zu freuen. Fritzi half ihm, fütterte ihn, schenkte ihm ein, wischte ihm den Mund ab, unterhielt sich mit ihm, lachte und aß nun selbst. Der Opa schien entzückt zu sein. Auch ihr hing mal ein Krümel am Kinn, oder sie kleckerte wieder mit der Suppe, mit ihm zusammen fiel das aber nicht weiter auf.

»Ich muss schon sagen«, meinte Karl anerkennend. »Das habe ich ihr nicht zugetraut.«

»Wir sollten sie zurückholen«, sagte die Bäckerin.

Nette schüttelte den Kopf: »Ihm gefällts, das ist die Hauptsache. Sie wird schon kommen, wenn er satt ist.«

Sie sollte sich täuschen, denn Fritzi half ihm nach dem Essen, vom Tisch aufzustehen, er stützte sich auf ihren Arm, und sie führte ihn Richtung Ausgang. Noch dachte die Runde, Fritzi sei unter die Samariter gegangen, doch dann schmatzte sie ihm ein Küsschen auf die Wange, sodass der Alte rot wurde vor Freude, und das ungleiche Paar verschwand aus dem Restaurant.

»Na, das ist ja mal was!«, staunte die Bäckerin. »Dieses kleine Luder.«

Karl wandte ein: »Sie will ihm bloß helfen.«

»Wie naiv bist du denn?«, fragte Nette.

Fritzi blieb die ganze Nacht über fort, Annie war so komfortabel wie nie zuvor untergebracht und konnte doch vor Sorge kaum schlafen.

Beim Frühstück staunte Nette weiter über den Überfluss, es war, als müsse sie mit ihren Augen alles fotografieren, was ihr vor die Linse kam: die elegant zurechtgelegten Ananasstücke, die nicht zu fette Leberwurst, der Frühstücksspeck, der so dünn geschnitten war wie Papier und so knusprig gebraten, dass er sofort auf der Zunge bröselte und einfach köstlich schmeckte; bei ihr daheim pikte oder labberte der Speck, wenn sie überhaupt welchen zum Frühstück zubereitete.

Ihr schien alles perfekt, nur dass Galle hier an diesem edlen Büfett scheinbar dasselbe aß wie üblich, störte sie: Leberwurstbrötchen und saure Gurken.

»Nimm doch was Teures, Galle. Etwas, was sonst für dich nicht zu haben ist! Hier, der Lachs.«

Sie schaute ihn dabei so streng an, dass er erschrak und beinahe den Appetit verlor. Schließlich stand er bedrückt auf, legte sich die rechte Hand aufs Herz und schwor: »An Lenins Grab nehme ich meine Mütze ab, wenn Tschaikowsky spielt, nehme ich meine Mütze ab, aber in so einem Coca-Cola-Laden?!«

Nette antwortete: »Ich kenne deinen Film nicht.«

Galle lächelte sie an.

Eine ältere Küchenhilfe, die eben das verschmutzte Geschirr einsammelte, hatte Galle zugehört und starrte ihn fassungslos an.

In der Küche sprach sich die Geschichte herum, unter den Gästen gebe es wahrhaftig einen allerletzten aufrechten Kommunisten.

Fritzi kam in den Frühstücksraum geschlendert.

»Wo warst du denn heute Nacht?«, fragte Annie. »Und wo ist der zittrige Opa?«

Fritzi winkte ab, sie solle still sein. Sie griff sich alles, was es zu essen gab, verschlang es und steckte sich noch Croissants als Reiseproviant in die Taschen.

Beim Abschied weinte die Bäckerin, drückte den Portier fest an ihre große Brust und gab dem Concierge so viele nasse Küsse, dass die beiden Männer gar nicht wussten, wohin mit ihrer Verlegenheit.

Galle wurde von einer Delegation alter Angestellter per Handschlag verabschiedet: »Freies Holz wächst, wo es will.« Galle antwortete: »Yankee go home!« Begeistert winkten sie ihm nach.

Auf der Rückfahrt schüttelte Fritzi ununterbrochen den Kopf. Sie wird sich mit Parkinson angesteckt haben, befürchtete Annie. Doch sie wackelte nicht so zittrig wie der alte Mann, sondern langsam und ungläubig, ein Hauch Erschrockenes war auch mit dabei. Wenn Annie sie ansprechen wollte, giftete Fritzi bissig, sie solle sie in Ruhe lassen, sie müsse nachdenken.

Annie staunte: »Ausgerechnet du?«

»über zukunft so.«

»Du meinst, was du morgen machst?«

»nee, beruf un das.«

»Wie bitte, du sprichst von Arbeit?«

»fresse jetz.«

Nach zweihundert Kilometern zeigte Fritzi Annie, ohne dass die anderen Mitfahrer es sehen konnten, was sie in ihrer Tasche vergraben hatte: zehn Hunderterscheine. Annie starrte ihre Freundin an und fragte flüsternd: »Wie willst du die gewechselt kriegen?«

»das is einziges problem für dich eh«, keifte Fritzi.

»Geklaut?«, flüsterte sie erschrocken.

Fritzi schüttelte sich wieder: »das binnisch wert, sachter, das hier ne, binnisch wert.«

»Was musstest du dafür machen?«

Sie ahnte Schreckliches, war ja Forscherin auf diesem Gebiet.

»er sachte, bitte bitte noch mal. einmal im leben. macht mir nix, habisch mich zu ihm gelegt, zehn grüne, hammer ne?«

»Du hast mit dem gepennt, ja bist du bekloppt?«

»dem war kalt, habbich warm gemacht, mehr net, isch schwör.«

»Kein Sex?«

Fritzi war stinksauer: »meinste, ich blas dem einen?«

Annie nickte.

»boh bist du krank eh. dem opi war nur kalt.«

Fritzi schaute konzentriert auf ihre zehn Finger. Annie war überzeugt davon, dass ihre Freundin sich auf diese Art klar darüber werden wollte, wie viel zehn wirklich sind.

»wenn das jede nacht«, fragte sie, »wie viel dann alle zusammen?«

»Welche zusammen?«

»von andere kalte männer?«

»So ein Geschäft machst du nur einmal im Leben.«

»ich hab in des hotel viele zittern sehn.«

»Das war ein teurer Ausflug, da kommst du nie mehr rein!«

»wie viel, wenn jeden tag?«, fragte sie schon wieder.

»Fritzi!« Jetzt redete Annie beinahe wie eine ihrer Lehrerinnen: »Man verdient nicht so viel an einem Tag, es sei denn ...«

Fritzi packte sie am Hals und würgte sie: »sach, wie viel?«

Sie nickte, und Fritzi ließ sie los.

»Bei einer Fünftagewoche im Monat, wenn du Urlaub rechnest im Jahr ... einen Monat, bei dem anstrengenden Job rechne mal mit mehr, das sind ...«

Annie schloss die Augen, rechnete wohl zu langsam, nun packte Fritzi wieder zu, würgte ihre Kehle, starrte sie ungeduldig an, drückte weiter auf ihre Stimmbänder. Mühsam brachte Annie hervor: »Zweihunderttausend.«

Endlich ließ Fritzi los, Annie räusperte sich und rieb ihren Hals.

»im leben?«

»Im Jahr. Du blöde Kuh hättest mich fast erwürgt, zweihunderttausend im Jahr.«

»und das jahr danach?«

»Wenn du damit weitermachst, hast du jedes Jahr so viel.«

Welche Männer wollten im Bett bloß gewärmt werden? Ein einziger auf der ganzen Welt, und den hatte Fritzi gerade bedient. Die jedoch lehnte sich entspannt zurück, hielt sich von nun an für etwas Besseres, starrte aus dem

Busfenster, schaute wieder auf ihre Finger und freute sich auf jeden neuen Tag. Wer keine Tausend in einer Nacht gemacht hat, hatte keine Ahnung. Fritzi wusste jetzt, wie zart der Speck der Reichen war.

Daheim im Wohnzimmer stand Opa mit seiner jungen Frau, sie waren von ihrer Reise zurückgekehrt, und schon beschimpfte er seine Tochter wie eh und je: »Du dusselige Kuh!«

Nettes Blick verdüsterte sich. Sollte alles beim Alten bleiben? Er hatte inzwischen erfahren, dass sie bereits vor Wochen ihren Prozess gegen die Wasserwerke gewonnen hatte, die Entschädigung für die explodierten Zwetschgendosenbomben war längst bezahlt, ihr Konto im totalen Plus.

Nette war fassungslos: »Der Sparkassenfuzzi hat mir nicht ein Wort gesagt.« Er sei mehrfach schweigend an ihr vorbeimarschiert und habe bloß gegrinst.

»Du hast deine Post ja nicht aufgemacht!«

»Versuchen wir es noch mal«, ermutigte Annie ihre Mutter, »mit besserem Wasser.«

Nette aber schüttelte den Kopf: »Ich, nicht du. Such du dir was Eigenes, je nach dem.«

»Ich will zur KTU.«

Nette sah erstaunt aus: »Die aus den Krimis?«

Annie nickte: »In Weiß gekleidet, genau.«

»Davon hast du nie gesprochen.«

»Ist mir auch eben erst eingefallen. Und ich fahre nach Minden.«

Ihre Mutter nickte.

Ninotschka machte sich in der Küche nützlich, bot sich an und half, wo sie nur konnte. Brachte den Garten in

Ordnung, legte neue Beete an, stabilisierte die Umran-
dungen und schaufelte Dünger in die Erde. Nette wagte
erste freundliche Worte ihr gegenüber, und die Nachbarn
wunderten sich.

Annies radikaler Schnitt hatte den Bäumen gutgetan, sie
zeigten sich unerschütterlich und setzten im Frühjahr
reichlich Knospen an. Als dann endlich die Welt wieder
weiß und rosa war, einfach wunderschön, frisch und warm,
stand Annie von ihrer Couch auf, spazierte durch die blü-
henden Reihen und lauschte den Vögeln, die sangen statt
zu fressen; es war die Zeit, da alles neu beginnen konnte,
die Leute bessere Ideen hatten als zuvor; eine Zeit, da sich
Feiglinge trauten zu heiraten und Versicherungen keine
neuen Kunden bekamen, weil die Menschen sich geborgen fühlten. Annie roch an den Kirschblüten und streichelte ihr Gesicht mit den Zweigen, die herrlich weich
waren jetzt im Frühling. Im Herbst würde gerodet, Brüssel
hatte geschrieben.

DANK

Ich sage meiner Lektorin Laura Clemens herzlich Danke, und Maria aus Kassel für ihren Sachverstand, natürlich Gerhard für seine Liebe. Von meinen herrlichen Söhnen habe ich viel über Geburten gelernt, wen wunderts! Ich danke meiner Mutter und Ortrud, Joachim und Volker für deren Ratschläge. Ich bin meinem Verleger Peter Haag so dankbar, und Maria aus Berlin, die mir beistand, als ich tatkräftige Unterstützung brauchte. Dank an meinen Mainzer Pädagogikprofessor Dr. Friedrich W. Kron, ich habe vor Jahren viel von ihm gelernt.

Vor allem aber bin ich meiner eigenen Vergangenheit dankbar, meinem Leben in den Feldern, meiner Kindheit, die mir unerschöpflich dient.

Wichtige Teile des vorliegenden Romans sind in der Ledig House International Writer's Residency in Ghent/NY entstanden, herzlichen Dank, dass mir ein mehrwöchiger Aufenthalt an diesem inspirierenden Ort als Stipendium ermöglicht wurde.

CLAUDIA SCHREIBER

Die Autorin ist zu erreichen unter:
www.claudiaschreiber.de